147. Jahrgang
2003 / 2
ISSN 0031-6229

PGM
Zeitschrift für Geo- und Umweltwissenschaften
Petermanns Geographische Mitteilungen

NEUE KULTURGEOGRAPHIE

Franz-Josef Kemper
Landschaften, Texte, soziale Praktiken – Wege der angelsächsischen Kulturgeographie
6

„Mr and Mrs Andrews" – Ikone der neuen Kulturgeographie
(Gemälde von Th. Gainsborough, © National Gallery London)

Wolf-Dietrich Sahr
Zeichen und RaumWELTEN – zur Geographie des Kulturellen
18

Dietrich Soyez
Kulturlandschaftspflege: Wessen Kultur? Welche Landschaft? Was für eine Pflege?
30

„Kölsche Chinese" – Restaurant im Belgischen Viertel Kölns
(Foto: Schulz 2003)

Rolf Lindner
Der Habitus der Stadt – ein kulturgeographischer Versuch
46

Birgit S. Neuer
„I fell in with, you know, the ghetto got me" – Sozialisation auf den Straßen von Los Angeles
60

Robert Pütz
Kultur und unternehmerisches Handeln – Perspektiven der „Transkulturalität als Praxis"
76

© 2003 Justus Perthes Verlag Gotha GmbH

RUBRIKEN

Fernerkundung 4
Regenzeitliche Hydrodynamik im Bereich der Etoschapfanne, Namibia

Praxis 16
Das Kulturwissenschaftliche Institut in Essen

Online 28

Exkursion 40
Alpen: Fremdenverkehrsorte – Konkurrenz und Spezialisierung

Forum 54
Stadt und Film – Neue Herausforderungen für die Kulturgeographie

Literatur 72

Archiv 84
Vorderasien: Unzugängliches Arabien

Bild 86
Megastädte: Los Angeles – Ethnische Vielfalt und Fragmentierung

Moderator dieses Heftes / Editor of this Issue:
Franz-Josef Kemper, Berlin

Titelbild:
„What are you shooting for?" Mural in Los Angeles (Foto: D. Vigil 1996)

Herausgeber / Editorial Board
Hans-Rudolf Bork, Kiel
Detlef Busche, Würzburg
Martin Coy, Tübingen
Franz-Josef Kemper, Berlin
Frauke Kraas, Köln
Karl Schneider, Köln

Verantwortliche / Responsible for
Abstracts, Fernerkundung:
D. Busche, Würzburg
Archiv: I. J. Demhardt, Darmstadt
Bild: F. Kraas, Köln
M. Coy, Tübingen
Exkursion: S. Lentz, Erfurt
Online, Offline: Th. Ott, Mannheim

Zeitschrift für Geo- und Umweltwissenschaften

PGM Petermanns Geographische Mitteilungen

PGM publiziert ausschließlich von mindestens 2 Gutachtern zustimmend bewertete Aufsätze. – PGM exclusively publishes papers reviewed and accepted by at least two referees.

Alle veröffentlichten Beiträge sind urheberrechtlich geschützt. Ohne Genehmigung des Verlages ist eine Verwertung strafbar. Dies gilt auch für die Vervielfältigung per Kopie und auf CD-ROM bzw. für die Aufnahme in elektronische Datenbanken.

Für unverlangt eingesandte Manuskripte übernimmt der Verlag weder die Publikationspflicht noch die Gewähr der Rücksendung.

Impressum

Verlag
Klett-Perthes
Justus Perthes Verlag Gotha GmbH
Justus-Perthes-Straße 3–5
99867 Gotha
Postfach 100452, 99854 Gotha
Telefon: (03621) 385-0
Telefax: (03621) 385-102
www.klett-verlag.de/klett-perthes
E-Mail: perthes@klett-mail.de

Verlagsredaktion
Dr. Eberhard Benser
Stephan Frisch
Dr. Ulrich Hengelhaupt

Abonnementverwaltung
Juliane Pinnau
Telefon: (03621) 385-248
Telefax: (03621) 385-103

Besprechungsexemplare
Unaufgefordert eingesandte Besprechungsexemplare können nicht zurückgesandt werden.

Erscheinungsweise und Bezugsbedingungen
PGM erscheint 6-mal jährlich. Der Preis eines Jahresabonnements beträgt:

Normalabonnement
Euro 75,–/sFr. 123,– (zzgl. Porto)

Studentenabonnement
(nur gegen Nachweis)
Euro 49,–/sFr. 84,– (zzgl. Porto)
Gültig für Deutschland, Österreich und die Schweiz.

Einzelhefte im Apartbezug
(ab 146. Jahrgang)
Euro 15,–/sFr. 27,30 (zzgl. Porto)

Bestellungen sind direkt an den Verlag oder an Zeitschriftenhändler zu richten. Abonnements können zu jedem beliebigen Zeitpunkt begonnen werden. Die Mindestbestelldauer des Abonnements beträgt 1 Jahr und verlängert sich automatisch um ein weiteres Jahr, mindestens jedoch bis zum Ende des laufenden Kalenderjahres, falls nicht fristgemäß gekündigt wurde. Abbestellungen sind schriftlich bis spätestens 6 Wochen vor Ablauf eines Kalenderjahres an den Verlag (Abonnementverwaltung) zu richten. Adressenänderungen bitte unverzüglich der Abonnementverwaltung mitteilen. Laut BGB unterliegen seit dem 1. Januar 2002 die Lieferungen von Zeitschriftenabonnements mit einem Wert unter 200,– Euro sowie von Einzelheften nicht mehr dem Widerrufsrecht.

Herstellung
Druckhaus „Thomas Müntzer" GmbH
Neustädter Straße 1–4
99947 Bad Langensalza

Gedruckt auf Papier aus chlorfrei gebleichtem Zellstoff.

ISSN 0031-6229
ISBN 3-623-08102-7

Editorial

Kulturgeographie hat im deutschsprachigen Raum eine lange Tradition. Bis in die 1960er Jahre war die Erforschung der Kulturlandschaft das zentrale Anliegen der Humangeographie. Mit der dann einsetzenden Kritik an den Konzepten der Landschaftsforschung geriet auch eine spezifische Kulturgeographie mit eigenständigen Fragestellungen ins Abseits. Seit einiger Zeit hat sich vor allem in der englischsprachigen Geographie eine „neue Kulturgeographie" herausgebildet, die „Kultur" wieder ins Zentrum der fachlichen Diskurse stellt. Unter dem Einfluss des „cultural turns" in den Sozialwissenschaften und der transdisziplinären „Cultural Studies" wurden neue Problemstellungen für die Humangeographie entwickelt und traditionelle Konzepte wie die Kulturlandschaft unter veränderten Blickwinkeln und mit innovativen Impulsen wieder aufgegriffen. Die deutschsprachige Geographie hat sich bislang bei der Rezeption, der kritischen Diskussion und der Umsetzung der neuen Ideen zurückgehalten, doch gibt es mittlerweile viele Anzeichen für ein wachsendes Interesse. Aufgabe dieses Heftes von PGM soll es daher sein, einen Einblick in Entwicklungen, Konzepte und Fragestellungen der neuen Kulturgeographie anhand ausgewählter Themen in theoretischen Beiträgen wie empirischen Fallstudien zu geben.

Im einleitenden Beitrag von F.-J. KEMPER werden die Wege in der angelsächsischen Humangeographie, die zur neuen Kulturgeographie geführt haben, nachgezeichnet. Es zeigt sich, dass die Entwicklungen in der britischen und der US-amerikanischen Geographie durchaus unterschiedlich waren. Während in Amerika in der Nachkriegszeit die traditionelle Kulturgeographie der Berkeley-Schule eine große Bedeutung hatte, neben der sich die Sozialgeographie kaum entfalten konnte, gab es in Großbritannien lange Zeit keine eigenständige Kultur-, dafür aber eine Sozialgeographie. Durch die neue Kulturgeographie ist es in beiden Fällen zu einem Zusammenwachsen von Kultur- und Sozialgeographie gekommen, die nun einen Kernbereich der Humangeographie ausmachen mit Ausstrahlungen auf die übrigen Teilgebiete des Faches.

Kennzeichnend für die neue Kulturgeographie ist das große Gewicht theoretischer Diskussionen unter Bezug auf breite philosophische, wissenschaftstheoretische, sozial- und kulturtheoretische Argumentationen. Solche Annäherungen geographischer und außergeographischer Fragestellungen und Denkstile werden erleichtert durch den „spatial turn" in den Sozialwissenschaften, der Raumkonstruktionen und Raummetaphern eine neue Bedeutung gibt. Im Textgenre des theoretischen Essays auf philosophischer und sozialtheoretischer Grundlage ist der Beitrag von W.-D. SAHR anzusiedeln, der auf semiotische Ansätze eingeht. SAHR verwendet vor allem Konzepte von M. FOUCAULT und E. CASSIRER und diskutiert, inwiefern sich daraus neue Perspektiven für den Raumbegriff und die Kulturgeographie ergeben.

Stärkere Verknüpfungen zwischen der deutschen Kulturlandschaftsforschung und ihrer Anwendung in der Kulturlandschaftspflege mit den Perspektiven der neuen Kulturgeographie fordert der Beitrag von D. SOYER ein. Eine Erweiterung des landschaftsbezogenen Blicks auf städtische Räume, auf Prägungen durch Minderheitenkulturen und auf symbolische Bedeutungsträger in der Landschaft könnte den Diskussionen und Strategien über Kulturlandschaftspflege und das verortete kulturelle Erbe neue Impulse geben.

Drei weitere Beiträge beschäftigen sich mit der Stadt und dem städtischen Alltagsleben unter verschiedenen kulturgeographischen Perspektiven. Aus dem Blickwinkel des Ethnologen und Kulturwissenschaftlers schlägt R. LINDNER vor, das personenbezogene Konzept des Habitus von P. BOURDIEU auf Städte zu übertragen und dadurch ältere Vorstellungen vom „Stadtimage" auf eine kulturwissenschaftlich begründete Basis zu stellen. Über die Prozesse von selektiver Migration hinsichtlich verschiedener Lebensstile produziert und reproduziert der Habitus einer Stadt gleichsam die zu ihm „passende" Bevölkerung.

Auf sehr spezielle Lebensstile von jugendlichen Subkulturen und Straßengangs geht B. S. NEUER in ihrem empirischen Beitrag über ein Stadtquartier in Los Angeles ein. In ihrer durch qualitative Interviews anschaulich gemachten Darstellung verbindet sie Problemstellungen von Sozialisation und Subkulturen und zeigt dabei, welch große Rolle der lokale Kontext, die Ausbildung von Territorien und deren Bedeutungszuschreibungen spielen.

Auch der Beitrag von R. PÜTZ basiert auf qualitativen Interviews, die er mit Unternehmern türkischer Herkunft in Berlin geführt hat. In den Forschungen über „ethnic business", die vermehrt auch in Deutschland durchgeführt werden, ist die Frage nach dem Einfluss der Herkunftskulturen immer wieder diskutiert worden. Auf dem Hintergrund eines symbolorientierten Kulturbegriffs, wie er in der neuen Kulturgeographie umgesetzt wird, interpretiert PÜTZ die Ergebnisse seiner Erhebungen anhand einer Perspektive von „Transkulturalität als Praxis".

Insgesamt verdeutlichen die Beiträge diese Heftes, dass die Konzepte und Problemstellungen der neuen Kulturgeographie in Deutschland inzwischen auf verschiedenen Untersuchungsfeldern aufgegriffen wurden. Es ist zu hoffen, dass sie nicht nur einen Einblick in die neuen Fragen und Denkstile vermitteln, sondern auch Anregungen für weitere Auseinandersetzungen und Arbeiten mit den Konzepten der neuen Kulturgeographie geben.

FRANZ-JOSEF KEMPER

Berlin, im Februar 2003

© 2003 Justus Perthes Verlag Gotha GmbH

PGM Fernerkundung

Regenzeitliche Hydrodynamik im Bereich der Etoschapfanne, Namibia

Die etwa 4750 km² große Etoschapfanne im zentralen Nordnamibia ist der Hauptvorfluter eines endorheischen Entwässerungssystems, das weite Teile des bis nach Südangola reichenden Ovambobeckens umfasst, einen Teil des mit tertiären und quartären Sedimenten bis über 350 m mächtig verfüllten Kalaharibeckens. Auffällig ist, dass die Pfanne nicht über dem Beckentiefsten liegt, sondern weit südlich, nahe dem Bereich ausstreichender präkambrischer Metasedimentite des Damarasystems. Hierbei handelt es sich überwiegend um sehr stark verkarstete, im Rahmen der Damara-Orogenese aufgefaltete Dolomite mit teilweise hohen Anteilen an Calciumcarbonat. Ihre starke Verkarstung und die daraus resultierende Carbonatdynamik haben zur Folge, dass die angrenzenden Beckensedimente und die darauf entwickelten Böden sehr stark aufgekalkt wurden. Dies hat zu bis mehrere Meter mächtigen Kalkkrusten geführt. Weiterhin weist dadurch der Südrand der Pfanne eine Galerie von Quellhorizonten auf, die einzigen natürlichen ganzjährigen Wasservorkommen des Gebietes.

Die Pfanne erhält heute ihren Oberflächenzufluss nur noch über den aus Osten in die Namutoni-Bucht einströmenden Omuramba Ovambo, einen ephemeren Trockenfluss, der nur in wenigen Jahren die Pfanne erreicht, sowie über das so genannte Oshanasystem von Norden her. Dieses drainiert über Ekuma und Oshigambo fast die gesamte, mit weniger als 0,1 % nur extrem schwach nach Südsüdwest geneigte Beckenoberfläche von der Lundaschwelle zwischen Kunene und Okavango her. Trotz des immensen Einzugsgebiets von über 60 000 km², in dem ein mittlerer Jahresniederschlag von 250–450 mm mit einem nach Nordosten zunehmenden Gradienten fällt, ist die Pfanne nur in sehr wenigen Jahren vollständig mit Wasser bedeckt.

Um die regenzeitliche Dynamik zu beurteilen, wurde die LANDSAT-TM-5-Szene 179/073 von April des Jahres 1997, also vom Ende einer guten Regenzeit, verarbeitet. Ausgewählt wurde eine geocodierte Verarbeitung von Kanal 7 (2,08 bis 3,35 µm), Kanal 4 (0,76–0,90 µm) und Kanal 1 (0,45–0,52µm; R/G/B: 7/4/1). Die Kombination des mittleren und nahen Infrarots sowie des Blaukanals erbrachte nach interaktiver Kontrastverstärkung und Histogrammstreckung ein anschauliches Bild vom Wasserstand in der Etoscha und den umliegenden kleineren Pfannen. Da die Wassertiefen insgesamt nur im Dezimeter- bis Meterbereich liegen, ist somit eine sehr genaue Aussage über Reliefunterschiede möglich, die durch Luftbildanalysen nicht zu erfassen sind.

Besonders markant ist, dass das Pfannentiefste heute am Ostrand liegt. Anschaulich belegt werden kann auch, dass die Wasserstellen Wolfsnes und Okondeka an der Westseite ihren Zulauf infolge des durch den Lunettedünengürtel perkolierenden Sickerwassers von der Adamaxpfanne her bekommen. Die ansonsten kaum sichtbaren Depressionen innerhalb der Pfanne füllen sich nur bei lokalen Niederschlägen.

Der deutliche Ablauf nach Osten mit dem rechtwinkligen Umknicken des Ekuma sowie die lineare Struktur des Okondekakanals deuten auf neotektonische Einflüsse hin. Dabei spielt wohl eine Reihe von Lineamenten eine Rolle. Einige dieser tektonischen Strukturen wurden in das Bild (Fig. 1) eingezeichnet. Ein Hinweis darauf ist auch, dass sich am Kreuzungspunkt zweier solcher Störungslinien in der nördlichen Andoni-Ebene eine Thermalquelle findet – ein Bereich, an dem die Kalaharibeckenfüllung bereits über 200 m mächtig ist. Welche Bedeutung diesen minimalen Reliefveränderungen zukommt, zeigt sich auch in der Verbindung zwischen Adamax- und Natukanaokapfanne, die je nach Niederschlägen in beiden Richtungen durchflossen werden kann. Ebenso ist auch dort eine Tendenz zu zunehmendem südwestlichem Abfluss erkennbar. Diese Beobachtungen sind vor allem für das Nationalparkmanagement wichtig, da sie zur Beurteilung von verfügbarem Oberflächen- und Quellwasser und damit zur Tragfähigkeitsberechnung einen wichtigen Beitrag leisten. Da sich die tektonischen Signale auch in die Gegenwart fortsetzen und schon die kleinsten Veränderungen wirkungsträchtig sind, könnten im hydrologischen System der Pfanne erhebliche Beeinträchtigungen anstehen.

Etwas unterdrückt wurde das Vegetationssignal durch die Grünfärbung des Kanals 4. Dennoch sind jedoch die Unterschiede zwischen dem dunkleren Mopanewaldland im Südosten, den Salzgrasfluren der Andoni-Ebene sowie den dichten Akazienbeständen südlich davon und den Grasfluren der Lunettedünen erkennbar. Auch die vergleichsweise gering bewachsene Grassavanne der Kalkkrustenfläche zwischen Okaukuejo und Adamax tritt deutlich hervor. Die Pfanne selbst ist an sich völlig unbewachsen, zeigt aber durch die hellgrünen Bereiche auf der Regenfläche einen ephemeren Bewuchs an.

Jürgen Kempf & Martin Hipondoka
(Universität Würzburg)

Fig. 1 Die Etoschapfanne im zentralen Nordnamibia: Ausschnitt aus einer LANDSAT-5-Thematic-Mapper-Szene von April 1997 in der Kanalkombination R/G/B: 7/4/1

Landschaften, Texte, soziale Praktiken – Wege der angelsächsischen Kulturgeographie

Franz-Josef Kemper

3 Figuren im Text

Landscape, Texts and Social Attitudes – Different Approaches of Anglo-Saxon Cultural Geography
Abstract: This paper outlines the development of Anglo-Saxon cultural geography within the second half of the 20th century. For a long time, extent and main areas of research in cultural geography was very different in North America and the UK. Influenced by Carl Sauer and the Berkeley school founded by him, in America cultural geography became an independent part of human geography, with emphasis on cultural landscapes, historical processes and traditional aspects of folk culture. By contrast, in the UK, social geography was much more important than cultural geography. In the 1980s and 1990s, this situation changed fundamentally. Influenced by the cultural turn in the social sciences and the humanities and by British Cultural Studies, a new cultural geography developed in nearly the whole Anglophone realm, which today is dominant in many parts of human geography. The article emphasizes main areas of research and tries to characterize continuing differences among the cultural geographies of North America and the UK.
Keywords: New cultural geography, North American cultural geography, British cultural geography, cultural landscape, Berkeley school, cultural studies

Zusammenfassung: Der Beitrag beschäftigt sich mit Entwicklungslinien der angelsächsischen Kulturgeographie in der 2. Hälfte des 20. Jahrhunderts. Lange Zeit waren Ausmaß und Schwerpunkte kulturgeographischer Forschung in Nordamerika und Großbritannien sehr verschieden. Unter dem Einfluss von Carl Sauer und der von ihm begründeten Berkeley-Schule bildete sich in Amerika eine eigenständige Kulturgeographie als Teilgebiet der Humangeographie heraus, mit besonderem Gewicht auf Kulturlandschaftsforschung, genetischen und historischen Problemstellungen und folkloristischen Aspekten von Kultur. Dagegen ließ in Großbritannien die Sozialgeographie wenig Platz für eine Kulturgeographie im engeren Sinne. In den 1980er und 1990er Jahren hat sich die Situation grundlegend gewandelt. Beeinflusst vom *cultural turn* in den Sozial- und Geisteswissenschaften und den britischen Cultural Studies ist es fast im gesamten anglophonen Raum zum schnellen Wachstum einer neuen Kulturgeographie gekommen, die heute große Teile der Humangeographie dominiert. Der Beitrag behandelt inhaltliche Schwerpunkte der neuen Kulturgeographie und versucht, weiterhin bestehende Unterschiede in der kulturgeographischen Forschung zwischen Amerika und Großbritannien zu bestimmen.
Schlüsselwörter: Neue Kulturgeographie, nordamerikanische Kulturgeographie, britische Kulturgeographie, Kulturlandschaft, Berkely-Schule, Cultural Studies

1. Einleitung

Blättert man englischsprachige humangeographische Zeitschriften der letzten Jahre durch, kommen nicht nur neue Themen ins Blickfeld, sondern veränderte Stile der Darstellung, des methodischen und konzeptionellen Zugangs. Die Rede ist von sozialen Konstrukten und Repräsentationen, von Diskursen und Narrativen, von der Lesbarkeit von Landschaften oder Orten, von Symbolisierungen oder raumbezogenen Alltagspraktiken. Ein erheblicher Teil solcher Beiträge steht unter dem Einfluss einer neuen Kulturgeographie, die sich parallel zum allgemeinen *cultural turn* in den Sozialwissenschaften entwickelt hat. Als Beispiel sei die US-amerikanische Zeitschrift „Urban Geography" genannt, in der sich in den letzten Jahrzehnten eine Schwerpunktverlagerung von wirtschafts- und standortbezogenen Fragen zu soziokulturellen Themen vollzogen hat (Wheeler 2002). Machten Erstere im Zeitraum 1980–1985 noch 43 % aller Beiträge aus, waren es 1998–2001 nur noch 25 %, während Artikel mit soziokulturellem Bezug von 18 % auf 49 % anstiegen. Eine Durchsicht der „Progress Reports" mit kulturgeographischem Bezug in der britischen Zeitschrift „Progress in Human Geography" zeigt ein hohes Wachstum der Literaturnennungen in der zweiten Hälfte der 1990er Jahre (Fig.1). In diesem Beitrag soll es darum gehen, die Entwicklungen nachzuvollziehen, die zur *new cultural geography* geführt haben, und ihre Themen näher einzugrenzen. Dazu muss aber zunächst auf die traditionelle Kulturgeographie vor allem in Nordamerika näher eingegangen werden, weil sich die neue Kulturgeographie als Kritik an den älteren Ansätzen profiliert hat, aber auch einige Themen weitergeführt werden. Es wird unschwer nachzuvollziehen sein, dass die folgen-

Neue Kulturgeographie

den Darstellungen aufgrund der weitgespannten Thematik und des beschränkten Umfangs holzschnittartig vereinfacht wurden und Nuancierungen, die einzelnen Autoren und Themen besser gerecht würden, nur partiell möglich sind.

2. Carl Sauer und die Berkeley-Schule

Als Gründungsvater einer spezifisch amerikanischen Schule der Kulturgeographie gilt CARL O. SAUER (1889 bis 1975), der zwischen 1923 und 1957 an der kalifornischen Universität von Berkeley lehrte, einen großen und eng verflochtenen Schülerkreis um sich scharte und der als einer der einflussreichsten und anerkanntesten Geographen der USA im 20. Jh. gelten kann (vgl. PFEIFER 1965, ENTRIKIN 1984). Das Wirken von SAUER erschließt sich nicht nur durch seine Publikationen, sondern ebenfalls durch zahlreiche Monographien seiner Schüler, die im Rahmen von Dissertationen bearbeitet wurden. Zwar hat SAUER neben einer Vielzahl empirischer Arbeiten einige konzeptionelle Studien geschrieben – vor allem den frühen Beitrag zur „Morphologie der Landschaft" von 1925 –, doch hat er, wie manche Geographen, seine theoretischen Grundlagen und leitenden Ideen kaum systematisch dargelegt. Darauf ist es wohl zurückzuführen, dass verschiedene Autoren zu unterschiedlichen Interpretationen seines Denkens gekommen sind.

Unbestritten ist aber, dass SAUER seinen kulturgeographischen Ansatz als Gegenmodell zum Umwelt-Determinismus entwickelte, der in den USA durch ELLEN SEMPLE zugespitzt worden war. Diesem Determinismus setzt SAUER einen Relativismus entgegen, der den Einfluss der Kultur, oder besser der Kulturen, auf menschliches Handeln im Raum betonte. Allerdings stehen im Vordergrund seines Denkens nicht die Handlungen selber, sondern deren Niederschläge in der Kulturlandschaft. Die „Naturlandschaft" wird durch menschliche Gruppen und Gesellschaften stetig transformiert und umgeformt in „Kulturlandschaft", deren einzelne Schichten es durch Nachvollzug der Genese und durch Rekonstruktion früherer Landschaftszustände zu erforschen gelte. An dieser Stelle wird der Einfluss der deutschen Kulturlandschafts-Geographie von O. SCHLÜTER, S. PASSARGE und anderen auf SAUER besonders deutlich. Der dominierende Bezug auf die Kulturlandschaft, der in der amerikanischen Kulturgeographie, wie noch zu zeigen ist, bis heute anhält, hat daher eine seiner Wurzeln in der Landschafts-Tradition der deutschen Geographie.

Neben die deutsche Landschafts-Geographie tritt die amerikanische Kulturanthropologie, die SAUER hinsichtlich der Rolle der Kultur stark beeinflusst hat. Im Widerspruch zum Evolutionismus der Sozialdarwinisten hat FRANZ BOAS einen kulturellen Partikularismus entwickelt, der auf der Gleichwertigkeit der Kulturen beharrte und rassistischen Vorstellungen der Zeit entgegentrat. Sein Schüler ALFRED KROEBER war Kollege von SAUER an der University of California und seine Vorstellungen vom Kulturbegriff, von der Bedeutung der kultu-

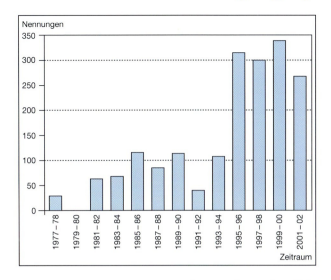

Fig. 1 Literaturnennungen aus den „Progress Reports" zur Kulturgeographie in „Progress in Human Geography", 1977–2002
Literature quotations from "Progress Reports" on topics of cultural geography in "Progress in Human Geography", 1977–2002

rellen Vielfalt, die es zu erfassen und zu inventarisieren gelte – mit einem Schwergewicht auf materiellen Artefakten –, von der Abgrenzung von *culture areas* haben deutliche Wirkungen auf SAUER gehabt. Ähnliches gilt für einen weiteren BOAS-Schüler an der Universität von Kalifornien, ROBERT LOWIE, der sich besonders mit der räumlichen Diffusion von Artefakten und kulturellen Mustern beschäftigt hat.

Auf dieser Grundlage entwickelt SAUER sein Forschungsprogramm, das in zahlreichen empirischen Arbeiten durch ihn und seine Schüler umgesetzt wurde. Der Einfluss von „kulturellen Gruppen" auf die Gestaltung von Kulturlandschaften wurde vor allem in ländlichen Räumen und vorindustriellen Gesellschaften, besonders in Lateinamerika, untersucht. Im Vordergrund standen agrarische Praktiken und deren ökologische Auswirkungen, wobei die Ausbreitung der Praktiken und Artefakte von einem „cultural hearth" (Kulturherd) aus thematisiert wurde. Hinsichtlich der zeitlichen Dimension gingen die Untersuchungen oft weit in die Vergangenheit zurück. Dies wird am deutlichsten bei einer viel beachteten Arbeit über Ursprungsgebiete und Ausbreitung von Kulturpflanzen und Haustieren (SAUER 1952), in der die Diffusion, ausgehend von einigen *culture hearths*, untersucht wurde, die nicht nur durch natürliche Barrieren und Klimagrenzen aufgehalten wird, sondern auch durch kulturelle Schranken, z. B. über Nahrungstabus. Eine mehr oder weniger kausale Erklärung der Domestizierung aufgrund von Bevölkerungswachstum und Nahrungsmittelknappheit weist SAUER zurück. In derartigen Argumentationen spiegelt sich SAUERS Abneigung gegen theoretische Verallgemeinerungen und deduktive Ansätze, gegen szientistisches, reduktionistisches Denken und eine kulturell homogenisierende Moderne wider. Solche antimodernen und antiurbanen Haltungen bilden einerseits eine der Hypotheken der Berkeley-Schule, der nicht zu Unrecht „romantisierende Nostal-

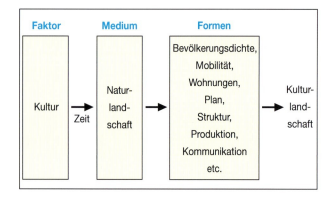

Fig. 2 Schema zur Untersuchung der Kulturlandschaft von CARL SAUER (1925)
CARL SAUER'S concept for research of cultural landscapes (1925)

gie" vorgeworfen wurde. Auf der anderen Seite ergaben sich daraus eine für die damalige Zeit ungewöhnliche Sensibilität gegenüber ökologischer Degradation durch nichtnachhaltiges Wirtschaften und eine Hervorhebung kultureller Vielfalt, die SAUER nach Ansicht von MITCHELL (2000, S. 23) zu einem Vorläufer des heutigen Multikulturalismus macht.

Trotz der Abneigung gegenüber theoretischen Vereinfachungen hat SAUER (1925) eine Modellvorstellung zur Untersuchung von Kulturlandschaften aufgestellt, die unabhängig davon, welche Rolle sie für sein späteres Denken und Forschen spielte, immer wieder als Grundlage aufgegriffen wurde. In einem Schema (Fig. 2) wird die Aussage veranschaulicht: "Culture is the agent, the natural area is the medium, the cultural landscape the result" (1925, S. 46). Nicht einzelne Menschen, menschliche Gruppen oder Institutionen sind die letztlich bestimmenden Agierenden, sondern die „Kultur", die durch kulturelle Muster, Werte und Normen, internalisiert von den Individuen, das Verhalten dieser Individuen prägt. Hier scheint SAUER den holistischen Kulturbegriff von KROEBER zu übernehmen, der der Kultur eine eigenständige Wirkkraft zuspricht. In der Berkeley-Schule hatte dieser Kulturbegriff Leitbildcharakter, wenngleich man sich nicht mit den „inner workings of culture" (WAGNER & MIKESELL 1962) beschäftigen wollte, sondern mit den Auswirkungen auf den Raum bzw. die Kulturlandschaft.

Diese Landschafts-Tradition wurde von vielen SAUER-Schülern weitergeführt, zu denen u.a. FRED KNIFFEN, JAMES PARSONS, CHRISTOPH SALTER und WILBUR ZELINSKY gehören (ROWNTREE 1996). PARSONS, der sich vor allem mit Lateinamerika beschäftigt hat (vgl. PARSONS 1971), betreute als Nachfolger SAUERS in Berkeley wie dieser eine große Zahl von Dissertationen, die Landnutzung und Anbausysteme indigener Völker auch auf anderen Kontinenten in intensiver ethnographischer Feldarbeit untersucht haben (PRICE & LEWIS 1993). KNIFFEN ist bekannt geworden durch seine Diffusionsstudien zu materiellen Elementen der amerikanischen Kulturlandschaft, z.B. gedeckte Brücken, Scheunen oder Haustypen (KNIFFEN 1965). Weitere SAUER-Schüler sind nicht in die Land-

schafts-Tradition einzuordnen, sondern haben sich mit anderen Fragen der Kultur- und Humangeographie befasst. Dazu zählen WILLIAM DENEVAN, MARVIN MIKESELL, RICHARD PEET, DAVID SOPHER und PHILIP WAGNER. Während DENEVAN als Vertreter kulturökologischer Ansätze gelten kann, ist SOPHER durch seine religionsgeographischen Studien bekannt geworden. WAGNER und MIKESELL haben den oft zitierten Sammelband „Readings in Cultural Geography" (1962) herausgegeben und durch ihre konzeptionellen Beiträge den weiteren Weg der traditionellen amerikanischen Kulturgeographie maßgeblich mitgestaltet. Dagegen ist PEET zu einem der profiliertesten Vertreter des marxistisch-strukturalistischen Ansatzes in der Geographie geworden. Es ist bemerkenswert, dass auch YI-FU TUAN in Berkeley promovierte, der zu einem Begründer der „humanistischen Geographie" wurde, so dass es personelle Verbindungen der beiden wichtigsten theoretischen Orientierungen, die der *spatial science* folgten, zur Berkeley-Schule gibt. Schließlich sei noch erwähnt, dass die bedeutende Arbeit von CLARENCE GLACKEN (1967) zur Ideengeschichte des Natur-Kultur-Diskurses am Institut in Berkely entstand.

3. Die traditionelle amerikanische Kulturgeographie: Themen und Kritik

Als 1955 in Princeton eine viel beachtete Konferenz zum Thema „Man's role in changing the face of the earth" (THOMAS 1956) mit Referenten wie P. TEILHARD DE CHARDIN, K. WITTFOGEL und L. MUMFORD stattfand, bestimmten Sichtweisen und Ansätze von SAUER in hohem Maße die Diskussionen, bis hin zu Antimodernismus und Antiurbanismus. Seitdem hat sich die amerikanische Kulturgeographie weiterentwickelt und diversifiziert. Neben die Berkeley-Schule trat eine mehr lose verflochtene Gruppe im Mittleren Westen und im Süden, zu deren prominentesten Vertretern JOHN FRASER HART, TERRY JORDAN und DONALD MEINIG gehören. Auch sie beschäftigen sich vor allem mit traditionellen Landschaftselementen, legen allerdings mehr Wert auf funktionale Abhängigkeiten statt auf die Diffusion formaler Artefakte. Im Gegensatz zu SAUER liegt das Schwergewicht nun auf der Kulturlandschaft der USA.

WAGNER & MIKESELL (1962) haben in der Einleitung ihres Sammelbandes 5 Themenschwerpunkte der amerikanischen Kulturgeographie benannt, welche die Situation in den 1960er Jahren kennzeichnen. Diese Schwerpunkte werden mit den Begriffen Kultur, Kulturareal, Kulturlandschaft, Kulturgeschichte und Kulturökologie charakterisiert. Aus der Tradition SAUERS erwuchs in Kombination der Themen Landschaft und Geschichte das besondere Interesse an einer genetisch orientierten Kulturlandschaftsforschung. Auch das sich erweiternde Interesse an einer Kulturökologie hat eine ihrer Wurzeln in den Arbeiten SAUERS und seiner Schüler. Areale einzelner Kulturmerkmale oder von kulturellen Verhaltensweisen wurden vor allem innerhalb der USA untersucht und zu mehrdimensionalen kulturellen Regionen verknüpft. Den erstgenannten Schwerpunkt, der sich auf das Konzept Kultur bezieht, hat die amerikanische Kulturgeographie allerdings lange Zeit vernachlässigt. In einem State-of-the-Art-Bericht von 1978 kommentierte MIKESELL deshalb: "Most geographers have adopted a laisser-faire attitude toward the meaning of culture" (S. 12). Weiterhin wurde gewöhnlich von einem homogenisierenden Kulturbegriff ausgegangen, der gruppen-, schicht- und machtspezifische Unterschiede nicht ins Blickfeld nahm, so dass es kaum Beziehungen zwischen Kulturgeographie und einer in Amerika wenig entwickelten Sozialgeographie gab.

Die aktuellen Entwicklungen in den 1970er Jahren hat MIKESELL (1978) in folgende drei Untersuchungsbereiche zusammengefasst: Umweltperzeption, Kulturökologie und Kulturgeographie der USA. Das Thema Umweltperzeption hat nicht nur Kulturgeographen interessiert, sondern ist vor allem im Rahmen der *behavioral geography* auf dem Hintergrund eines psychologisch-behavioristischen Ansatzes untersucht worden. Zur Kulturgeographie der USA hat ZELINSKY (1973) eine zusammenfassende Arbeit geschrieben, auf die noch eingegangen wird. In diesem Themenbereich, der bis heute eine bedeutsame Rolle in der traditionellen amerikanischen Kulturgeographie spielt, löst man sich immer mehr von der Beschränkung auf das Sichtbare in der Kulturlandschaft. Weiterhin gilt das Augenmerk vor allem einer folkloristischen oder traditionell-populären Kultur. Als Beispiel hierfür kann auf die „Geographie der Musik" verwiesen werden, wie sie von GEORGE O. CARNEY (z. B. 1990, 1994) und anderen US-amerikanischen und kanadischen Geographen (vgl. NASH & CARNEY 1996) entwickelt wurde. Im Vordergrund stehen folkloristische Musikstile wie Country und Bluegrass Music, deren „Herdgebiete" und Diffusionen materialreich untersucht werden. Als Publikationsorgan für solche Studien dient seit Beginn der 1980er Jahre das „Journal of Cultural Geography", das in Zusammenarbeit mit der Cultural Geography Specialty Group der Association of American Geographers herausgegeben wird und nach einigen Unterbrechungen 2002 im 19. Band erscheint.

Getrennt von der kulturgeographischen Gruppe gibt es die Cultural Ecology Specialty Group. Dies weist auf die große, eigenständige Bedeutung der Kulturökologie innerhalb der amerikanischen Geographie hin. Nach TURNER (1989) ist die Kulturökologie eine der erfolgreichsten und interdisziplinär am meisten anerkannten Teilgebiete der Humangeographie, was sich durch Publikationstätigkeit in Organen wie „Science" dokumentiert. Zurückzuführen sei diese Bedeutung auf die interdisziplinäre Orientierung und Zusammenarbeit auf der einen, auf spezialisierte, langjährige Feldforschungen in Grenzbereichen von Natur-, Kultur- und Sozialwissenschaften auf der anderen Seite. Als Beispiel genannt seien Arbeiten von KARL BUTZER, der sich nach einer viel beachteten Untersuchung über die soziale Organisation der historischen „Bewässerungsgesellschaft" in Ägypten in Abhängigkeit von natürlicher Umwelt, Bevölkerung und Technologie (BUTZER 1976) einer eingehenden lokalen Fallstudie eines Dorfes in Spanien gewidmet hat. Dabei ging es um Zusammenhänge zwischen Umwelt, Bevölkerung, Agrarorganisation und Wirtschaft, die mit Methoden der Landschaftsrekonstruktion, der Degradationsforschung, der historischen Demographie und der historischen Wirtschaftsforschung untersucht wurden (vgl. BUTZER 1990). Solche Studien gehen weit über den engeren Bereich einer Kulturgeographie hinaus, stehen aber für die oft beschworenen, aber selten eingelösten spezifisch geographischen Kompetenzen an der Grenze zwischen Natur- und Humanwissenschaften.

In Anlehnung an ZIMMERER (1996) lassen sich die ökologischen Ansätze in der amerikanischen Humangeographie nach 5 Bereichen unterscheiden, die jeweils spezifische Entwicklungen zu anderen Disziplinen herausgebildet haben. An dieser Stelle interessieren vor allem drei Ansätze aufgrund ihrer engen Verbindung zur amerikanischen Kulturgeographie. Das ist erstens die „kultur-historische Ökologie" der SAUER-Schule mit ihrer Untersuchung der Umweltveränderungen durch agrarische Gruppen und indigene Völker, z. B. hinsichtlich der Ausbildung von Grasländern und Savannen. Ein zweiter als „Humanökologie" bezeichneter Bereich hat seinen Schwerpunkt in der Hazardforschung, wie sie am Geographischen Institut der Universität Chicago von GILBERT WHITE und seinen Schülern IAN BURTON und ROBERT KATES entwickelt wurde. Hier geht es um praxisorientierte Untersuchungen zur Perzeption und zum Verhalten von Individuen angesichts von Naturkatastrophen, z. B. von Überschwemmungen (vgl. BURTON, KATES & WHITE 1978). Ein dritter Bereich, der als „adaptive dynamic ecology" gekennzeichnet wird und zu dem Autoren wie BUTZER gehören, beschäftigt sich mit adaptiven kulturgeprägten Strategien in agrarischen Gesellschaften zur Anpassung an Umweltfaktoren wie Klima und Boden. Nur noch erwähnt seien die beiden übrigen Bereiche, die an Bedeutung zunehmende politische Ökologie und die systemtheoretische Ökologie, die eher auf dem absteigenden Ast ist, weil Begriffe wie Gleichgewicht oder Tragfähigkeit durch die aus der Biologie kommende „neue Ökologie" mit der Betonung von Instabilitäten und „chaotischen" Fluktuationen immer mehr in Frage gestellt werden (vgl. ZIMMERER 1994).

Die Kritik, die seit Beginn der 1980er Jahre an der traditionellen Kulturgeographie geäußert wurde und die in eine neue Kulturgeographie eingemündet ist, richtet sich nicht an die relativ eigenständige Kulturökologie, sondern an die Kulturlandschafts- und Kulturregionsforschung der SAUER-Schule und ihrer Nachfolger. Grundlegend ist der 1980 erschienene Aufsatz von JAMES DUNCAN mit dem Titel „The Superorganic in American Cultural Geography", der 1998 als „Klassiker" in der Zeitschrift „Progress in Human Geography" kommentiert und neu unter die Lupe genommen wird. DUNCAN kritisiert die ontologische Basis des Kulturbegriffs der SAUER-Schule, die immer noch dem Konzept von KROEBER verpflichtet sei, und argumentiert dabei in Anlehnung an ähnliche Kritiken in der amerikanischen Kulturanthropologie bzw. Ethnologie, vor allem durch CLIFFORD GEERTZ.

KROEBER ging von einem schichtenartigen Aufbau der Realität aus. Auf die anorganische Welt an der Basis baue die organische Welt der Pflanzen und Tiere und die biopsychische Welt der Menschen auf. Die Krönung ist die soziale oder kulturelle Welt, die als superorganisch bezeichnet wird. Kultur in diesem Sinne bildet eine eigenständige Realitätsebene mit kausaler Kraft auf Handeln und Denken der Menschen. Diese Sichtweise kann DUNCAN am deutlichsten bei ZELINSKY (1973) belegen, der sich im Gegensatz zu SAUER explizit zu dem von ihm benutzten Kulturbegriff geäußert hat und in einer Anwendung auf die amerikanische Kultur einen „Nationalcharakter" bestimmt, der durch persönliche Eigenschaften wie Individualismus, Mobilität und Perfektionierung geprägt sei. DUNCAN betont, dass durch die Reifikation der Kultur, also die Vergegenständlichung zu einer holistischen Entität, die Individuen unzulässig von ihrer Kultur getrennt würden mit der Konsequenz einer kulturellen Homogenisierung der Menschen. Auf diese Weise werden Konflikte, differentielle Verhaltensweisen und Interpretationen innerhalb einer „Kulturgruppe" ausgeblendet. Daher plädiert DUNCAN nicht nur für eine Erneuerung und stärkere theoretische Durchdringung des Konzepts von Kultur, sondern auch für ein Aufeinanderzugehen von Kultur- und Sozialgeographie, weil in Letzterer geeignete Konzeptionen zur Untersuchung von Konflikten und Machtbeziehungen zwischen Gruppen und Klassen zur Verfügung stehen. Damit sind zwei Forderungen angesprochen, die für die Entwicklung der neuen Kulturgeographie von zentraler Bedeutung werden.[1]

4. Cultural Studies, cultural turn und die britische Kulturgeographie

Von der amerikanischen Kulturgeographie soll nun der Blick auf Entwicklungen in Großbritannien gelenkt werden. Trotz der gemeinsamen Sprache gibt es Unterschiede in den Wissenschaftskulturen beider Gebiete, die im Stellenwert von Kultur und Kulturwissenschaft deutlich werden. Hatte in den USA seit BOAS die Kulturanthropologie eine dominante Stellung in der Ethnologie und war seit SAUER die Kulturgeographie eine der Hauptzweige der Humangeographie, konnte sich in Großbritannien eine eigenständige Kulturgeographie lange Zeit nicht durchsetzen und hatte sich eine strukturfunktionalistisch orientierte Sozialanthropologie ausgebildet. Das änderte sich unter dem Einfluss der britischen Cultural Studies, die in den 1950er bis 1970er Jahren entwickelt wurden und dann ihren „Siegeszug" nach Amerika, in die englischsprachige Welt, aber auch in andere Räume ausgedehnt haben. Inzwischen liegen auch auf Deutsch Einführungstexte (BROMLEY et al. 1999) und Zusammenfassungen (LINDNER 2000) vor; aus geographischer Sicht hat MITCHELL (2000, S. 42 ff.) die Perspektiven und Autoren relativ ausführlich dargestellt.

Der Erfolg der Cultural Studies ist nicht zuletzt darauf zurückzuführen, dass sie den Aufstieg der Populärkultur als Leitkultur in einer globalisierten Welt nachvollziehen und in transdisziplinärem Anspruch sich als „erstes postmodernes Wissenschaftsprojekt" herausgebildet haben (LINDNER 2000, S. 10), das Theorieansätze unterschiedlicher Herkunft aus Marxismus, Poststrukturalismus, Semiotik etc. zusammenfügt. Wie LINDNER (2000) gezeigt hat, haben sich die Cultural Studies durch gemeinsame Erfahrungen einer Gründergeneration entwickelt, die sozialen Wandel immer auch als kulturellen Wandel erlebt hat und soziale Konflikte als kulturelle Konflikte. Zur Gründergeneration zählen vor allem „scholarship boys", Bildungsstipendiaten aus der Arbeiterklasse, die nach dem Zweiten Weltkrieg an britischen Elite-Universitäten studierten und den Kulturbruch zwischen dem Herkunftsmilieu und dem damaligen akademischen Milieu persönlich erlebten. Am einflussreichsten wurden die Arbeiten von RAYMOND WILLIAMS, der zunächst in der Erwachsenenbildung tätig war, und des aus der Anglistik kommenden RICHARD HOGGART. Beide wandten sich gegen die im damaligen Universitätsmilieu übliche Gleichsetzung von Kultur mit „Hochkultur". WILLIAMS Sichtweise von Kultur als gelebter Erfahrung, als „whole way of life", entspricht dabei der in der Kulturgeographie schon länger üblichen Perspektive, neu sind aber die theoretische Grundlegung und die Betonung von Heterogenität der Lebensweisen, die zwischen dominanten und marginalisierten Gruppen variieren. Charakteristisch ist weiter die enge Verbindung zwischen Lebensweise und Alltagspraktiken auf der einen, ökonomischen und politischen Entwicklungen und Konflikten auf der anderen Seite. Die theoretische Basis bildete ein „kultureller Materialismus" im Rahmen eines modifizierten Marxismus, der die Rolle der Kultur als bloßes Überbauphänomen zurückweist und den handelnden Subjekten eigenständige Bedeutung zuerkennt.

Auf Initiative von RICHARD HOGGART wurde 1964 an der Universität Birmingham das Centre for Contemporary Cultural Studies (CCCS) gegründet, das sich in der Folgezeit mit Analysen der Populärkultur, aber auch mit Subkulturen, Jugendkulturen, Kulturen ethnischer und anderer Minderheiten befasste. Während die Arbeiten von HOGGART mit seiner Kritik am literarischen Kanon besondere Wirkung in den Literaturwissenschaften erzielten, haben sich Geographen vor allem mit Publikationen seines Mitarbeiters STUART HALL beschäftigt. Auch HALL war ein *scholarship boy*, der mit einem Stipendium an der Universität Oxford studierte, nachdem er in Jamaika aufgewachsen war. Persönlich zwischen den Kulturen stehend, entwickelte er ein besonderes Interesse an Fragen der Identitätsbildung kultureller Gruppen, an hybriden Kulturen und an kultureller Hegemonie. Letzteren Begriff übernahm er von ANTONIO GRAMSCI, der unter den marxistischen Theoretikern ein Schwergewicht auf die Rolle der Kultur für Herrschaft und Widerstand

---

[1] Auf die kritische Auseinandersetzung mit dem Beitrag von DUNCAN kann nicht näher eingegangen werden. Sie konzentriert sich besonders auf eine SAUER-Exegese hinsichtlich des Stellenwerts der superorganischen Kulturkonzeption (vgl. PRICE & LEWIS 1993 und die Kommentare in den „Annals of American Geographers", Heft 3, 1993).

gelegt hatte. Solche Widerstände gegenüber hegemonialen Interpretationen und Praktiken fand HALL nicht nur in Subkulturen, Jugend- und Minoritätenkulturen, sondern auch in der Populärkultur und in Formen des Massenkonsums. Während WILLIAMS wie HOGGART modernen Konsumstilen skeptisch bis ablehnend gegenüberstanden – wie in noch größerem Ausmaß Vertreter der Frankfurter Schule –, feierte HALL die Möglichkeiten des Konsums zur Herausbildung von Differenz und Widerständigkeit (vgl. MCDOWELL 1994). Diese Themen werden von der britischen Kulturgeographie in zahlreichen empirischen Studien aufgenommen.

Seit den 1970er Jahren haben sich die Cultural Studies durch empirische wie konzeptionell-theoretische Arbeiten immer mehr ausgeweitet. Unter dem Einfluss des französischen Poststrukturalismus kam es dabei zu einem stärkeren Gewicht von Textanalysen, während die empirische Untersuchung sozialer und kultureller Praktiken eher zurücktrat. Dies führt zu einer eklektizistischen, mehr pluralistischen und damit postmodernen theoretischen Perspektive im Vergleich mit der Gründergeneration (DURING 1993). Es bleibt aber beim Schwergewicht auf marginalisierten, diskriminierten oder unterrepräsentierten Gruppen, die in der Regel in der eigenen Gesellschaft untersucht werden, nicht selten aus einer Insider-Perspektive. Dadurch entstehen enge Verbindungen zum Feminismus, zu Gay and Lesbian Studies, Post-Colonial Studies, Afro-American Studies usw. Doch nicht nur das transdisziplinäre Projekt der Cultural Studies hat sich ausgeweitet, auch in vielen Disziplinen der Sozialwissenschaften hat ein „cultural turn" zu einer verstärkten Sensibilität gegenüber kulturellen Interpretationen und Repräsentationen geführt. Innerhalb der Geographie betrifft das z. B. die Wirtschaftsgeographie wie die Politische Geographie, die Historische wie die Stadtgeographie.

In der britischen Humangeographie finden die Ansätze der Cultural Studies im Verlauf der 1980er Jahre eine immer stärkere Beachtung. In einem programmatischen Überblick über „New directions in cultural geography" haben DENIS COSGROVE und PETER JACKSON (1987) darauf verwiesen, dass der aus der amerikanischen Kulturgeographie vertraute homogenisierende Kulturbegriff auf der Grundlage der Cultural Studies durch eine Pluralität von Kulturen mit jeweils zeit- und ortsspezifischen Ausprägungen abgelöst werden sollte. Diese Kulturen stellen sich dar durch mit Bedeutung versehene soziale Praktiken und müssen interpretiert werden als politisch umstrittene soziale Konstruktionen. Weil somit ortsspezifische Kontexte ebenso von Bedeutung sind wie räumliche Strukturen wesentliche Bestandteile der sozialen Konstruktionen und von Alltagspraktiken darstellen, ergeben sich fruchtbare Aufgaben für eine erneuerte Kulturgeographie. Einen ersten, im Detail und anhand empirischer Beispiele ausgeführten Überblick zu diesen Aufgaben hat JACKSON 1989 mit seinem Buch „Maps of meaning" gegeben. Darin beruft er sich auf den kulturellen Materialismus von WILLIAMS und sieht Kultur als Bereich, "in which social relations of dominance and subordination are negotiated and resisted, where meanings are not just imposed, but contested" (S. IX). Besonders ausgeführt werden Fragen der Populärkultur, von Gender und Sexualität, Rassenkonstruktionen und Rassismus (vgl. JACKSON 1987) und der Sprachenpolitik. Später hat sich JACKSON aus kultur- und sozialgeographischer Sicht mit Konsum und Einkaufsverhalten beschäftigt und in einem ausgreifenden interdisziplinären Projekt dessen Rolle für eine Identitätsbildung zwischen Konformismus und Widerstand untersucht (JACKSON 1999, MILLER et al. 1998). Heute kann PETER JACKSON als führender Vertreter eines Zweiges der neuen Kulturgeographie gelten, den MCDOWELL (1994) als „kulturellen Materialismus" kennzeichnet.

Den anderen Zweig, den MCDOWELL (1994) als Landschaftsschule charakterisiert, repräsentiert in der britischen Geographie DENIS COSGROVE, der in zahlreichen Arbeiten neue Wege der Erforschung von Kulturlandschaften durch Entzifferung des Symbolgehaltes beschritten hat. Zu diesem Zweig zählen weitere britische Geographen wie STEPHEN DANIELS und DAVID MATLESS, doch soll hierauf erst im nächsten Abschnitt näher eingegangen werden, weil das Landschaftsthema auch in der amerikanischen neuen Kulturgeographie floriert. Bezeichnend ist aber, dass die britischen Vertreter durchweg einen engen theoretischen Bezug zur Sozialtheorie haben, seien es strukturalistische oder dekonstruktivistische Ansätze.

Als Diskussionsforum für die neue Kulturgeographie dient die Social Geography Study Group des Institute of British Geographers, die 1988 umbenannt wurde in Social and Cultural Geography Study Group. Diese Erweiterung und eine Konferenz in Edinburgh im Jahre 1991, deren Beiträge in PHILO (1991) unter dem Titel „New words, new worlds" gesammelt sind, bezeichnen den Durchbruch der neuen Kulturgeographie. Die Beiträge des Sammelbandes sind fast alle theoretische bzw. programmatische Statements und weisen die unterschiedlichsten Orientierungen an vielfältigen Theorieansätzen der Sozial-, Kultur- und Humanwissenschaften auf. In den 1990er Jahren zeigen die humangeographischen Zeitschriften ein geradezu explosives Wachstum von Arbeiten mit kulturgeographischem Bezug, das durch Neugründung von entsprechenden Zeitschriften unterstützt wird. Als Forum für die neue Kulturgeographie erscheint ab 1994 die Zeitschrift „Ecumene – A Journal of Cultural Geographies", während das im selben Jahr auf den Markt gebrachte feministische Journal „Gender, Place and Culture" schon im Titel die Beziehung zur Kulturgeographie aufweist. Schließlich erscheint ab 2000 „Social and Cultural Geography". Die Zeitschriften stehen natürlich nicht nur britischen Geographen als Publikationsorgan zur Verfügung. Sie bieten auch für viele jüngere Geographinnen und Geographen Publikationsmöglichkeiten, und die Zeitschrift „Social and Cultural Geography" hat eine regelmäßige Rubrik über kürzlich erschienene Doktorarbeiten. Trotz der Bezeichnung „Social and Cultural Geography" für die Study Group und die Zeitschrift dominieren Themenstellungen der Kulturgeographie. Die Dominanz ist so stark, dass sich gegenwärtig Stimmen mehren, die zur „Rettung" sozialgeographischer Perspektiven aufrufen. Dazu zählt auch CHRIS PHILO (2000), der den *cultural turn* zunächst enthusiastisch begrüßt hatte, inzwischen aber eine „Dematerialisierung" der Humangeographie durch „oft flüchtige Räume von Texten, Zeichen, Symbolen, Psychen, Begierden, Befürchtungen und Vorstellungen" (S. 33) konstatiert. Die bei Autoren wie JACKSON immer noch materialistisch grundierten Konstruktionen von Geschlecht, „Rasse", Altersphasen usw. verflüchtigen sich nach PHILO allzu oft in Spiele von Subjektivitäten und fließenden Identitäten (vgl. PILE & THRIFT 1995).[2] Nichtmaterielle Phänomene sind u. a. Klänge (SMITH 1994) und Musik. Auch in der britischen Kulturgeographie hat sich in den letzten Jahren eine „Geographie der Musik" entwickelt, die bemerkenswerterweise so gut wie keine Bezüge zum amerikanischen Pendant hat. In einem programmatischen Beitrag von LEYSHON, MATLESS & REVILL (1995), der u. a. vorwiegend geographische Beiträge zur Musik behandelt, wird z. B. bewusst keine einzige Arbeit aus der nordamerikanischen Geographie der Musik zitiert. Als Themen diskutiert werden z. B. die Bedeutung von Populärkultur als antihegemonialer Ausdruck von Subkulturen, die Rolle von Populärmusik für räumliche Identitätsbildung, sei es im lokalen Bereich (HALFACREE & KITCHIN 1996), sei es für regionalistische und nationale Identitäten. Auch in der klassischen Musik kann Letzteres von Interesse sein, wie REVILL (2000) am Beispiel des pastoralen Musikgenres zeigt, das in seiner Funktion für die Konstruktion von „englishness" untersucht wird.

5. Positionen und Felder der neuen Kulturgeographie: Vielfalt und Fragmentierung

In den 1990er Jahren haben sich die Ansätze und Untersuchungsfelder der amerikanischen und britischen Kulturgeographie immer mehr angenähert, so dass man von einer gemeinsamen *new cultural geography* sprechen kann, die allerdings, nicht zuletzt aufgrund des theoretischen Eklektizismus, unterschiedliche, sich überlappende Teilbereiche enthält. Es gibt aber auch einige übergreifende Sichtweisen und Merkmale, die für alle Forschungsfelder der neuen Kulturgeographie kennzeichnend sind. Dazu zählt erstens ein ausgesprochener Konstruktivismus, insofern die „Objekte" der Untersuchungen als menschliche Konstrukte betrachtet werden.[3] Das betrifft Kulturlandschaften, Orte, Räume oder Raumtypen genauso wie Kategorien von Geschlecht, Altersstufen, Ethnien und „Rassen". Diese Kategorien sind angereichert mit Bedeutungen und Identitäten, die immer wieder neu „produziert" werden und sich deshalb verändern können. Durch Analyse der Bedeutungen werden Kategorien dekonstruiert und damit kritisierbar gemacht. Damit einhergehend werden zweitens essentialistische Konzeptionen zurückgewiesen. Wie immer auch der Begriff „Kultur" bestimmt wird, als Vorstellungswelt, als „way of life", als Bereich symbolischen Handelns, dahinter steht ein „semiotischer Kulturbegriff" (HANSEN 1995), der sich vom „substantiellen" Kulturbegriff der SAUER-Schule deutlich unterscheidet. Drittens zeichnet sich die neue Kulturgeographie durch ein starkes Interesse an neueren theoretischen Entwicklungen in den Sozial- und Kulturwissenschaften und in der Philosophie aus. Theoretisches Denken hat daher einen ganz anderen Stellenwert als in der traditionellen Kulturgeographie, auch wenn durch die Verwendung unterschiedlicher Denkstile und Begriffsinstrumentarien die Verständlichkeit und Nachvollziehbarkeit von Texten und Argumentationen nicht selten schwierig sind. Viertens herrscht eine „kritische" Perspektive vor, die Kultur mit Politik und Gesellschaft verknüpft. Da Kultur nicht als homogenes Ganzes gesehen wird, kommen Unterschiede zwischen hegemonialen und anderen Kulturen ins Blickfeld, werden Zusammenhänge zwischen Kultur und Macht untersucht, wie immer auch der Machtbegriff bestimmt wird.

Von den verschiedenen Untersuchungsfeldern der neuen Kulturgeographie seien als erstes die Landschaftsstudien genannt, da mit ihnen eine der wichtigsten Traditionen der amerikanischen Kulturgeographie weitergeführt wird. Der innovative Wandel zu einer Untersuchung von Kulturlandschaften als Konstruktionen erfolgte in den 1980er Jahren durch britische Geographen, vor allem durch DENIS COSGROVE und STEPHEN DANIELS. Schwerpunkt ihrer Arbeiten ist die Entzifferung von symbolischen Landschafts-Repräsentationen, wie sie durch Werke von Künstlern – Malern, Architekten und Gartengestaltern – entstanden (Fig. 3). Diese Entzifferung geht nicht nur einer semiotischen Zeichenanalyse nach, sondern interpretiert auch die soziale Gebundenheit der Raum-Repräsentationen (COSGROVE 1984, COSGROVE & DANIELS 1988). In einer solchen Interpretation folgen die Autoren dem Vorbild des Kunstkritikers und Schriftstellers JOHN BERGER (1972). So hat COSGROVE (1985) gezeigt, dass die Vorstellung von einer „malerischen" Landschaft im Italien der Renaissance entsteht und dort von Stadtbürgern bei der Gestaltung von Landsitzen umgesetzt wurde, wobei Ästhetik, agrarische Produktion und Demonstration von Ordnung und Macht zusammenkommen. Während COSGROVE (1993) dem Einfluss des Palladianismus in Norditalien nachging, hat sich DANIELS vor allem mit Vorstellungsbildern bei der Gestaltung englischer Landschaften beschäftigt (z. B. 1999). Zusammenhänge zwischen den Vorstellungen von Kulturlandschaft und „englishness" hat MATLESS (1998) für die erste Hälfte des 20. Jh. erforscht.

---

[2] PEACH (2002) stellt den „handfesten" Arbeiten der Sozialgeographen als „Caliban-Schule" (PEACH 1999) die „reflexive Multipositionalität" der Kulturgeographie als „Hamlet-Schule" gegenüber und äußert mit grobem Caliban-Humor: "Old cultural geography was interested in people and places; new cultural geography is interested in sex and shopping ... , in performance and parade" (S. 257).
[3] In der angelsächsischen Humangeographie gibt es aber auch andere ontologische Positionen. ANDREW SAYER ist der wohl bekannteste Vertreter eines kritischen Realismus (vgl. SAYER 1994).

Fig. 3 THOMAS GAINSBOROUGH: Mr. und Mrs. Andrews, ca. 1748 (Reproduziert mit freundlicher Genehmigung der National Gallery in London)
THOMAS GAINSBOROUGH: Mr and Mrs Andrews, ca 1748 (Reproduced by courtesy of the Trustees, the National Gallery, London)

Das Gemälde ist nach MITCHELL (2000) eine Ikone der neuen Kulturgeographie. Dargestellt ist ein junges Gutsbesitzer-Ehepaar, das selbstbewusst inmitten ihres Landes posiert, welches nach agrarischer Nutzung und ästhetischen Blickbeziehungen geordnet ist. Das Bild zeigt das Ergebnis der landwirtschaftlichen Kultivierung, nicht aber diejenigen, die diese Arbeit getan haben. Aus feministischer Perspektive wird auf asymmetrische Beziehungen der Ehepartner zum Land verwiesen. Während Mr. ANDREWS auf dem Sprung zur Fortsetzung seiner jagdlichen Aktivitäten zu sein scheint, verharrt Mrs. ANDREWS in eher passiver Betrachtung.

Analysen von Texten auf der Basis linguistischer und semiotischer Methoden stehen im Vordergrund einer bedeutenden Studie des amerikanischen Kulturgeographen JAMES DUNCAN (1990) über das Königreich Kandy im heutigen Sri Lanka. Es geht um die Transformation der „Stadtlandschaft" von Kandy zu Beginn des 19. Jh. durch den letzten König vor Übernahme der Herrschaft durch die Briten. Neben solchen historischen Untersuchungen werden aber auch aktuelle Prozesse der Stadt- und Landschaftsentwicklung unter die Lupe genommen. Dazu seien zwei Beispiele genannt. Das erste bezieht sich auf die meist suburbanen „Einkaufslandschaften" nordamerikanischer Malls. In einer semiotischen Analyse hat JON GOSS (1993) Werbetafeln, Bauformen und andere Zeichen „gelesen" und interpretiert. In diesem Zusammenhang geht es auch häufig um Unterscheidungen zwischen öffentlichen und privaten Räumen im Kontext von Nutzungsmöglichkeiten, Zugang und Macht. Als zweites Beispiel sei auf eine viel beachtete Untersuchung der Geographin KAY ANDERSON (1987, 1991) zur „Konstruktion" der Chinatown von Vancouver hingewiesen

Neben den Landschaftsstudien gilt ein weiteres Untersuchungsfeld der neuen Kulturgeographie der Erforschung von Identitäten in raumbezogenen Kontexten (vgl. KEITH & PILE 1993). Die Studien reichen von individuellen Subjektivitäten über gruppenspezifische Identitäten nach Geschlecht, Altersphase, Ethnizität zu orts- und regionalbezogenen und nationalen Identitätsbildungen. Es versteht sich, dass man dabei reflexiv-kritisch vorgeht, multiple Identitäten herausarbeitet und eher skeptisch gegenüber Vorstellungen von Authentizität ist. „Differenz" ist ein Kernbegriff, der sowohl Unterschiede in den Lebensvorstellungen als auch in den Bedeutungen von zugeschriebenen Kategorien umfasst. Das „Eigene" und das „Fremde" werden als Konstrukte angesehen, die gesellschaftliche Zuordnungen und Machtverhältnisse reproduzieren. Von hier aus gibt es enge Verbindungen zu den postkolonialen oder orientalistischen Studien, auf die an dieser Stelle nicht näher eingegangen werden kann. Dasselbe gilt für feministische Ansätze in der Geographie wie für die wachsende Zahl von Untersuchungen zur Rolle des Körpers.

Im Anschluss an die Cultural Studies sind Untersuchungen der Populärkultur, insbesondere von Filmen, neuen Medien und Musikstilen, ein weiteres Schwerpunktthema. Auf Fragestellungen der „Geographie der Musik" wurde bereits eingegangen. In einem schon vor einiger Zeit publizierten Sammelband (BURGESS & GOLD 1985) werden geographische Problemstellungen der

Mediennutzung behandelt. Thematisiert wird insgesamt die Rolle von Populärkultur für Alltagspraktiken, sei es im Rahmen der Konstruktion von Lebensstilen, sei es als widerständiges Verhalten (s. o.).

Schließlich sei noch auf einen Themenbereich verwiesen, der zwar traditionell zu einer wichtigen Aufgabe der Kulturgeographie zählt, in der neuen Kulturgeographie aber erst in jüngster Zeit wieder aufgegriffen wurde, nämlich das Verhältnis Natur–Kultur. Im neuen Handbuch der Kulturgeographie ist diesem Thema ein Abschnitt gewidmet, und in der Einleitung führt Sarah Whatmore (2003, S. 165) die lange Abstinenz auf die „Hybris des sozialen Konstruktivismus" in der neuen Kulturgeographie zurück, mit dem sich eine Konzeption von Natur nur schwer vermitteln lässt.

All diese Untersuchungsfelder werden mit unterschiedlichen Methoden und aus unterschiedlichen Positionen her behandelt. Ein methodisches Schwergewicht ist mit der Differenzierung zwischen Texten und sozialen Praktiken verbunden. Während „Texte", zu denen auch sichtbare Zeichen im Raum, Töne usw. gehören, mit Hilfe semiotischer, linguistischer oder diskursanalytischer Methoden gelesen werden, erfolgt die Interpretation von Alltagspraktiken mit ethnographischen Verfahren, qualitativen Interviews usw. Obwohl in der Literatur immer wieder auf die Bedeutung der sozialen Praktiken verwiesen wird, dominiert das Genre Textanalyse in der jüngeren kulturgeographischen Produktion. Hinsichtlich der theoretischen Positionierung ist vermutlich am wichtigsten eine Unterscheidung von strukturalistischen und poststrukturalistischen Ansätzen. Erstere orientieren sich meist an marxistischen Theorien und am kulturellem Materialismus. Der vielleicht profilierteste Vertreter in der neuen Kulturgeographie ist Don Mitchell, der Kultur letztlich als Ideologie sieht, die sich in „Kulturkriegen" um politische und ökonomische Interessen äußert (Mitchell 1995, 2000). Im Gegensatz zu dieser Position sind die Vertreter poststrukturalistischer Ansätze besonders von französischen Theoretikern wie M. Foucault und J. Derrida beeinflusst, deren Dekonstruktionen auch vor materialistischen Konzepten nicht Halt machen.

Im Vordergrund dieses Beitrags standen die Wege der angelsächsischen Kulturgeographie im engeren Sinne, das heißt eines Teilgebietes der Humangeographie, das als Kulturgeographie zu bezeichnen wäre. In der Folge des *cultural turns* lässt sich Kulturgeographie aber auch als übergreifender Ansatz verstehen, der in allen Teilen der Humangeographie angewendet werden kann. Dann müsste aber auch über kulturbezogene Forschungen in der Wirtschaftsgeographie, der Politischen Geographie usw. berichtet werden. Nach N. Thrift (2000, S. 692) kann man mit einigem Grund vermuten, "that economic geographers have become some of the leading exponents of cultural geography". Diese Wege können hier nicht mehr beschritten werden, sie erstrecken sich über ein weites Feld, das an anderer Stelle zu begehen ist.

Literatur

Anderson, K. (1987): The idea of Chinatown: the power of place and institutional practice in the making of a racial category. Annals Association of American Geographers, **77**: 580–598.

Anderson, K. (1991): Vancouver's Chinatown: racial discourse in Canada, 1875–1980. Montreal, Kingston.

Anderson, K., Domosh, M., Pile, S., & N. Thrift [Eds.] (2003): Handbook of cultural geography. London, Thousand Oaks, Delhi.

Berger, J. (1972): Ways of seeing. London.

Bromley, R., Göttlich, U., & C. Winter [Hrsg.] (1999): Cultural Studies. Grundlagentexte zur Einführung. Lüneburg.

Burgess, J., & J. Gold [Eds.] (1985): Geography, the media and popular culture. London.

Burton, I., Kates, R. W., & G. F. White (1978): The environment as hazard. New York.

Butzer, K. W. (1976): Early hydraulic civilization in Egypt: A study in cultural ecology. Chicago.

Butzer, K. W. (1990): The realm of cultural-human ecology: adaptation and change in historical perspective. In: Turner, B. L., et al. [Eds.]: The earth as transformed by human action. Cambridge: 685–701.

Carney, G. O. (1990): Geography of music: Inventory and prospect. Journal of Cultural Geography, **10** (2): 35–48.

Carney, G. O. [Ed.] (1994): The sounds of people and place: A geography of American folk and popular music. Lanham.

Cook, I., Crouch, D., Naylor, S., & J. R. Ryan [Eds.] (2000): Cultural turns/geographical turns. Perspectives on cultural geography. Harlow et al.

Cosgrove, D. (1984): Social formation and symbolic landscape. London.

Cosgrove, D. (1985): Prospect, perspective and the evolution of the landscape idea. Transactions Institute of British Geographers, New Series, **10** (1): 45–62.

Cosgrove, D. (1993): The Palladian landscape: geographical change and its cultural representation in Italy. University Park, Pennsylvania

Cosgrove, D., & S. J. Daniels [Eds.] (1988): The iconography of landscape. Cambridge.

Cosgrove, D., & P. Jackson (1987): New directions in cultural geography. Area, **19** (2): 95–101.

Crang, M. (1998): Cultural geography. London, New York.

Daniels, S. (1993): Fields of vision. Landscape imagery and national identity in England and the United States. Princeton.

Daniels, S. (1999): Humphrey Repton: landscape gardening and the geography of Georgian England. New Haven, London.

Denevan, W. M. (1983): Adaptation, variation, and cultural geography. Professional Geography, **35** (4): 399–407.

Duncan, J. S. (1980): The superorganic in American cultural geography. Annals Association of American Geographers, **70** (2): 181–198.

Duncan, J. S. (1990): The city as text. The politics of landscape interpretation in the Kandyan kingdom. Cambridge.

Duncan, J. S. (1994): After the civil war: reconstructing cultural geography as heterotopia. In: Foote, K., et al. [Eds.]: Re-reading cultural geography. Austin: 401–408.

During, S. (1993): Introduction. In: During, S. (Ed.): The cultural studies reader. London: 1–25.
Entrikin, J. N. (1984): Carl Sauer. Philosopher in spite of himself. Geographical Review, 74 (4): 387–407.
Glacken, C. J. (1967): Traces on the Rhodian shore. Nature and culture in western thought from ancient time to the end of the eighteenth century. Berkeley, Los Angeles.
Goss, J. (1993): The "magic of the mall": an analysis of form, function, and meaning in the contemporary retail built environment. Annals Association of American Geographers, 83 (1): 18–47.
Halfacree, K. H., & R. M. Kitchin (1996): "Madchester rave on": placing the fragments of popular music. Area, 28 (1): 47–55.
Hansen, K. P. (1995): Kultur und Kulturwissenschaft. Eine Einführung. Tübingen und Basel.
Jackson, P. [Ed.] (1987): Race and racism: essays in social geography. London.
Jackson, P. (1989): Maps of meaning. An introduction to cultural geography. London.
Jackson, P. (1999): Consumption and identity: the cultural politics of shopping. European Planning Studies, 7: 25–39.
Keith, M., & S. Pile [Eds.] (1993): Place and the politics of identity. London.
Kniffen, F. (1965): Folk housing: Key to diffusion. Annals of the Association of American Geographers, 55 (4): 549–557.
Leyshon, A., Matless, D., & G. Revill (1995): The place of music. Transactions Institute of British Geographers, New Series, 20 (4): 423–433.
Lindner, R. (2000): Die Stunde der Cultural Studies. Wien.
Mathewson, K. (1996): High/low, back/center: culture's stages in human geography. In: Earle, C., et al. [Eds.]: Concepts in human geography. Lanham: 95–125.
Matless, D. (1999): Landscape and Englishnes. London.
McDowell, L. (1994): The transformation of cultural geography. In: Gregory, D., Martin, R., & G. Smith [Eds.]: Human geography. London: 146–173.
Mikesell, M. (1978): Tradition and innovation in cultural geography. Annals Association of American Geographers, 68 (1): 1–16.
Miller, D., Jackson, P., Thrift, N., Holbrook, B., & M. Rowlands (1998): Shopping, place and identity. London.
Mitchell, D. (1995): There's no such thing as culture: towards a reconceptualization of the idea of culture in geography. Transactions Institute of British Geographers, New Series, 20: 102–116.
Mitchell, D. (2000): Cultural geography. A critical introduction. Oxford.
Nash, P., & G. O. Carney (1996): The seven themes of music geography. The Canadian Geographer, 40 (1): 69–74.
Norton, W. (2000): Cultural geography. Themes, concepts, analyses. Oxford et al.
Parsons, J. (1971): Ecological problems and approaches in Latin American geography. In: Lentnek, B., Carmin, R. L., & T. L. Martinson [Eds.]: Geographic research on Latin America. Benchmark 1970. Muncie: 13–32.
Peach, C. (1999): Social geography. Progress in Human Geography, 23 (2): 282–288.
Peach, C. (2002): Social geography: new religions and ethnoburbs – contrasts with cultural geography. Progress in Human Geography, 26 (2): 252–260.
Pfeifer, G.: (1965): Carl Ortwin Sauer zum 75. Geburtstag. Geogr. Zeitschrift, 53 (1): 1–9.
Philo, C. [Ed.] (1991): New words, new worlds: reconceptualising social and cultural geography. Lampeter.
Philo, C. (2000): More words, more worlds: reflections on the "cultural turn" and human geography. In: Cook, I., et al. [Eds.]: Cultural turns/geographical turns. Harlow etc.: 26–53.
Pile, S., & N. Thrift [Eds.] (1995): Mapping the subject: geographies of cultural transformations. London.
Price, M., & M. Lewis (1993): The reinvention of cultural geography. Annals Association of American Geographers, 83 (1): 1–17.
Revill, G. (2000): English pastoral: music, landscape, history and politics. In: Cook, I., et al. [Eds.]: Cultural turns/geographical turns. Harlow etc.: 140–158.
Rowntree, L. (1996): The cultural landscape concept in American human geography. In: Earle, C., et al. [Eds.]: Concepts in human geography. Lanham: 127–159.
Sauer, C. (1925): The morphology of landscape. University of California Publications in Geography, 2: 19–54.
Sauer, C. (1952): Agricultural origins and dispersals. New York.
Sayer, A. (1994): Cultural studies and "the economy, stupid". Society and Space, 12: 635–637.
Shurmer-Smith, P., & K. Hannam (1994): Worlds of desire, realms of power: a cultural geography. London.
Smith, S. J. (1994): Soundscape. Area, 26 (2): 232–240.
Thomas, W. L. [Ed.] (1956): Man's role in changing the face of the earth. Chicago.
Thrift, N. (2000): Pandora's box? Cultural geographies of economies. In: Clark, G. L., Feldman, M. P., & M. S. Gertler [Eds.]: The Oxford handbook of economic geography. Oxford: 689–704.
Turner, B. L. (1989): The specialist-synthesis approach to the revival of geography. The case for cultural ecology. Annals Association of American Geography, 79 (1): 88–100.
Wagner, P., & M. Mikesell (1962): General introduction. In: Wagner, P., & M. Mikesell [Eds.]: Readings in cultural geography. Chicago: 1–24.
Whatmore, S. (2003): CultureNatures. Introduction: more than human geography. In: Anderson, K., et al. [Eds.]: Handbook of cultural geography. London et al.: 165–167.
Wheeler, J. O. (2002): From urban economic to social/cultural urban geography, 1980–2001. Urban Geography, 23 (2): 97–102.
Zelinsky, W. (1973): The cultural geography of the United States. Englewood Cliffs.
Zimmerer, K. S. (1994): Human geography and the "New Ecology": the prospect and promise of integration. Annals Association of American Geographers, 84 (1): 108–125.
Zimmerer, K. S. (1996): Ecology as cornerstone and chimera in human geography. In: Earle, C., Mathewson, K., & M. S. Kenzer [Eds.]: Concepts in human geography. Lanham: 161–188.

Manuskriptannahme: 17. Januar 2003

Prof. Dr. Franz-Josef Kemper, Humboldt-Universität zu Berlin, Geographisches Institut, Sitz: Chausseestr. 86, Unter den Linden 6, 10099 Berlin
E-Mail: franz-josef.kemper@rz.hu-berlin.de

PGM *Praxis*

Das Kulturwissenschaftliche Institut in Essen

Profil

Das *K*ulturwissenschaftliche *I*nstitut (KWI) ist ein internationales Forschungsinstitut für Geistes- und Sozialwissenschaften im Ruhrgebiet. Es organisiert befristete, interdisziplinäre Forschungsgruppen und Projekte, die sich auf Grundfragen und Orientierungsprobleme moderner Gesellschaften beziehen. Das KWI arbeitet flexibel, es entwickelt sein Profil dynamisch. Zu seinen primären Forschungsthemen der letzten Jahre gehörten u. a. die Themen Natur und Kultur, Demokratie und Medien, Revierkultur, Europäische Integration, Gedächtnis, Inszenierung der Politik, Biologie und Kulturwissenschaften, Sinnkonzepte und Identität sowie Moral in der Moderne.

Die Standards seiner wissenschaftlichen Orientierung entwickelt das KWI in stetem Kontakt mit Hochschulen und vergleichbaren internationalen Advanced-Study-Instituten. Qualitätssicherung, Themenpolitik und Kooperation bemessen sich danach an Exzellenz fördernden Kriterien. Doch wirken in die Strategie des KWI auch die Bedingungen des Raumes, des konkreten Umfeldes hinein, in dem es arbeitet. So verflechten sich europäische, internationale und interkulturelle Arbeitsbeziehungen mit regionalen Bezügen, treten neben Forschungen über Spanien, Südafrika und China Analysen und Aktivitäten, die sich auf das Ruhrgebiet, die Kultur in Nordrhein-Westfalen oder auf die Kunst im öffentlichen Raum der Stadt beziehen.

Dies spiegelt sich auch darin wider, dass Ausstellungen und künstlerische Darbietungen in das Programm des KWI aufgenommen werden oder etwa mit den Folkwang-Museen in Hagen und Essen und mit Kulturdezernaten und Kultursekretariaten gemeinsame Projekte betrieben werden. Alle diese Bemühungen tragen mit dazu bei, die Forschung in den Kulturwissenschaften zu kräftigen, ihre Wirkung im öffentlichen Dialog zu mehren und die Kommunikation über wesentliche Fragen der modernen Kultur zu intensivieren und zu vernetzen.

Das KWI ist ein Forum zwischen den Hochschulen, das den Wissenschaftlern an den Hochschulen Impulse verleiht. Die Forscherinnen und Forscher des KWI kommen als Gastwissenschaftler auf Zeit von den Universitäten. Zu den besonderen Zielsetzungen des Institutes gehören ebenso die Einwerbung wissenschaftlicher Exzellenz und die Förderung des wissenschaftlichen Nachwuchses wie die Internationalisierung der Forschung in den Kulturwissenschaften.

Das KWI organisiert ein breites öffentliches Programm, in dem es seine Forschungen präsentiert und zugleich wichtige Fragen aus Gesellschaft, Kultur und Politik zur Debatte stellt (zuletzt u. a. mit Jürgen Habermas, Charles Taylor, Ralf Dahrendorf und Jutta Limbach). Zu diesem öffentlichen Programm zählen Einzelvorträge, Vorlesungsreihen und Tagungen. Sie werden zum Teil im Institut, zum Teil im benachbarten Folkwang-/Ruhrlandmuseum, zum Teil aber auch im Aalto-Theater und im Essener Europa-Haus durchgeführt. Durch diese Streuung kann das KWI im städtischen Umfeld verstärkt wirken. Auch die Medien nehmen das Angebot des KWI an den verschiedenen Dialogorten interessiert wahr.

Aktuelle Themen und Forschungsgruppen

Das KWI beherbergt gegenwärtig drei Forschungsgruppen:

1. Die Forschungsgruppe „*Europa: Emotionen, Identitäten, Politik. Vergleichende Forschungen zu*

Fig. 1 Das KWI in Essen – ein interdisziplinäres Forschungskolleg in der Tradition internationaler Advanced-Study-Institute

Kultur und Gesellschaft" fragt unter der Leitung von Frau Prof. Dr. LUISA PASSERINI (Florenz/Turin; Trägerin des Kulturwissenschaftlichen Forschungspreises des Landes NRW) nach den emotionalen Grundlagen der europäischen Kultur und dem Zusammenhang von Identität, Kultur und Politik in Europa. In diesem Projekt wirken Forscher aus Deutschland, Italien, Frankreich, Weißrussland, Großbritannien, Kanada und Rumänien zusammen.

2. Die Forschungsgruppe *„Erinnerung und Gedächtnis"* hat unter der Leitung von Prof. HARALD WELZER (KWI) und Prof. HANS MARKOWITSCH (Bielefeld) als eine der ersten Gruppen in Deutschland den Versuch gestartet, Natur- und Kulturwissenschaftler in ein Projekt zur interdisziplinären Gedächtnisforschung einzubinden. Unter anderem werden hierbei in Zusammenarbeit mit dem Forschungszentrum Jülich bildgebende Verfahren eingesetzt und fachübergreifend interpretiert. Das Projekt dient dazu, Brücken zwischen den Wissenschaftskulturen zu schlagen.

3. In der Forschungsgruppe *„Was macht eine Lebensform human?"* befasst man sich unter der Leitung von Prof. LUTZ WINGERT mit den Herausforderungen der Kulturwissenschaften durch die Biowissenschaften. Auch hier ist der Ansatz interdisziplinär, in der Gruppe treffen Philosophen auf Biologen. Die umliegenden Universitäten (u.a. Dortmund, Witten-Herdecke, Duisburg, Essen) sind intensiv eingebunden.

Im Projektbereich des KWI stehen gegenwärtig vor allem folgende Themen auf der Agenda:

- China–Europa,
- Sinn–Kultur–Wissenschaft,
- Bevölkerungswissenschaft,
- Alltagsmoral,
- Enzyklopädie der Neuzeit (ein 15-bändiges Werk, gemeinsam mit dem Metzler-Verlag),
- die Amerikanisierung der deutschen Kultur,
- Gewalt in den modernen Gesellschaften,
- Klinische Ethikkomitees.

Initiativen und Allianzen

Nach einer eingehenden Evaluation hat der Wissenschaftsrat dem KWI im Jahre 2002 ein sehr positives Zeugnis ausgestellt und ihm eine singuläre Stellung in den deutschen Kulturwissenschaften attestiert. Der Wissenschaftsrat empfiehlt dem KWI, seine internationalen Aktivitäten zu stärken. Das KWI will diese Empfehlung aufgreifen, indem es vorhandene Aktivitäten mit neuen Horizonten verbindet. Hierbei will es die Zusammenarbeit und Vernetzung der wissenschaftlichen Einrichtungen im Ruhrgebiet in besonderer Weise fördern, nicht zuletzt vor dem Hintergrund des neuen Forschungsrahmenprogramms der EU, welches Initiativen der Kulturwissenschaften und aus kleineren und mittleren wissenschaftlichen Einrichtungen nicht eben bevorteilt.

Auf der Basis des gewonnenen Profils will das KWI in den nächsten Jahren durch neue Allianzen produktive Geschäftsfelder erweitern. Im europäischen Forschungsraum ist das Institut mit seiner Europa-Gruppe und einer neuen Europäischen Arbeitsgemeinschaft präsent, mit weiteren Forschungseinrichtungen in Europa steht es in engem Kontakt. Hier richtet sich der Blick jetzt auf permanente Kooperationen, die grenzüberschreitende Synergien schaffen.

Das KWI will als dynamisches Forschungslabor im Revier wirken. Seine Orientierung auf zentrale Fragen der Zeit und seine vielfältigen Kontakte weit über die Region hinaus haben es zu einem Forschungszentrum werden lassen, dessen Aktionen der Forschung Impulse und

Fig. 2 Periodika des KWI: Jahrbuch, Essener Kulturwissenschaftliche Vorträge

der Region und dem Land durch die Gewinnung wissenschaftlicher Exzellenz und internationaler Verbindungen vielfältig Nutzen bringen. Der These von Krise und Problemen der Geistes- und Kulturwissenschaften tatkräftig entgegenzusteuern ist vielleicht, und noch nicht einmal insgeheim, ein wesentliches Motto der Arbeit am KWI ...

NORBERT JEGELKA, KWI Essen

Zeichen und RaumWELTEN – zur Geographie des Kulturellen[1]

Wolf-Dietrich Sahr

3 Figuren im Text

Signs and Spatial Worlds – Contribution to a Cultural Geography
Abstract: Semiotic approaches have become more and more relevant in the German-speaking discursive field of Human Geography, mainly under the influence of Cultural Geography in the Anglophone world. However, semiotic investigations have a long tradition in German Social Geography, as can be shown in the research work of Wolfgang Hartke and Gerhard Hard. Furthermore, action-oriented approaches and, in more recent times, Critical Geopolitics have focussed on semiotic themes. Unfortunately, the impact of spatialization within semiotic perspectives has been hardly recognized. This essay points to the role of spatialization in the semiotic process. A scientific approach is suggested here to the difficult-to-access space-worlds of religion, arts, madness and powerlessness, based on Michel Foucault's concept of a three-fold spatialization, as explored in "The Birth of the Clinic", and on Ernst Cassirer's "Philosophy of Symbolic Forms".
Keywords: Cultural Geography, Social Geography, spatial theory, semiotics, symbolic form, Cassirer, Foucault

Zusammenfassung: Semiotische Ansätze haben jüngst im deutschsprachigen Diskurs der Kulturgeographie ein vermehrtes Interesse gefunden, besonders unter dem Einfluss der Cultural Geography aus dem englischsprachigen Raum. Doch semiotisches Vorgehen hat in der deutschsprachigen Sozialgeographie mit den Arbeiten von Wolfgang Hartke und Gerhard Hard schon eine lange Tradition. Auch in der handlungstheoretischen Sozialgeographie und seit neuerem in der Kritischen Geopolitik lassen sich semiotische Denkfiguren ausmachen. Wenig problematisiert bleibt dabei allerdings der eigentliche Prozess der Verräumlichung in semiotischer Perspektive. Auf der Basis des Konzeptes der drei Verräumlichungen, so wie es Michel Foucault in seinem Buch „Die Geburt der Klinik" vorschlägt, und unter Einbeziehung der „Philosophie der symbolischen Formen" von Ernst Cassirer wird hier ein Vorschlag gemacht, wie man sich wissenschaftlich schwierig fassbare RaumWELTEN aus Religion, Kunst, Wahnsinn und Ohnmacht erschreiben und nahbar machen kann.
Schlüsselwörter: Kulturgeographie, Sozialgeographie, Raumtheorie, Semiotik, symbolische Form, Cassirer, Foucault

1. Einleitung

Dass die Welt aus Zeichen besteht, könnte für die Geographie eine Trivialität sein, denn jede Interpretation einer räumlichen Welt be*zeichnet* einen geographischen Sachverhalt. Dabei sind die Untersuchungsgegenstände der Alltagswelt von den Regeln des Diskurses, der über diese Gegenstände geführt wird, grundlegend verschieden. In der Semiotik wird dieser Unterschied als Differenz zwischen dem Bezeichneten und dem Bezeichnenden definiert (Nöth 2000, S. 138).

Geographie zu betreiben heißt demnach, den Gegenstand der Geographie so zu konstruieren, dass sich in ihm das „alltägliche Geographiemachen" (Hartke 1962, S. 116) und das wissenschaftliche Sprechen darüber in einer doppelten Hermeneutik (Giddens 1997, S. 26) verbinden. Körperlich-sinnliches und im Alltagssinn verankertes Handeln steht der wissenschaftlichen Reflexion gegenüber. Dieser Unterschied zwischen sinnlicher und reflektierter Erfahrung ist dabei nicht unbedingt fachspezifisch. Es handelt sich vielmehr um eine zweipolige Beziehung, welche in jedem Bereich menschlichen Lebens, wie Religion, Recht, Kunst, Wissenschaft, und hier wieder in jedem Kulturkreis, ihre ganz eigene Ausprägung findet (Cassirer 1994a, S. 29).

Das Auseinandertreten von Alltagswelt und wissenschaftlichem Diskurs scheint bereits in der Etymologie des Wortes Geographie auf. Das griechische *Gaia,* von dem sich der moderne Stamm *Geo* ableitet, bezeichnet nämlich jene griechische Erdmutter, welche zusammen mit *Uranos,* dem Himmel, die Welt erschaffen hat (Ranke-Graves 1997, S. 28). Das Verb *graphein* lässt sich mit „Schreiben" übersetzen, und dieses Beschreiben kleidet jene mythische *Gaia* in Worte. Es besteht hier also eine verbindende Trennung zwischen Objekt und Diskurs. Merkwürdig nur, dass auch beide Stämme des Wortes Geographie diese relationale Polarität aufweisen. Im antiken Griechenland verstand man unter *Gaia* nämlich nicht nur die mythische Erdmutter, sondern auch die physische Erde selbst, welche sich aus Ber-

---

[1] Ich danke Robert Pütz für die kritische Durchsicht des Manuskripts und den Kollegen des Geographischen Instituts der Universität Mainz für ihre diskussionsfreudige Gastfreundschaft im Wintersemester 2002/2003.

Neue Kulturgeographie

MICHEL FOUCAULT (1926–1984), französischer Philosoph, ist neben GILLES DELEUZE, FELIX GUATTARI, JEAN-FRANCOIS LYOTARD, JACQUES DERRIDA und JACQUES LACAN einer der herausragenden Vertreter des französischen Poststrukturalismus. Seine Beschäftigung mit Macht und Wissen hat vor allem der Politischen und Sozialgeographie wesentliche Impulse gegeben. FOUCAULT thematisiert wie ein „Kartograph" (DELEUZE 1992) den Zusammenhang von Subjektkonstruktion und Gesellschaft, häufig über räumliche Bezüge. In „Die Geburt der Klinik. Eine Archäologie des ärztlichen Blicks" (1963) erörtert er die Konstruktion des Kranken durch medizinische Diskurse, Patientenbehandlungen und Krankenhäuser auf der Basis von drei Verräumlichungen, einer topologischen, einer körperlichen und einer institutionellen. In „Überwachen und Strafen. Die Geburt des Gefängnisses" (1975) beschreibt er den Übergang vom körperlichen Strafen des Mittelalters zum wegsperrenden, also räumlichen Strafen der Moderne. In „Wahnsinn und Gesellschaft. Eine Geschichte des Wahns im Zeitalter der Vernunft" (1972) zeichnet er die, wiederum räumliche, Ausgrenzung von psychisch Kranken aus der aufgeklärten Gesellschaft nach. Charakteristisch für FOUCAULT ist die Begleitung seiner wissenschaftlichen Untersuchungen mit politischen Aktionen, zum Beispiel in Gefangenen- und Psychiatrie-Initiativen. Theoretisch diskutiert er die Konstruktion von Diskursen, so in „Die Ordnung der Dinge. Eine Archäologie der Humanwissenschaften" (1966), „Die Archäologie des Wissens" (1969) sowie „Die Ordnung des Diskurses" (1971). Dabei bedient er sich oft einer „geographischen" Terminologie. In einem interessanten Interview mit FOUCAULT hat der französische Geograph YVES LACOSTE in der Zeitschrift „Hérodote" (1976) auf die Bezüge zwischen FOUCAULTS Philosophie und einer Politischen Geographie neuen Zuschnitts hingewiesen.

© dpa-Bildarchiv

Besonders einflussreich im geographischen Diskurs wurde ein Vortrag, den FOUCAULT vor Architekten gehalten hat: „Andere Räume – Des Éspaces Autres" (1976). Dieser Text hat ganz wesentlich die Konzeption von EDWARD SOJAS „Postmodern Geographies" (1989) beeinflusst. Dabei kommt der Idee der Heteropien eine besondere Bedeutung zu, welche die soziale Ausgrenzung über Raumkonstruktionen thematisiert. In der englischen *Cultural Geography* nehmen auch FOUCAULTS subjekttheoretische Schriften eine wichtige Rolle ein, so z.B. bei STEVE PILE.

DELEUZE, G. (1992): Foucault. Frankfurt/M.
ERIBON, D. (1991): Michel Foucault. Frankfurt/M.
FOUCAULT, M. (1990) Heterotopien. In: BARCK, K.-H., et al. [Hrsg.]: Aisthesis, Wahrnehmung heute oder Perspektiven einer anderen Ästhetik. Leipzig.
LACOSTE, Y. (1976): Questions à Michel Foucault sur la géographie. Hérodote, 1: 28–40.
PILE, S., & N. THRIFT (1995): Mapping the Subject. Geographies of Cultural Transformations. London.
SOJA, E. (1989): Postmodern Geographies: The Reassertion of Space in Critical Social Theory. Oxford.

ERNST CASSIRER (1874–1946), deutscher Erkenntnis- und Kulturphilosoph, gehört zusammen mit GEORG SIMMEL, MAX WEBER, THEODOR ADORNO und Walter Benjamin zu den herausragenden Vertretern einer kulturtheoretischen Debatte der 1920er Jahre, deren Bedeutung erst seit dem „Cultural Turn" voll erkannt wird. Raumfragen sind dabei ein zentraler Bestandteil. ERNST CASSIRER beschäftigte sich zunächst in erkenntnistheoretischer Weise mit Raumvorstellungen, so bei DESCARTES (1899) und LEIBNIZ (1902) sowie in „Das Erkenntnisproblem in der Philosophie und Wissenschaft der Neueren Zeit" (4 Bände, 1906–1920, 1950). In „Substanzbegriff und Funktionsbegriff. Untersuchungen über die Grundfragen der Erkenntniskritik" (1910) diskutiert er die Transformation des substantiellen in einen funktionalen Raumbegriff und weist darauf hin, dass die Darstellung von Raum immer eine Konstruktion von Beziehungen ist. Sein kulturtheoretisches Raumverständnis entwickelte CASSIRER vor allem in der „Philosophie der symbolischen Formen" (3 Bände, 1923–1929) sowie in der Aufsatzsammlung „Symbol, Technik, Sprache" (1927–1933). Raum wird dabei – neben Zeit, Quantität und Ich-Verständnis – als ein Zwischenbereich zwischen materiell-sinnlicher Erfahrung und ideeller Konstruktion verstanden, woran sich zahlreiche kulturelle Wahrnehmungs- und Ausdrucksformen, wie Sprache, Religion und Wissenschaft, knüpfen. Die diskursive Bedeutung raumwissenschaftlicher Fragen wird in den fünf Aufsätzen zur „Zur Logik der Kulturwissenschaften" (1942) deutlich. In „An Essay on Man" (1994) schließlich macht CASSIRER eine nahezu phänomenologische

© Meiner Verlag

Wendung, wenn er kulturanthropologisch den symbolischen Raum als einen Durchgangsraum bezeichnet, der sinnliche Erfahrung in Abstraktionen überführt, in dem sich aber auch abstrakte Ideen sinnlich konkretisieren. Somit wird erfahrungs- und symbolvermitteltes Handeln räumlich wirksam. CASSIRER wurde bisher relativ selten im geographischen Diskurs thematisiert. Im Umfeld der phänomenologischen *humanistic geography* jedoch war es JONATHAN ENTRIKIN (1977), der früh auf die Bedeutung CASSIRERS für die Geographie hinwies. Auch der brasilianische Geograph MILTON SANTOS (1997) nimmt Bezug auf den Philosophen.

ENTRIKIN, J.N. (1977): Geography's Spatial Perspective and the philosophy of Ernst Cassirer. Canadian Geographer, 21: 209–222.
GRAESER, A. (1994): Ernst Cassirer. München.
PAETZOLD, H. (1995): Ernst Cassirer – von Marburg nach New York. Eine philosophische Biographie. Darmstadt.
SANTOS, M. (1997): La nature de l'éspace. Harmattan.

gen, Flüssen, Meeren und Ebenen zusammensetzte. Ähnlich verhielt es sich mit dem Wort *graphein*. Dieses bezeichnete zuerst das Ritzen in Tontafeln, den körperlichen Vorgang des antiken Schreibens, dann aber – mit Sinn erfüllt – das Zeichen-Zeichnen und Buchstaben-Schreiben. Körperlichkeit der Erde und körperliches

Schreiben einerseits, Mythos von der Erde und ideelles Schreiben andererseits erscheinen so in Paaren von Körpern und Zeichen. Diese Pendelbeziehung lässt sich leicht ausweiten auf den Zusammenhang zwischen der Erdbeschreibung als Konstrukt einer materiellen Geographie der Körper und der Weltzeichnung als kultureller Interpretation in einer Geographie der Ideen.

Als Verbindendes zwischen beiden Geographien steht die B*edeutung*. Es erscheint deshalb angebracht, einen Blick auf das weite Feld der semiotischen Theorien, der Bedeutungslehren, zu werfen und diese auf ihren Zusammenhang mit der Geographie zu befragen. Denn seit dem „Cultural turn" (MITCHELL 2000, S. 58 ff.) stehen Weltdeutungen und ihre sozialen und politischen Folgen immer mehr im Vordergrund geographischer Fragestellungen. Im englischen und französischen Sprachraum hat sich dazu sogar eine ganze Geographierichtung, die *Cultural Geography,* entwickelt (JACKSON 1989, CLAVAL 1995, CRANG 1998, MITCHELL 2000). Diese Art, Geographie zu betreiben, findet aber auch in Deutschland zunehmend Interesse (z. B. REUBER & WOLKERSDORFER 2001).

Im Folgenden versucht der Autor nachzuzeichnen, in welcher Hinsicht die semiotische Trennung von Bedeutendem und Bedeuteten eine neue Betrachtungsweise von geographischen Räumlichkeiten zulässt oder sogar notwendig macht. Zunächst soll das Potential zweier Grundkonzeptionen der Semiotik für geographische Fragestellungen ausgeleuchtet werden, nämlich der zeichenorientierten Semiologie in Nachfolge FERDINAND DE SAUSSURES und der verständigungsorientierten Konzeption der Semiotik von CHARLES SANDERS PEIRCE. Dann soll nachgefragt werden, welche Beiträge der deutschsprachigen Geographie bereits implizit oder explizit semiotisch angelegt waren. Anschließend werden Konzepte von zwei Autoren vorgestellt, die für die Diskussion eines semiotischen Raumbegriffs ganz wesentlich sind: MICHEL FOUCAULT, dessen Konzept der drei Verräumlichungen in „Die Geburt der Klinik" (1988, original 1963) wie eine Neuformulierung eines geographischen Ansatzes daherkommt, und ERNST CASSIRER, der dem Raum in seiner „Philosophie der symbolischen Formen" (1994b, original 1927) einen elementaren Stellenwert einräumt. Abschließend öffnen sich aus diesen Überlegungen Perspektiven, die einer Diskussion um den Raum neue Impulse geben könnten und aus denen heraus ein veränderter Theoriehorizont für eine Geographie des Kulturellen entwickelt werden kann.

2. Zeichen

Die semiotischen Betrachtungsweisen, die Welt(en) und Welterfahrung als zeichengebunden verstehen, nahmen ihren Ursprung in zwei Denkschulen des späten 19. Jh. Die Semiologie, die in erster Linie die Konstruktion von Zeichen untersucht, ging aus der Linguistik FERDINAND DE SAUSSURES (1857–1913) hervor und dominierte vor allem im romanischen Einflussbereich. Die Semiotik hat ihre Ursprünge in der Logik-Philosophie und im amerikanischen Pragmatismus, beschäftigt sich überwiegend mit dem Zeichengebrauch und wird allgemein auf die Ideen von CHARLES SANDERS PEIRCE (1839–1914) zurückgeführt. Beide „Semiotiken" sind bis heute wissenschaftsbegründend (NÖTH 2000).

Die Semiologie untersucht „das Leben der Zeichen im sozialen Leben" (SAUSSURE 1916, S. 33). Sie geht davon aus, dass soziale Beziehungen zeichenvermittelt ablaufen. SAUSSURE sieht in der Sprache einen Modellfall der sozialen Verständigung und bezieht sich deshalb in seinem Hauptwerk „Cours de linguistique générale" überwiegend auf sprachwissenschaftliche Aspekte. Dabei begreift er Worte als Zeichen, die die Basiselemente einer jeden Sprache darstellen. Jedes Zeichen besteht aus einer dyadischen Beziehung zwischen Einem *(aliquid),* das für Etwas *(aliquo)* steht, setzt also den Signifikanten als Bedeutendes in Bezug zu seinem Signifikat (Fig. 1) als Bedeutetem und stellt so B*edeutung* her. Die Bedeutungsrelation ist rein mentalistisch, da sich der materielle Zeichenträger immer nur auf die Idee eines Gegenstandes bezieht, nicht aber auf diesen selber (NÖTH 2000, S. 137).

Zeichen einer Sprache gruppieren sich in ihrer Gesamtheit als linguistisches System; sie haben ein Lexikon (Wortschatz) und funktionieren nach Grammatiken (Regelwerk). SAUSSURE bezeichnet diesen Gesamtvorrat einer Sprache als *langue*. Im aktuellen Sprechen, der *parole*, werden einzelne Elemente der *langue* situationsgebunden ausgewählt und als mündliche Rede, Texte oder Diskurse zur Wirksamkeit gebracht. Die Dichotomie zwischen *langue* und *parole* hat auch eine sozialgeographische Komponente, denn sie lässt sich als Spiel von unterschiedlichen Raumfiguren verstehen. Die Kompetenz einer Sprache ist nicht universell, sondern regional gebunden, wobei Region hier im mentalistischen, nicht im materiellen Sinne gemeint ist. Sie definiert einen kulturellen Raum, zu dem die Sprecher (theoretisch) Zugang haben und/oder von dem die Außenstehende ausgeschlossen sind. Die Anwendung der *langue*, die Performanz, geschieht dagegen innerhalb einer bestimmten Sprechergruppe, die sich sprechend ihren sozialen und kommunikativen Raum herstellt. Zwischen der potentiellen *langue* und der aktuellen *parole* entsteht so ein Wechselspiel von Raumkonstruktionen; auf einer Seite strukturieren sich kulturelle Räume, die auf vorgegebenen Sinngrenzen beruhen, und auf der anderen Sozial- und Kommunikationsräume, die diese Grenzen ziehen, verbinden, trennen und transformieren.

Die Regeln einer Sprache sind arbiträr und durch soziale Konventionen strukturiert. Arbiträr bedeutet, dass es keinen zwingenden Zusammenhang zwischen Signifikanten und Signifikaten gibt. Dieser wird vielmehr durch soziale Vereinbarungen ausgehandelt und gibt den Zeichen so ihre Gültigkeit. Gültigkeit bedeutet aber, dass sie überwiegend unveränderlich sein müssen, damit sie wieder erkannt werden können. Denn Sprache wäre dysfunktional, wenn sie keinen Sinn mehr erzeugen könnte, der in einem bestimmten Umfeld nachvollziehbar wäre.

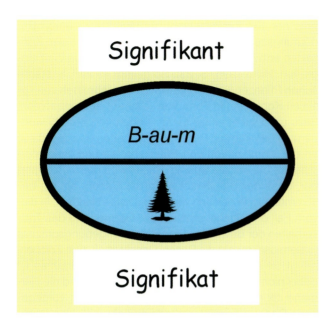

Fig. 1 Die Zeichenkonzeption nach FERDINAND DE SAUSSURE
The concept of signs according to FERDINAND DE SAUSSURE

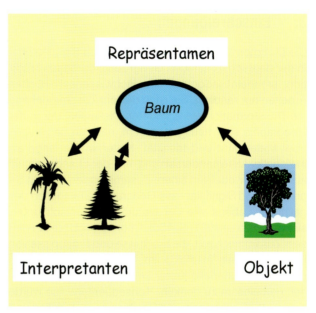

Fig. 2 Die Zeichenkonzeption nach CHARLES SANDERS PEIRCE
The concept of signs according to CHARLES SANDERS PEIRCE

Es war ROLAND BARTHES, der das sprachorientierte Konzept von SAUSSURE auf nichtsprachliche Bereiche erweiterte und so auch Film, Photographie, Werbung und Mode, schließlich sogar Musik und Stadtlandschaften (1967, 1988) mit einbezog. Ebenso öffnete auch UMBERTO ECO (1972) seine Semiotik für das Feld nichtsprachlicher Codes. Er untersuchte z. B. architektonische Bauwerke, welche über zahlreiche funktionale, soziale, künstlerische und ästhetische Konnotationen verfügen. Für eine Geographie des Kulturellen bedeutet dies, dass fast alle Formen kulturellen Ausdrucks, materielle wie ideelle, Gegenstand ihrer Untersuchung sein können. Die babylonische Vielfalt der physischen, rationalen und ästhetischen Aspekte resultiert dabei in ganz unterschiedlichen Raumkonstruktionen. So kann zum Beispiel die Strukturierung eines Stadtviertels nach funktionalen und soziokulturellen Gesichtspunkten differenziert werden, aber auch nach zeitlichen Entwicklungsstufen oder lebensweltlichen Perspektiven, nach sprachlichen Assoziationen oder ästhetischen Gesichtspunkten; mit jeder Perspektive geht eine andere Raumauffassung einher. Alle zusammen bilden schließlich den „vielsprachigen Text" einer Stadt, ein Palimpsest, in das sich unterschiedliche „Räume" als Konstruktionen, als Räumlichkeiten der dazugehörenden Diskurse einschreiben.

Der Vorgang des Einschreibens weist darauf hin, dass der interaktionistische und interpretative Charakter in der Semiotik wichtig ist. PEIRCES Zeichenkonzeption ist in dieser Richtung angelegt. Sie beruht auf einer Dreieckskonstruktion und wird deshalb als triadisch bezeichnet (Fig. 2). Der Zeichenträger, das Zeichen im Verständnis von SAUSSURE, wird von PEIRCE als *Repräsentamen* bezeichnet. Dieses steht einerseits in Beziehung zu einem Objekt, das intentional vom Sprecher vorgestellt wird, aber in seiner Materialität und Konkretheit außerhalb des Zeichens steht. Andererseits wird das Repräsentamen durch die Interpretation des Empfängers als *Interpretans* dechiffriert, so dass Sender und Empfänger dem Zeichen nicht unbedingt denselben Sinn geben (NÖTH 2000, S. 62 ff.).

Die Interpretationen der Zeichen fallen in der Regel unterschiedlich aus, sind aber keineswegs beliebig. Sie unterliegen nämlich sozialen Einschränkungen und Kontexten, die sich in mentalen Regionen ausdrücken. Diese Regionen überlagern sich im Alltagsleben. Die Gegenstände, die nach PEIRCE materielle und nichtmaterielle Objekte sein können, auf die sich die Zeichen beziehen, erscheinen auf der Ebene des Signifikats, werden aber in ganz unterschiedlichen Bereichen und lebensweltlichen Kontexten als Interpretationen gelesen, so dass sie sich auch in unterschiedlichen Signifikanten abbilden (GOTTDIENER 1995, S. 26; SAHR 1997, S. 111). So findet sich z. B. die Todesvorstellung des Barock (Signifikat) verwirklicht in signifikanten Allegorien des theologischen Diskurses, in Märchen der Landbevölkerung, auf Epitaphien der Kirchen, in gemalten Räumen von Gemälden, in musikalischen Klangräumen eines Orchesters, in poetischen Räumen von Sonetten usw.; immer ist es aber die barocke Todesvorstellung, die sich in einer dieser unterschiedlich gestalteten Raumvorstellungen repräsentiert.

Die bisherigen Ausführungen haben gezeigt, dass sich Zeichen in Räume einschreiben lassen und so an der Konstruktion von neuen Räumlichkeiten im sozialen und politischen Leben mitwirken können. Insofern könnten sie auch in geographischen Arbeiten ein wesentlicher Untersuchungsgegenstand sein. Deshalb sollen im Folgenden einige Knotenpunkte aus dem Netz der deutschsprachigen Geographie angedeutet werden, an denen sich Einschreibungen semiotischer Ideen finden.

3. Einschreibungen

Die Dichotomie zwischen Signifikant und Signifikat hat in der deutschsprachigen Geographie durchaus Tradition, erscheint jedoch in den fachwissenschaftlichen Arbeiten nur randlich. Sie ist in diesem Zusammenhang die Transformation eines anderen Diskurses, der in der Geographie sehr häufig auftaucht, nämlich desjenigen über Materialität und Idealität. Kultur wurde lange als materielle Auseinandersetzung mit der „Landesnatur" aufgefasst, wobei – in einem Zusammendenken von Signifikant und Signifikat – die Geographie „Tatsachen des geistigen Lebens wie der Natur" chorologisch untersuchte (HETTNER 1927, S. 130). Chorologisch hieß in diesem Zusammenhang, die Ereignisse und Ergebnisse von Handlungen als Artefakte im Raum zu interpretieren und so die materielle Kultur und ihre geistige Bedingtheit gemeinsam zu denken. Konsequenterweise wurde Kultur als „Gesamtheit des Besitzes an materiellen und geistigen Gütern sowie an Fähigkeiten und Organisationsformen" gesehen (HETTNER 1929, S. 4).

So hat auch die kulturalistisch orientierte Länderkunde argumentiert. Stadtelemente, wie die Plaza Mayor in der „lateinamerikanischen" Stadt, das Schwarzenghetto in den USA oder der Souk und die Moschee in der „orientalischen" Stadt, dienten als Anzeiger (Zeichen) „traditioneller" Elemente in einem „gesichtslosen" Meer moderner Funktionalität und sorgten mit ihrer Bildproduktion für kulturelle Orientierung. Den Autoren der regionalen Stadtmodelle entging dabei, dass sie analytisch nicht zwischen materiell-funktionalen und interpretativen Aspekten unterschieden, also keine Trennung zwischen Signifikant und Signifikat vornahmen, und so Gegenstand und Bedeutung auf derselben Ebene behandelten (vgl. HOFMEISTER 1991, HEINEBERG 2000, 247 ff.)

In der deutschsprachigen Sozialgeographie dagegen wurde das semiotische Vorgehen explizit. Dort hatte WOLFGANG HARTKE die Kulturlandschaft als photographische Registrierplatte sozialer Prozesse interpretiert und so auch analytisch auf die Trennung von Signifikant und Signifikat hingewiesen (HARTKE 1959, S. 428). Er sah dabei in den materiellen Elementen der „Landschaft" Signifikanten, die die Motivationen, Werte und Spekulationen von Menschen als deren Signifikate abbilden. Dabei war sich HARTKE durchaus bewusst, dass es nur einen sehr mittelbaren Zusammenhang zwischen dem Realraum der Signifikanten und dem Werteraum der Signifikate gibt. Herausragendes Beispiel für diese „Raumdivergenz" ist sein Hinweis auf das Bodenwertgefüge einer Stadt: Dieses gehorcht in seiner Konfiguration und Strukturierung ganz anderen Gesetzen als die physisch-funktionale Gliederung einer Stadtlandschaft (a.a.O., S. 435). Trotzdem existieren direkte Beziehungen zwischen beiden, die über „geglückte und missglückte Spekulationen der Menschen auf der Erde" (HARTKE 1956, S. 268) hergestellt werden.

Ähnlich wie HARTKE stellt auch GERHARD HARD einen semiotischen Zusammenhang zwischen den Raumtypen des physischen-materiellen und des sozialen Raumes her. Für ihn geschieht die Vermittlung durch Bedeutungszuweisungen, die in bestimmten sozialen Kontexten entwickelt werden und in die materielle Welt eingreifen (HARD 1995, S. 23). So gelingt es ihm, in städtischen Pflanzengesellschaften das Einschreiben von sozialen Kontexten in Form von „Spuren" zu beobachten; dazu untersucht er die Einstellungen von Stadtbewohnern zu bestimmten Rasengesellschaften und liest diese an der Kombination von Pflanzenarten und Wuchsformen ab. Die soziale Spur im Rasen wird dadurch erfahrbar, dass der Signifikant, also der Rasen, als ein bestimmter Code gelesen wird für soziales Handeln, in diesem Fall das Pflegeverhalten der Gärtner und das Trittverhalten der Bewohner. Dieser Zeichengebungsprozess (= Semiose) macht die Rasen-Gesellschaft zum Zeichen, bringt sie sozusagen zum Sprechen. Das Verfahren ist dabei nicht klassisch-hermeneutisch. Während die Hermeneutik nämlich auf intendierte und bereits vorgegebene Bedeutungshintergründe zurückgreift, also Sachverhalte über vorgegebenen Sinn rekonstruiert (vgl. z.B. POHL 1986, 1996), spürt der Spuren lesende Wissenschaftler à la HARD einem ursprünglich nicht intendierten Sinn nach, der im Untersuchungsgegenstand nur latent, nicht aber explizit ist (HARD 1995, S. 66). Die Sinnstruktur beruht so auf der Kreativität des Wissenschaftlers, der die „Spuren" neu kontextualisiert und so neue Räumlichkeiten und Geographien schafft.

Kontextualisierungen von Zeichen finden in der gelebten Welt vielfältig statt. Zeichen, Zeichenkonstruktionen und Zeicheninterpretationen schreiben sich permanent in Räume ein und resultieren dann in sehr verschiedenen Lesarten, die sich über- und untereinander legen, wobei sich oft zeitliches Nacheinander in räumliches Nebeneinander transformiert (RHODE-JÜCHTERN 1995, S. 122). Eine historische Stadt ist dafür ein beredtes Beispiel. Ihre architektonischen Bauwerke und Monumente stehen oft unverbunden nebeneinander, erzählen aber in ihrer Kombination von der Vergangenheit ihrer sozialen Gruppen, ihren Kämpfen und Festen, ihrer Ästhetik und ihrer Poetik, ihren Ideen und ihrer Technik, lassen aber auch durch Renovierungen und Architekturmodelle die Visionen der Jetztbürger sichtbar werden.

Die geographischen Objekte stehen immer in einem hermeneutischen Bezug zu ihren Beobachtern. Dies zeigt unter anderem die Wahrnehmungsgeographie, die sich mit den subjektiven Referenzen, vor allem den bildlichen, der Lebenswelt auseinander setzt (KRUCKEMEYER 1999). Auch in der handlungstheoretischen Sozialgeographie wird dies deutlich, wobei diese den rationalen Aspekt in den Vordergrund stellt (WERLEN 2000, S. 310, 313). JÜRGEN HASSE weist aber zu Recht darauf hin, dass eine subjektive Perspektive (die übrigens nicht nur individuell sein muss, sondern auch kollektiv sein kann) auch aus anderen Strukturierungen abgeleitet werden könne. So entstehen „mediale Räume", die vermitteln, zwischen Menschen und Dingen, Bewegungen, Illusionen (HASSE 1997). So konstituieren sich auch die Beziehungen zwischen Signifikanten und Signifikat, für jeden Raum und jeden Menschen in anderer Weise. Die semiotische Trennung zwischen Bezeichnendem und Bezeichnetem muss hierbei keineswegs trennscharf sein, sondern kann auch schon mal verschwimmen. Die gegenwärtig sehr heftige Diskussion um die Ansätze HASSES, so, wie sie in der „Erdkunde" und der „Geographischen Revue" recht emotional geführt wird, legt dabei offen, dass dieser „Mangel an Zwischenraum" zwischen Signifikant und Signifikat Befürchtungen aufkommen lässt, hier sei ein wissenschaftlicher Diskurs über diese Themen nicht mehr möglich (vgl. HARD 2000, FALTER & HASSE 2001, HARD 2001).

Dieser Gefahr geht die handlungstheoretische Sozialgeographie aus dem Weg. Sie zerlegt die Handlung in Handlungsentwurf, Handlungsausführung und Handlungsfolgen, um zu zeigen, wie gesellschaftliche Regionalisierungen funktionieren. Dazu identifiziert sie den Handlungssinn als Ursache der Handlungen und beschreibt die Regionalisierung als Geflecht von Handlungsfolgen (WERLEN 2000, S. 217). So gesehen, entspricht die Handlung dem Repräsentamen, in das sich der subjektive Handlungssinn als Interpretans einschreibt und das sich auf das Handlungsobjekt, in unserem Fall die Regionalisierung, ausrichtet. Das passt gut in die PEIRCEsche Zeichenkonzeption, wo Sinnzuweisung als Interpretans und Objektbezug als Gegenstand des Zeichens über das Repräsentamen in Verbindung stehen. Allerdings bleibt die Handlungstheorie dann merkwürdig schweigsam, wenn ein Handlungssinn mehrfach konnotiert ist. Zwar finden sich vereinzelte Hinweise auch für divergierende Handlungsintentionen bei ein und derselben Handlung (WERLEN 1997, S. 149, 255 ff.), jedoch wird Handlungssinn fast immer als theoretisch eindeutig rekonstruierbar angesehen. Eine offenere Betrachtung würde hier ungeahnte Möglichkeiten bringen und die handlungstheoretische Sozialgeographie auch für transkulturelle Interpretationen fit machen (SAHR 1999). So könnte man z. B. nachweisen, wie spielerisch Menschen mit den Rationalisierungen ihrer Handlungen in strategischen Situationen umgehen und aktiv an den Uminterpretationen ihres eigenen Handelns mitarbeiten (vgl. PÜTZ, S. 76 ff. in diesem Heft).

Semiotische Konstruktionen haben heutzutage in einer von Medien geprägten Gesellschaft einen hohen Stellenwert. PAUL REUBER und andere Vertreter der „Kritischen Geopolitik" in Deutschland weisen deshalb darauf hin, dass politische Aktivitäten vor allem über semiotische Leitbilder wirksam werden (REUBER & WOLKERSDORFER 2001). JULIA LOSSAU (2002) hat am Beispiel der mehrdeutigen Türkeipolitik vorgeführt, wie weit imaginative Geographien mit ihren diskursiven Verortungen in die Politik eingreifen, und GÜNTER WOLKERSDORFERS (2001) Untersuchung politischer Prozesse im Braunkohlengebiet Horno verdeutlicht, wie diskursive Einschreibungen in ökonomischen und ethnischen Diskursen für politische Auseinandersetzungen bedeutsam sind. Damit ist auch in der deutschsprachigen Geographie ein Diskursplateau erreicht, das Anschlüsse an die *Cultural Geography* (JACKSON 1989, MITCHELL 2000) bzw. die *Géographie culturelle* (CLAVAL 1995) ermöglicht.

Dieser Diskussionsstandort wurde dadurch möglich, dass die Beziehung zwischen Signifikant und Signifikat in der deutschsprachigen Geographie zunehmend problematisiert wurde, so dass Körpergeographien und Ideengeographien auseinander treten konnten. Das hat drei wesentliche Konsequenzen, die die methodologische Basis für eine Geographie des Kulturellen abgeben könnten:

1. Die Aufhebung der holistischen Auffassung von Kultur ermöglicht ein interpretatives Paradigma, nach dem Kultur überwiegend als ein Zeichensystem verstanden wird, das Gesellschaften semiotisch strukturiert (GREGORY 1994, LOSSAU 2002).

2. Die Geographie alltäglicher Regionalisierungen – hier besonders der signifikativen Strukturierungen (WERLEN 2000, 346 ff.) – und die diskurskritische Geopolitik (REUBER & WOLKERSDORFER 2001) haben den Weg geebnet für eine semiotische Geographie, die Zeichen und körperliches Handeln in einem direkten Zusammenhang sieht.

3. In beiden Fällen gerät allerdings etwas aus dem Blick, dass jede Form der Zeichensetzung, der Weltinterpretation und des Handelns ganz spezifische materielle und nichtmaterielle Verräumlichungen produziert (vgl. aber ZIERHOFER 1997, HASSE 1997).

Im Folgenden soll deshalb an zwei Konzepten dargestellt werden, wie man sich der Verräumlichung von Zeichen und Körpern theoretisch nähern kann.

4. Verräumlichungen

Wie kaum ein anderer Philosoph hat MICHEL FOUCAULT seine Schriften, die Diskurs, Wissen und Macht thematisieren, mit geographischen Metaphern durchsetzt. In „Die Geburt der Klinik" beschreibt er den Übergang vom mittelalterlichen Spital bzw. Hospiz zur modernen Klinik als Produktion eines „visionären Raums", der aus der Formation bestimmter Weisen des Sehens und spezifischer Weisen des Sagens hervorgeht (FOUCAULT 1988, S. 8). FOUCAULT versucht mit seiner archäologischen Methode, aus Gebäuden, Abbildungen und Schriftdokumenten von der Wende des 17. zum 18. Jh. ein epistemologisches Tableau freizulegen, das die kulturellen Transformationen der Klinik in jener Zeit *deut*lich macht und den „modernen Menschen" darin perspektivisch *sicht*bar werden lässt. Eine genauere Lektüre des Buches zeigt, dass hier ein ausgefeiltes semiotisch-geographisches Konzept vorgelegt wird. Die Transformationen des Spitals zur Klinik erscheinen als „Neuverteilung der diskreten Elemente des körperlichen Raumes" und gehen einher mit der „Lokalisierung, die die Krankheit mit ihren Ursachen und Wirkungen in einem dreidimensionalen Raum ansiedelt" (a. a. O., S. 16). Das Erscheinen der Krankheit, des Patienten und der Klinik begrün-

Verräumlichungen	Beschreibung	Beispiele	Räumliche Dimension
Primäre Verräumlichung (kollateraler Raum)	Definitorische und klassifikatorische Organisation von Begriffen und Aussagen (Beziehungen zwischen Aussagen)	Krankheitssystematik, Gesetzgebung, Staatsbürgerdefinition, politische Leitbilder, religiöse Vorstellungen	mental, ideell
Sekundäre Verräumlichung (korrelativer Raum)	Materialisierung von Ideen auf einem Körper, einer Person oder anderen Formen von Materialität (Beziehungen von Aussagen zu Subjekten und Objekten)	Krankheitsdiagnose, Gefangenenbehandlung, Abschiebung, Müttergruppe, Gottesdienste	körperlich, subjektiv
Tertiäre Verräumlichung (komplementärer Raum)	Politisch-soziale Organisationsformen (Institutionen, Ereignisse, Praktiken)	Klinik, Gefängnis, Ausländerpolitik, Bundestag, katholische Kirche	institutionell

Fig. 3 Die drei Verräumlichungen nach Michel Foucault
The three types of spatialization according to Michel Foucault

det so Zwischenräume zwischen körperlichen und geometrisch-abstrakten Räumen. Das Sichtbarwerden dieser Elemente trianguliert Foucault dabei in drei Verräumlichungen (a. a. O., S. 32; Fig. 3):

1. Die primäre Verräumlichung ist ein topologisches Tableau. Sie organisiert (wie die *langue*) die Krankheiten, um die „Unzahl der Krankheiten übersichtlicher und einprägsamer machen". Dazu ordnet sie die Symptome und die Bezeichnungen der Krankheiten systematisch an, gibt ihnen ihre Konfiguration (Foucault 1988, S. 19). Während die Symptome als Phänomene (Erscheinungen) noch den Zusammenhang zwischen Signifikant und Signifikat ungespalten lassen (a. a. O., S. 105), ist die Benennung der Krankheit bereits eine semiotische Trennung. Dabei werden Symptome als Signifikat und Krankheitsnamen als Signifikant im Erfahrungsfeld des Klinikers sagbar und lesbar (a. a. O., S. 107). Sie verräumlichen das klinische Wissen in Nachbarschaften, auf Grund von Ähnlichkeiten und durch Beziehungen und ordnen es so auf der Ebene der Worte an (a. a. O., S. 109). Es handelt sich hier um eine zweidimensionale Geographie (a. a. O., S. 109) bzw. Kartographie, die relational-räumlich arbeitet, ähnlich wie einst die nomothetische Landschaftskunde Landschaftstypen als Kombination von Einzelelementen auswies. Deleuze bezeichnet diese primäre Verräumlichung als „kollateral" oder „assoziativ" (1992, S. 14). Sie ist eine intellektuelle Verteilung von Zeichen und Aussagen, wird aber nicht von einzelnen Subjekten konstruiert, sondern steht nur als (Erkenntnis-)Horizont den Subjekten zur Verfügung.

2. In der sekundären Verräumlichung wird die Krankheit auf die körperliche Ebene projiziert und dort materiell rekonstruiert. Der verschärfte Blick des Arztes schaut jetzt auf das Individuum (welches ja eine Erfindung jener Zeit war) und nimmt den menschlichen Körper direkt und sinnlich wahr; dabei rematerialisieren sich die Krankheitsnamen auf dem Kranken. Konsequenterweise kommen sich Arzt und Patient näher und gehen eine persönlich-körperliche Beziehung ein (Foucault 1988, S. 32). Die Verräumlichung der Körper als handelnde Subjekte und Objekte wird von Deleuze als „korrelativ" bezeichnet (1992, S. 16). Hier könnte vor allem die handlungstheoretische Sozialgeographie und die Politische Geographie Anknüpfungspunkte finden, denn auf dieser Ebene realisieren sich Konzepte wie „Person", „Subjekt" und „Körper". Hier lassen sich aber auch Beziehungen zu einer Phänomenologie des Leibes einschreiben (Waldenfels 2000).

3. Die dritte Verräumlichung ähnelt, oberflächlich betrachtet, vielleicht am ehesten der klassischen Geographie. Sie beschreibt die Gesamtheit der Gesten und Institutionen, „durch die die Krankheit in einer Gesellschaft umstellt und festgestellt wird" (Foucault 1988, S. 32). Hier produzieren sich die Orte, die die Formation des Diskurses semiotisch und die Behandlung des Kranken pragmatisch-körperlich festlegen. Es sind Orte von Institutionen, politischen Kämpfen, ökonomischen Zwängen und gesellschaftlichen Konfrontationen. „Ein ganzes Ensemble medizinischer Praktiken und Institutionen schließt hier die primäre und sekundäre Verräumlichung an die Formen eines gesellschaftlichen Raumes an, deren Genese, Struktur und Gesetze ganz unterschiedlich sind" (a. a. O., S. 33). Krankenhäuser und Fakultäten sind dabei wohl die zentralen Einrichtungen der tertiären Verräumlichung: Sie konfigurieren zum einen den Körper an den Orten der Be*handlung* (sekundäre Verräumlichung), zum anderen die Systematik der Krankheiten, ihre Be*zeichnung* (primäre Verräumlichung). Die tertiäre Verräumlichung repräsentiert so einen „komplementären Raum" nichtdiskursiver Milieus (Deleuze 1992, S. 20).

Jede Kultur verbindet und gestaltet die drei Verräumlichungen in komplexen RaumWELTEN, die sich, jede für sich, zwischen Zeichen (erste Verräumlichung) und Körpern (zweite Verräumlichung) in unterschiedlicher Weise verorten. Nun soll im Weiteren gezeigt werden, in welcher Art sich solche RaumWELTEN herstellen und wie sie sich in die Gesellschaft einschreiben, und zwar mit Hilfe der „Philosophie der symbolischen Formen" von ERNST CASSIRER.

5. RaumWELTEN

Im Jahre 1923 legte ERNST CASSIRER den ersten Band seiner „Philosophie der symbolischen Formen" vor. Hier führte er erstmals in systematischer Weise aus, was er bereits 1921 in einem Vortrag angedacht hatte, nämlich dass die Weltwahrnehmung des Menschen auf der schöpferischen Gestaltung von „symbolischen Formen" beruhe, die einen „geistigen Bedeutungsgehalt an ein konkretes sinnliches Zeichen knüpfen" (CASSIRER 1994c, S. 175). Symbolische Formen sind so geistige Energien, die sich über Zeichen vermittelnd zwischen die Außenwelt der Gegenstände und die Innenwelt der Menschen schieben (a. a. O., S. 176). Dazu gehören konkretere symbolische Formen wie Mythos, Religion, Sprache und Kunst, aber auch abstrakte Formen der Weltwahrnehmung wie theoretisches Denken, mathematische Logik, Technik, Recht und politische Vorstellungen. Sie alle – und andere – dienen der Produktion von Weltbildern (GRAESER 1994, S. 33).

Im Gegensatz zu den allgemeinen semiotischen Theorien, die den geistigen Aspekt der Zeichenproduktion privilegieren, produziert sich Sinn nach CASSIRER dadurch, dass jedes Kulturobjekt seine Stelle in Raum und Zeit auf der Matrix der Sinnlichkeit, also einer körperlichen Erfahrung, findet. Konsequenterweise schreibt er: „Das Erscheinen eines ‚Sinnes', der nicht vom physischen abgelöst ist, sondern an ihm und in ihm verkörpert ist, [...] ist das gemeinsame Moment aller jener Inhalte, die wir mit dem Namen ‚Kultur' bezeichnen" (CASSIRER 1994a, S. 43). Alle symbolischen Formen bemühen sich so, eine Wechselbeziehung zwischen Sinnlichem und Geistigem herzustellen, bei der das Geistige durch das Sinnliche sichtbar wird und das Sinnliche sich im Geistigen reflektiert und sagbar macht (CASSIRER 1994b). In der WELT kommt es dabei zu einer Vielfalt von symbolischen Formen, die wiederum eine Vielfalt unterschiedlicher kultureller Perspektiven ausdrücken.

Menschliches Handeln ist demnach Aus-Ein-Ander-Setzung mit der Wirklichkeit über symbolische Formen, ein Akt der Scheidung, bei dem die ununterbrochen auf die Sinne einwirkende Gegenwart durch geistige und körperliche Aktivität zerlegt und in einen neuen hermeneutischen Zusammenhang gestellt wird. „Nur indem wir dem fließenden Eindruck, in irgendeiner Richtung der Zeichengebung, bildend gegenübertreten, gewinnt er für uns Form und Dauer. Diese Wandlung zur Gestalt vollzieht sich in der Wissenschaft und in der Sprache, in der Kunst und im Mythos in verschiedener Weise und nach verschiedenen Bildungsprinzipien" (CASSIRER 1994b, S. 43). Die Grundfunktion der Zeichengebung trennt und verbindet hier das geistige und das sinnliche Bewusstsein. Hieraus folgt, dass eine Geographie der symbolischen Formen sowohl semiotische (geistige) als auch phänomenologische Interpretationen erfordert, diese aber komplementär behandeln muss. Insofern stellt sie einen Zwischenraum zwischen den Zeichen und den Körpern her, der, wenn man den Verräumlichungen FOUCAULTS folgen will, die semiotischen Prozesse in folgender Weise nachvollzieht.

1. In der primären Verräumlichung werden Räume imaginiert und synthetisiert, sei es in systematischer Weise, so, wie es die Klassifikation der Krankheiten darstellt, oder als Raumbilder, wie z. B. Utopien (BLOCH 1990), religiöse Vorstellungen (ELIADE 1987) und poetische Darstellungen (BROSSEAU 1996). In jüngerer Zeit haben sich in diese *illustre* Reihe auch noch Fernsehbilder und Computerspiele gestellt, die ganz eigene Verräumlichungen ermöglichen. Alle diese „Imaginationen" müssen jedoch in irgendeiner Form körperlich-anschaulich erfahren werden, d. h., sie benötigen eine „synthetische Raumphantasie" (CASSIRER 1994b, S. 45), die diese Räume evoziert und realisiert. Insofern geht die primäre Verräumlichung über die Anschauung in die sekundäre Verräumlichung über.

2. Die sekundäre Verräumlichung bezeichnet die Körper, umschreibt sie in ihrer Konkretheit. Dies ist nur möglich mit Konzepten der primären Verräumlichung, wie etwa „Körper", „Person", „Subjekt" und „Ich". CASSIRER hat an vielen Beispielen ausgeführt, wie abstrakte Sprachzeichen über konkrete Körper- und Ortsbegriffe hergestellt werden. Diese ermöglichen es dann wiederum, den „Körper" mit hermeneutischen Augen zu sehen und zu erfahren (CASSIRER 1994b, S. 149ff.). Der sinnliche Körper selbst ist somit einerseits Konstrukt der primären Verräumlichung, andererseits aber Ausgangspunkt des leiblichen Selbst (WALDENFELS 2000) und seiner wahrnehmenden Sinnlichkeit. Hier geht die sekundäre in die primäre Verräumlichung über.

3. Die tertiäre Verräumlichung spielt dagegen im Denken CASSIRERS eine relativ geringe Rolle. Nach FOUCAULT wird hier ja die individuelle Wahrnehmung in eine kollektiv kontrollierte Struktur eingelagert, die den gesamten gesellschaftlichen Raum umfasst (FOUCAULT 1988, S. 37). Diese Perspektive ist CASSIRER jedoch fremd. Zwar betont er den kollektiven Charakter von Kultur, doch liest er Kultur nur zu gerne als etwas Verbindendes: „Eine Kultur wird uns nur zugänglich, indem wir aktiv in sie eingehen" (CASSIRER 1994a, S. 76). Die trennenden und ausgrenzenden Wirkungen von Kultur bleiben dagegen weitgehend unthematisiert. CASSIRERS soziologischer Optimismus basiert auf der Idee, dass alle Kulturen eine Beziehung zwischen „Ich" und „Du" anstreben, bei der es zu einer „Durchdringung des eigenen und des Fremden" kommt (a. a. O., S. 112). FOUCAULT dagegen zeigt, dass die primäre und die sekundäre Ver-

räumlichung, also Zeichen und Körper, von Machtstrukturen eingeschlossen werden, die eingrenzen, aber auch ausgrenzen. Damit hat die tertiäre Verräumlichung konfigurierende, d.h. zerschneidende und verbindende Wirkung zugleich und stellt mit ihren symbolischen Formen die Kontrolle über bestimmte Zeichen und Körper her. Das konstruktive Element von Kultur kann sich so auch in sein destruktives Gegenteil verkehren.

Diese überraschende Wendung, die sich aus der Anwendung der FOUCAULTschen Idee auf CASSIRERS Vorstellungen ergibt, bedarf noch weiterer Diskussion in einer Geographie des Kulturellen. Sie zeigt jedoch, dass RaumWELTEN eben nicht nur zwischen Körpern und Zeichen vermitteln, sondern auch Grenzziehungen zwischen einer kulturell vertrauten, d.h. sag- und lesbaren Innenwelt und einem fremden unlesbaren Außen sind. Dieses Außen können sie zwar verorten, aber nicht in ihr hermeneutisches System einbeziehen. So ist diese Grenze, die für den/die Wissenschaftler/-in vor allem zu Religion, Wahnsinn, Kunst u.a. überleitet, für eine Geographie des Kulturellen besonders spannend. Denn hier lagern sich unsere wissenschaftlichen Betrachtungsweisen an den nichtwissenschaftlichen Bereich an (vgl. SAHR 2002).

6. Horizonte

Aus der Perspektive der drei Verräumlichungen lassen sich einige weitergehende theoretische und empirische Fragestellungen für eine Geographie des Kulturellen ableiten. Zum einen genügt es wohl nicht mehr, semiotische Vorstellungen einfach als „imaginäre Geographien" (GREGORY 1994) zu identifizieren, sondern es muss aufgezeigt werden, wie sich diese in das alltägliche Geographie-Machen der Menschen einschreiben und welche Arten von primärer und sekundärer Verräumlichung (Zeichenbildungsprozesse und Verkörperungen) dabei aufeinander verweisen. Zum Zweiten erscheint es notwendig, den phänomenologischen Bezug der Handlungstheorie zur Sozialgeographie dahin gehend zu erweitern, dass auch Handlungen Gegenstände kultureller Subjekt- und Weltkonzeptionen sind und so die vermeintlich rational konstruierten Handlungssinne im Kontrast mit außen stehenden Betrachtungsweisen dekonstruiert werden können. Und zum Dritten gilt es auch offen zu legen, wie Religion, Wahnsinn, Ohnmacht und Unlogik in unserer Gesellschaft wirken und produktiv an der Konstruktion unserer Geographien teilhaben. Das kann uns in RaumWELTEN führen, die heute noch nicht entzifferte Zeichen und Körper hervorbringen, und dort warten noch unerschlossene Geographien …

Literatur

BARTHES, R. (1967): Semiologie et urbanisme. L'architecture d'aujourd'hui (La ville), **153**: 11–13.
BATHES, R. (1988): Das semiologische Abenteuer. Frankfurt/Main.
BLOCH, E. (1990): Das Prinzip Hoffnung. Band 1. Frankfurt/Main.
BROSSEAU, M. (1996): Des romans-géographes: essai. Paris.
CASSIRER, E. (1994a): Zur Logik der Kulturwissenschaften: fünf Studien. Darmstadt.
CASSIRER, E. (1994b): Philosophie der Symbolischen Formen. Teil 1: Die Sprache. Darmsatdt.
CASSIRER, E. (1994c): Wesen und Wirkung des Symbolbegriffs. Darmstadt.
CLAVAL, P. (1995): La Géographie Culturelle. Paris.
CRANG, M. (1998): Cultural Geography. London, New York.
DELEUZE, G. (1992): Foucault. Frankfurt/M.
ECO, U. (1972): Einführung in die Semiotik. München.
ELIADE, M. (1987): Das Heilige und das Profane. Vom Wesen der Religionen. Frankfurt/M.
FALTER, R., & J. HASSE (2001): Landschaftsfotografie und Naturhermeneutik. Zur Ästhetik erlebter und dargestellter Natur. Erdkunde, **55** (2): 121–137.
FOUCAULT, M. (1988): Die Geburt der Klinik. Eine Archäologie des ärztlichen Blicks. Frankfurt/M.
GIDDENS, A. (1997): Konsequenzen der Moderne. Frankfurt.
GOTTDIENER, M. (1995): Semiotics, socio-semiotics and postmodernism: From idealist to materialist theories of sign. In: GOTTDIENER, M. [Ed.]: Postmodern Semiotics. Material Culture and the Forms of Postmodern Life. Oxford, Cambridge: 3–33.
GRAESER, A. (1994): Ernst Cassirer. München.
GREGORY, D. (1994): Geographical Imaginations. Cambridge.
HARD, G. (1995): Spuren und Spurenleser. Zur Theorie und Ästhetik des Spurenlesens in der Vegetation und anderswo. Osnabrück. = Osnabrücker Studien zur Geographie, **16**.
HARD, G. (2000): Von melancholischer Geographie. Geographische Revue, **2** (2): 39–66.
HARD, G. (2001): „Hagia Chora". Von einem neuerdings wieder erhobenen geomantischen Ton in der Geographie. Erdkunde, **55** (2): 172–198.
HARTKE, W. (1956): Die „Sozialbrache" als Phänomen der geographischen Differenzierung der Landschaft. Erdkunde, **10** (4): 257–269.
HARTKE, W. (1959): Gedanken über die Bestimmung von Räumen gleichen sozialgeographischen Verhaltens. Erdkunde, **13** (4): 426–436.
HARTKE, W. (1962): Die Bedeutung der geographischen Wissenschaft in der Gegenwart. Tagungsberichte und Abhandlungen des 33. Deutschen Geographentags in Köln 1961. Wiesbaden: 113–131.
HASSE, J. (1997): Mediale Räume. Oldenburg = Wahrnehmungsgeographische Studien zur Regionalentwicklung.
HEINEBERG, H. (2000): Grundriss Allgemeine Geographie: Stadtgeographie. Paderborn u.a.
HETTNER, A. (1927): Die Geographie. Ihre Geschichte, ihr Wesen und ihre Methoden. Breslau.
HETTNER, A. (1929): Der Gang der Kultur über die Erde. Leipzig, Berlin.
HOFMEISTER, B. (1991): Die Stadtstruktur: ihre Ausprägungen in den verschiedenen Kulturräumen der Erde. Darmstadt.
JACKSON, P. (1989): Maps of Meaning: An Introduction to Cultural Geography. London.
KRUCKEMEYER, F. [Hrsg.] (1999): Über „Landschaften" hinter der Landschaft. Kassel. = Urbs et Regio, **70**.

Lossau, J. (2002): Die Politik der Verortung. Eine postkoloniale Reise zu einer „ANDEREN" Geographie der Welt. Bielefeld.

Mitchell, D. (2000): Cultural Geography. A Critical Introduction. Oxford, Malden.

Nöth, W. (2000): Handbuch der Semiotik. Stuttgart, Weimar.

Pohl, J. (1986): Geographie als hermeneutische Wissenschaft. Ein Rekonstruktionsversuch. Kallmünz. = Münchner Geographische Hefte, **52**.

Pohl, J. (1996): Ansätze zu einer hermeneutischen Begründung der regionalen Geographie: Landes- und Länderkunde als Erforschung regionaler Lebenspraxis. Berichte zur Deutschen Landeskunde, **70** (1): 73–92.

Pütz, R. (2003): Kultur und unternehmerisches Handeln – Perspektiven der „Transkulturalität als Praxis". Petermanns Geographische Mitteilungen, **147** (2): 76–83.

Ranke-Graves, R. von (1997): Griechische Mythologie: Quellen und Deutung. Reinbek bei Hamburg.

Reuber, P., & G. Wolkersdorfer [Hrsg.] (2001): Politische Geographie. Handlungsorientierte Ansätze und Critical Geopolitics. Heidelberg. = Heidelberger Geographische Arbeiten, **112**.

Rhode-Jüchtern, T. (1995): Raum als Text. Perspektiven einer Konstruktiven Erdkunde. Wien. = Materialien zur Didaktik der Geographie und Wirtschaftskunde, **11**.

Sahr, W.-D. (1997): Semiotic-Cultural Changes in the Caribbean: A Symbolic and Functional Approach. In: Ratter, B., & W.-D. Sahr [Eds.]: Land, Sea, and Human Effort. Hamburg: 105–119. = Beiträge zur Geographischen Regionalforschung in Lateinamerika, **10**.

Sahr, W.-D. (2002): Drei Welten zwischen Diesseits und Jenseits. Postmoderne Überlegungen zu einer handlungstheoretischen Ausrichtung der Religionsgeographie. Geographia Religionum, **11** [in Vorbereitung].

Saussure, F. de (1986): Cours de linguistique générale. Paris.

Waldenfels, B. (2000): Das leibliche Selbst. Vorlesungen zur Phänomenologie des Leibes. Frankfurt/M.

Werlen, B. (1986): Thesen zur handlungstheoretischen Neuorientierung sozialgeographischer Forschung. Geographica Helvetica, **41** (2): 67–76.

Werlen, B. (1997): Sozialgeographie alltäglicher Regionalisierungen. Band 2: Globalisierung, Region und Regionalisierung. Stuttgart. = Erdkundliches Wissen, **119**.

Werlen, B. (2000): Sozialgeographie. Bern u. a.

Wolkersdorfer, G. (2001): Politische Geographie und Geopolitik zwischen Moderne und Postmoderne. Heidelberg. = Heidelberger Geographische Arbeiten, **111**.

Zierhofer, W. (1997): Geographie der Hybriden. Erdkunde, **53** (1): 1–13.

Manuskriptannahme: 29. Januar 2003

Dr. Wolf-Dietrich Sahr, Rua St. Hilaire 79, Apto. 33, CEP 84.035.350 Ponta Grossa, Brasilien
E-Mail: cicilian@uol.com.br
[z. Zt. Gastprofessor an der Universität Mainz, Geographisches Institut, E-Mail: W.Sahr@geo.uni-mainz.de]

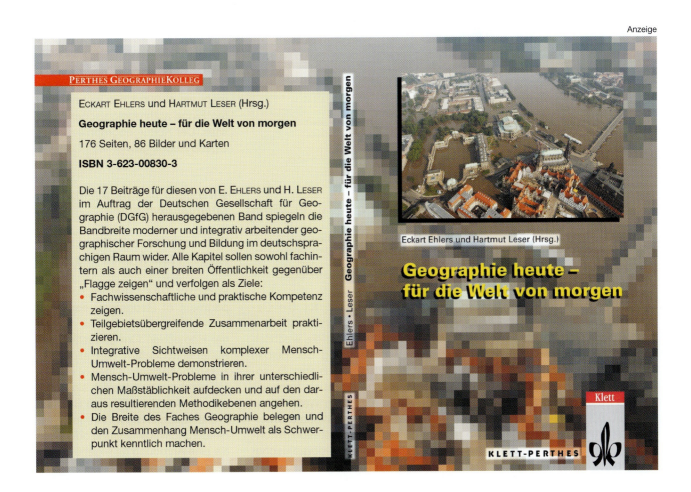

© 2003 Justus Perthes Verlag Gotha GmbH

xroads.virginia.edu

American Studies

Dem „cultural turn" in der Geographie steht der „spatial turn" in vielen Kulturwissenschaften gegenüber: die stärkere Berücksichtigung räumlicher bzw. regionaler Aspekte in grundsätzlichen Fragestellungen und Forschungsprojekten. In diesem Zusammenhang wurden in der jüngeren Vergangenheit an vielen Universitäten neue Professuren und Studiengänge im Bereich der „Area Studies" eingerichtet. Die Website des Fachbereichs American Studies der University of Virginia illustriert gleichermaßen die interdisziplinäre Vielfalt und inhaltliche Nähe zur Kulturgeographie. Deutlich wird dies z. B. am Beitrag "The South: Where is it? What is it?" *(xroads. virginia.edu/~DRBR/REED/tears. html)*, in dem mittels einer Vielzahl von Faktoren eine kulturräumliche Abgrenzung des amerikanischen Südens versucht wird.

www.deuframat.de

Deuframat

DEUFRAMAT ist ein Akronym; es steht für „*Deu*tsch-*fra*nzösische *Ma*terialien für den Geschichts- und Geographieunterricht". Hinter diesem Titel verbirgt sich die Zielsetzung, in einer modernen Präsentationsform, wie sie das Internet darstellt, Informationsmaterialien über Frankreich und Deutschland bereitzustellen. Sie richten sich besonders an Schülerinnen und Schüler der Gymnasien, die sich mit dem jeweils anderen Land befassen, sei es im Sach-Fachunterricht oder in bilingualen Zweigen, für die die Materialien in besonderer Weise geeignet sind. Die Texte und Dokumentationen richten sich aber auch an alle diejenigen, die sich grundsätzlich für das Verhältnis Deutschlands zu Frankreich, für die Geschichte, die Gesellschaftsstruktur, die Wirtschaft und für die wechselseitige Wahrnehmung der beiden Nachbarländer interessieren. Da sowohl deutsche als auch französische Autoren zu dem Werk beitragen, werden auch nationale Unterschiede in der Interpretation historischer und (kultur-)geographischer Faktoren sichtbar (Fig. 1).

Fig. 1 Deutsch-französische Kooperation für den Geographie- und Geschichtsunterricht

www.ecu.edu/geog/cgsg/cgsg main.html

Cultural Geography Specialty Group

In zahlreichen Ländern haben sich die Kulturgeographen zu Arbeitsgemeinschaften zusammengeschlossen. Die Internetseite der amerikanischen Kulturgeographen bietet Zugriff auf einen Online-Newsletter. Verwandte Inhalte bearbeitet auch die Cultural and Political Ecology Specialty Group der Association of American Geographers, deren Homepage unter *www.u.arizona.edu/~batterbu /cesg/cesg.html* auch einen Newsletter sowie ein Diskussionsforum bereitstellt.

www.anthro.net/guides/ regions.shtml

Anthro.Net

Der Anthropologe Eric J. White, Graduate Student am Department of Anthropology der University of California in Santa Barbara, betreibt unter dem Titel „Anthro.Net" ein Portal zur Anthropologie und ihren Nachbarwissenschaften. Der Suchbaum erschließt eine Datenbank mit mehr als 40 000 Links zu im weiteren Sinne anthropologischen Websites. Der Kulturgeographie ist eine eigene Rubrik gewidmet.

www.geog.okstate.edu/users/ lightfoot/lfoot.htm

Dale Lightfoot's Cultural Landscapes From Around The World

Professor Dale Lightfoot vom Department of Geography der Oklahoma State University hat auf seiner Homepage fünf Slideshows zu Kulturlandschaften aus aller Welt zusammengestellt. Obwohl die Fotos nicht hoch aufgelöst sind, eignen sie sich doch für eine Beamer-Präsentation z. B. im Rahmen einer Einführungsveranstaltung oder auch als eine Anregung für eigene Bilderserien.

Online

www.geog.le.ac.uk/cti/cult.html

Cultural and Social Geography

Im Rahmen der „Computers in Teaching Initiative" (CTI) unterhalten die britischen Universitäten 24 spezialisierte Linksammlungen zu verschiedenen Fachgebieten. Die Bereiche Geographie, Geologie und Meteorologie werden von der Universität Leicester betreut. Für die Kultur- und Sozialgeographie existiert eine leider längere Zeit nicht aktualisierte Linkliste.

cwr.utoronto.ca/cultural/english/index.html

Cultural Profiles Project

Die kanadische Einwanderungsbehörde hat unter der Überschrift „Cultural Profiles" eine Sammlung kultureller Eigenheiten wichtiger Herkunftsländer zusammengestellt. Das Angebot richtet sich primär an Personen, die Eingliederungshilfen für neue Einwanderer in Kanada bereithalten. Neben den zweckdienlichen Inhalten liefert die Website ein interessantes Beispiel für die Wahrnehmung und Interpretation nationaler bzw. kultureller Eigenheiten (Fig. 2).

Fig. 2 Kulturelle Profile kanadischer Einwanderer

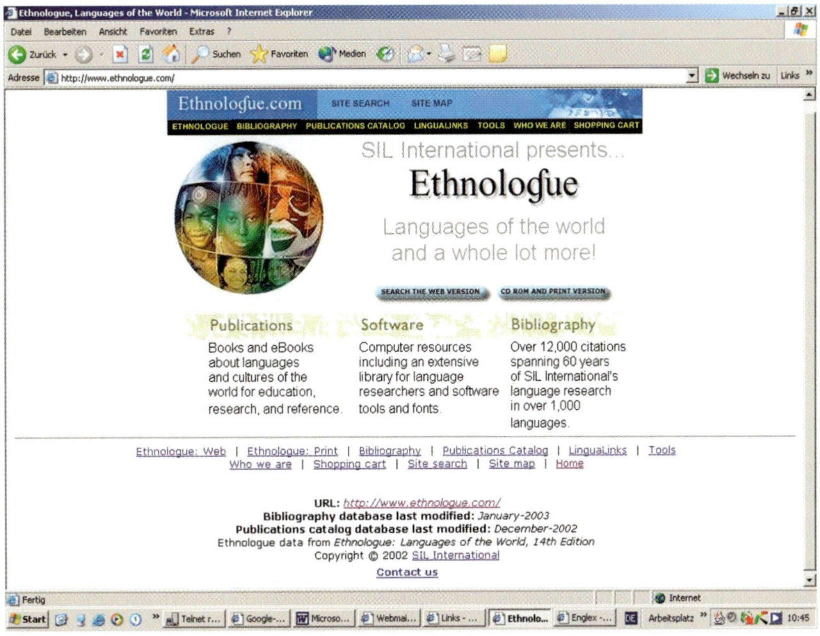

Fig. 3 Alle Sprachen der Welt, Literaturdatenbank und Softwarekatalog

www.ethnologue.com/

Ethnologue: Languages of the World

Die Onlinefassung eines mittlerweile in 14. Auflage erschienen Verzeichnisses der Sprachen der Welt bietet einen kostenlosen Zugriff auf das nach Ländern strukturierte Sprachverzeichnis, eine linguistische Literaturdatenbank mit mehr als 31 000 Einträgen, eine Linkliste und einen Softwarekatalog mit überwiegend kostenlosen Downloads (Fig. 3).

www.owio.wau.nl/sociale%20geografie2/Webtekst/Place/Theorie/Culturele%20geografie/cultural_geography.htm

(New) Cultural Geography

Gibt man die Stichwörter „new cultural geography" bzw. „neue Kulturgeographie" in eine Suchmaschine ein, wird schnell die große Zahl an Lehrveranstaltungen deutlich, die sich in den vergangenen Semestern mit entsprechenden Fragestellungen beschäftigt haben. Im Rahmen einer Einführung in die Sozialgeographie findet sich auf dem Server der Fakultät für Umweltwissenschaft der Universität Wageningen eine grundlegende Darstellung zur Forschungstradition und zu den Inhalten der neuen Kulturgeographie. In eine ähnliche Richtung zielt ein Dokument „L'approche culturelle en géographie: orientations et agendas" *(www.clionautes.org/salledes/sup.htm)*, das von der Website der Clionauten, einer Arbeitsgemeinschaft französischer Geographen und Historiker, geladen werden kann.

THOMAS OTT, Mannheim

Kulturlandschaftspflege: Wessen Kultur? Welche Landschaft? Was für eine Pflege?

Dietrich Soyez

1 Figur im Text

Taking Care of Cultural Landscapes: Whose Culture? Which Landscape? What Kind of Preservation?
Abstract: The study and preservation of cultural landscapes in Germany traditionally has focussed on visible and material evidence of the dominant culture in rural areas. Only very recently have aspects of industrial landscapes been considered in similar ways. Against this backdrop, the author argues that the consideration of important perspectives and research areas of the New Cultural Geography not only supplements, but also substantially enriches both the study and the preservation of cultural landscapes. This would be achieved above all by a stronger focus on transnationally shaped cultures of everyday life and of minorities, on highly dynamic urban spaces, and on symbolic meanings associated with specific elements of landscapes. Without neglecting the interest in conflictual processes and their consequences that dominates Anglo-American scholarship, the traditional German focus on methods of registering, evaluating, protecting, and preserving cultural landscapes can be extended into the new areas of study. This should entail examining currently developing cultural landscapes alongside those with historical roots.
Keywords: Cultural landscapes, New Cultural Geography, rural landscapes, urban landscapes, industrial landscapes, Heritage Geography, culture wars, contested heritage, multicultural heritage

Zusammenfassung: Kulturlandschaftsforschung und Kulturlandschaftspflege sind in Deutschland traditionell sehr stark auf visuell wahrnehmbare, materielle Zeugnisse der Mehrheitskultur im ländlichen Raum konzentriert. In der allerjüngsten Zeit werden in ähnlicher Weise auch Ausschnitte aus Industrielandschaften berücksichtigt. Vor diesem Hintergrund wird argumentiert, dass die Berücksichtigung wichtiger Perspektiven und Untersuchungsräume der Neuen Kulturgeographie die Kulturlandschaftspflege nicht nur ergänzt, sondern substantiell bereichert. Dies würde erreicht vor allem durch einen stärkeren Fokus auf transnational geprägte Alltags- und Minderheitenkulturen, hochdynamische urbane Räume und an spezifische Landschaftselemente gebundene symbolisch geladene Bedeutungszuweisungen. Ohne das im angloamerikanischen Raum dominierende Interesse an konfliktbetonten Prozessen und ihren Folgen zu vernachlässigen, kann dabei der in der deutschen Tradition wichtige Schwerpunkt von Erfassungs-, Bewertungs- und Sicherungs- bzw. Pflegemethoden auf die neuen Problemfelder ausgedehnt werden. Derzeit „wachsende Kulturlandschaften" sollten dabei ebenso berücksichtigt werden wie „historisch gewachsene".
Schlüsselwörter: Kulturlandschaften, Neue Kulturgeographie, ländliche Landschaften, Stadtlandschaften, Industrielandschaften, Heritage Geography, Kulturstreit, umstrittenes Erbe, multikulturelles Erbe

1. Einleitung

Der nebenstehende Zeitungsausschnitt (Fig. 1) klingt ebenso sachlich wie nüchtern. Er ist jedoch fiktiv. Wie der Autor in unterschiedlichen Kontexten erfahren musste, ist eine solche Meldung jedoch geeignet, unter Fachleuten ebenso wie bei völlig unbefangenen Beobachtern ungläubige bis vehement ablehnende Reaktionen hervorzurufen. Ihre Stärke weist auf tiefer liegende Problemfelder hin. Eine systematischere Auseinandersetzung mit der Thematik von Erfassung, Bewertung und Pflege des kulturellen Erbes in Deutschlands Städten ist folglich nicht nur lohnend, sondern auch notwendig.[1]

Kein Ansatz in der Geographie scheint für diese Aufgabe geeigneter zu sein als die Kulturlandschaftspflege, also das jüngst wieder stark diskutierte und vermehrt angewendete „Konzept zur Umsetzung historisch-geographischer Grundlagenforschung in räumlichen Planungsprozessen" (Schenk 2002, S. 6; wesentlich ausführlicher Schenk 1997, S. 7). In den heute sehr differenziert entwickelten Erfassungs-, Auswahl- und Bewertungsmethoden für die praxisbezogene und zugleich stark an bestehenden gesetzlichen Regelwerken orientierte Umsetzung steht die deutsche Kulturlandschaftspflege im internationalen Vergleich an der Forschungs- und Anwendungsfront (jüngere Überblicke bei Schenk, Fehn & Denecke 1997; als Beispiele für Analysen und Methoden s. Denecke 1997, Quasten 1997b, Quasten & Wagner 2000, Wagner 1999).

---

[1] Der diesem Beitrag zugrunde liegende Vortrag „Kulturlandschaftspflege. Welche Kultur? Welche Landschaft? Welche Pflege?" wurde erstmals gehalten auf dem Symposium „Kulturlandschaftspflege" aus Anlass des Ausscheidens aus dem aktiven Dienst von Prof. Dr. Heinz Quasten (Fachrichtung Geographie, Universität des Saarlandes) am 26. Oktober 2001. Darauf aufbauend, wurden die Bezüge zur Neuen Kulturgeographie verstärkt in einem Vortrag mit dem Titel „Urban Cultural Heritage in Germany: The Challenge of Multi-Ethnicity and Transnationalism", gehalten auf einer Sitzung der IGU-Kommission „L'approche culturelle en Géographie" der Regional Conference der IGU am 7. August 2002 in Durban (Südafrika). Für – teilweise sehr kritische – Anmerkungen und Hinweise danke ich den bei diesen Anlässen anwesenden Fachkolleginnen, -kollegen, Freunden und Gästen.

Neue Kulturgeographie

STADTTEILE

Chinesisches Restaurant unter Schutz gestellt
Köln – Der Konservator der Stadt Köln hat gestern in einer Pressemitteilung bestätigt, dass ein weiteres Restaurant im Belgischen Viertel als charakteristisches Element der städtischen Kulturlandschaft unter Schutz gestellt worden ist. Es handelt sich um die kleine Gaststätte **Kölsche Chinese**. Sie sei, so die Begründung, nicht nur als repräsentativ für Migrationsmuster und wirtschaftliche Aktivitäten der in den 1990er Jahren eingewanderten Hongkong-Chinesen anzusehen. In Namensgebung und Küche stelle der Imbiss zudem eine typische Vermischung fremder und lokaler Elemente dar und müsse somit als ein repräsentatives Beispiel der Glokalisierungsprozesse des ausgehenden 20. Jahrhunderts angesehen werden.

Unmittelbar bevor steht offensichtlich auch der Ensembleschutz des östlichen Teils der Weidengasse in der Innenstadt als eine der repräsentativsten räumlichen Vergesellschaftungen des türkischen Einzelhandels in Köln (wir werden berichten) (KStA).

Fig. 1 Eine fiktive Zeitungsmeldung ... (Foto: SCHULZ 2003)
A ficticious news report ... (Photo: SCHULZ 2003)

Ein näherer Blick jedoch zeigt, dass dieser Ansatz deutlich enger aufgefasst wird, als es der Begriff nahe legt. In konzeptionellen Diskussionen und in der Anwendung nämlich thematisiert die Kulturlandschaftspflege fast ausschließlich das Wirken der – wie immer verstandenen – *Mehrheitskultur,* ist weit überwiegend konzentriert auf den *ländlichen Raum* und legt den Schwerpunkt auf das visuell wahrnehmbare *materielle* Erbe in Landschaften. Dass dabei „geschichtlich gewachsene Strukturen" im Vordergrund stehen, ist bei einem mehrheitlich aus der Historischen Geographie heraus bearbeiteten Aufgabenfeld ebenso nahe liegend wie legitim. Auffällig ist jedoch, dass Problemzusammenhänge der jüngeren (Landschafts-)Geschichte kaum behandelt, Fragen der zeitlichen Abgrenzung zur Gegenwart nicht konsequenter diskutiert und die sich aus der Veränderungsdynamik vieler Landschaftsräume ergebenden Implikationen nur partiell thematisiert werden. Vor allem dieser letzte Punkt ist kritisch, weil alle Landschaftsräume Deutschlands in ihren Ausprägungen, Handlungshintergründen und Bedeutungszuweisungen seit langem schon nicht mehr allein aus lokalen bis nationalen Kontexten heraus bestimmt werden, sondern ständig intensivierten Einflüssen aus potentiell der ganzen Welt unterliegen. Um in Anlehnung an das von WERLEN (2000) jüngst noch einmal besonders plakativ herausgearbeitete Gegensatzpaar zu argumentieren: Kulturlandschaftspflege in Deutschland richtet den Fokus weitgehend auf Landschaftsräume, die (oft nur noch vermeintlich ...) durch *verankerte* Lebensformen geprägt sind, während die dramatischen Folgen der seit langem ablaufenden *raumzeitlichen Entankerung* ebenso weitgehend ausgeblendet werden.

Die auf internationaler Ebene geführte Diskussion spiegelt diese Situation wider. Dies gilt vor allem für das Umfeld der UNESCO-Welterbekonvention, wenn auch hier mit der Kategorie der sog. „assoziativen Landschaften" ein deutlicherer Fokus auf die symbolischen Gehalte gegebener Landschaftsräume gerichtet ist, als dies in Deutschland bisher üblich war (DROSTE, PLACHTER & RÖSSLER 1995, RÖSSLER 1995a; s. jedoch jüngst DIX 2002, hier auch ein Hinweis auf das Konzept der Erinnerungsorte).

Vergleicht man dieses Bild mit übrigen in der geographischen Kulturlandschaftsforschung der letzten beiden Jahrzehnte entwickelten Themensträngen und -perspektiven, so ist bemerkenswert, dass Bezüge zur Neuen Kulturgeographie kaum hergestellt, geschweige denn hier entstandene Ansätze übernommen worden sind. Vor diesem Hintergrund ist es lohnend, in der Folge einige Facetten dieser Problematik aufzugreifen.

Die Argumentationsführung ist wie folgt: In einem ersten Schritt wird dargestellt, welche Aspekte des für die Neue Kulturgeographie typischen Perspektivwechsels für die Thematik von Bedeutung sind. Vor diesem Hintergrund werden dann die im Untertitel des Beitrags gestellten Fragen behandelt, und zwar ausschließlich bezogen auf Industrie- und Stadtlandschaften (eine entsprechende Diskussion wäre aber auch für den ländlichen Raum zu führen). Dabei liefert die sich im englischsprachigen Raum zur Zeit herausbildende *Geography of Heritage* wichtige Bezugspunkte. Die Frage, „wessen Kultur" eigentlich im Mittelpunkt kulturgeographischer Interessen stehen könnte oder sollte, stellt dabei aus der Sicht des Autors die zentrale Problematik dar. Sie wird folglich auch am ausführlichsten diskutiert. Darauf aufbauend – und deutlich kürzer –, werden die Implikationen angesprochen, die sich durch die Einbeziehung von Stadtlandschaften ergeben. In einem dritten Schritt sollen schließlich sehr kurz der Begriff der „Pflege" problematisiert und Optionen zur „bewahrenden" und rechtlich abgesicherten Unterschutzstellung angedeutet werden.

2. Perspektiven der Neuen Kulturgeographie(n)

Eine einheitliche Neue Kulturgeographie gibt es nicht. Besser ist es, sie als eine Vielzahl von Perspektiven zu begreifen. In ihnen wird von sehr unterschiedlichen Definitionen dessen, was „Kultur" ist, ausgegangen, und so ist es wenig verwunderlich, dass sie sich teilweise ergänzen oder überlappen, teilweise aber auch widersprechen.

Den Verständnishintergrund für die folgenden Ausführungen bildet *einmal* die recht allgemeine Definition von CRANG (1999, S. 2): "... cultures are sets of beliefs or values that give meaning to ways of life and produce (and are reproduced through) material and symbolic forms", *zum anderen* die Formulierung von MITCHELL (2000, S. xvi), der klare Bezüge zu geographischen Kategorien herstellt: "... culture [...] is socially produced through myriad struggles over and in spaces, scales, and landscapes". Im Vergleich zu den vorherrschenden Auffassungen in der deutschen Kulturlandschaftsforschung werden damit sofort wichtige Unterschiede deutlich: Hier wird nicht nur der Einfluss einer wie immer verstandenen (Hoch- und/oder Mehrheits-)Kultur thematisiert, sondern multiple, oft miteinander konfligierende und durch eine Vielzahl von Akteuren sozial konstruierte (Alltags- und/oder Minderheits-)Kulturen in Mehrebenensystemen (ausführlichere Diskussion zu geographisch relevanten Konzepten von „Kultur" bei NORTON 2000, S. 12 ff.).

Einheitliche Wertungen über Stärken und Schwächen dieser unterschiedlichen Ansätze gibt es nicht. So steht NORTON (2000) eher für eine Gruppe von Autoren, die bestehende Kontinuitäten zwischen der traditionellen und der Neuen Kulturgeographie betonen. MITCHELL (2000) dagegen setzt sich von der ersteren sehr deutlich ab. Er stellt – wie eben schon im Zitat gezeigt – das Konzept der *culture wars* in den Mittelpunkt des Interesses, also die interessengeleitete, machtbetonte und zugleich buchstäblich aufzufassende Politik des *taking place* im Raum auf Kosten anderer Interessengruppen: "Culture wars allow us to see 'culture' 'in the making'; they allow us to see how 'culture' is always and everywhere inextricably related to social, political, and economic forces and practices" (MITCHELL 2000, S. xvi). Deutlich wird in der jüngsten Diskussion aber auch, dass Übersteigerungen zurückgenommen und Brückenschläge zwischen den extremen Positionen aufgezeigt werden. Charakteristisch sind hier vor allem die Stimmen, die übertriebene Dematerialisierungen in der Neuen Kulturgeographie beklagen (hierzu näher PHILO 2000, JACKSON 2000, NASH 2002).

Bei den meisten Ansätzen innerhalb der Neuen Kulturgeographie jedoch gibt es Gemeinsamkeiten, die sehr stark beeinflusst sind von jüngeren Entwicklungen in den Sozialwissenschaften ganz allgemein, aber auch der *Cultural Studies* im Besonderen. Vier als zentral beurteilte Aspekte seien herausgestellt:

- „Kultur" wird nicht als der große, undifferenzierte Bereich verstanden, der alles bezeichnet, was nicht „Natur" ist. Sie wird auch nicht – wie früher bewusst oder unbewusst sehr häufig geschehen – als ursächlicher, einheitlich wirkender Faktor gesehen, der das Handeln von Individuen oder Gruppen auf die (Kultur-)Landschaftsentwicklung steuert (von einer solchen Reifizierung sind aber auch jüngere Arbeiten der Neuen Kulturgeographie nicht immer frei, s. kritische Diskussion bei MITCHELL 2000, S. 77). Stattdessen werden *einmal* die Autonomie der Akteure bei der Produktion von Ideen über Kultur und das Wirken dieser Ideen in der Gesellschaft und darüber auf den Raum, *zum anderen* die Relativität und der raumzeitliche Wandel kultureller Äußerungen in alltäglichen Aushandlungsprozessen und Konflikten betont. Hier ist dann der Einsatz von Macht ebenso wichtig wie die soziokulturelle Situiertheit der verschiedensten Akteure (bezogen auf die Rolle von Gender, Sozialstatus, Ethnizität, Subkulturen etc.).

- Nicht mehr die dingliche Erfüllung des Erdraums oder die hieran geknüpften Funktionen stehen im Mittelpunkt des kulturgeographischen Interesses. Als wichtiger werden betrachtet ihre Repräsentationen, da sich in ihnen Voraussetzungen, Prozesse und Folgen interessenabhängiger raumgebundener Bedeutungszuweisungen spiegeln – *maps of meaning,* wie es JACKSON (1989) sehr plastisch ausgedrückt hat. Diese aber sind nicht einfach gegeben und sind auch niemals neutral. Sie werden von den unterschiedlichsten Akteuren unter Einsatz von Macht durchgesetzt. Hegemoniale Vorstellungen finden dabei in der Regel einen deutlichen – auch materiellen – Niederschlag im Raum. Für die sich dagegen zur Wehr setzenden Ansprüche aber trifft dies nur selten zu, zumal ihre landschaftlichen Spuren vielfach bewusst beseitigt werden. Raum und die in ihm angeordneten Artefakte werden vor allem im Spiegel ihrer diskursiv ständig reproduzierten, neu erzeugten oder umgedeuteten Abbildungen gesehen.

- Die klassische Bindung zwischen „Ort" und „räumlicher Identität" von Menschen wird vielfach entweder völlig aufgehoben oder durch multiple Ortsloyalitäten relativiert. Dies kann dazu führen, dass an gegebenen Orten nicht nur „ortsunspezifische" Geographien entstehen können. Typisch ist dann vielfach auch, dass diese weniger mit ihrer unmittelbaren Umgebung in Austauschbeziehungen stehen als vielmehr mit teilweise weit entfernten Erdstellen. Auch Orte selbst können deshalb nicht mehr über eine einzige klare, sondern eher über mehrere und zugleich umstrittene Identitäten verfügen. Das, was Alltag an einem bestimmten Ort ist, muss von der Assoziation ausschließlich mit lokalen Phänomenen befreit werden.

- Der klassische Anspruch jeglicher Art von Expertentum, nämlich das jeweils richtige Wissen und die allein richtige Deutung zu liefern, ist grundsätzlich in Frage gestellt. Auch Fachleute sind unterschiedlichen Zwängen ausgesetzt sowie raumzeitlich und soziokulturell in spezifischer Weise situiert. Sie erfassen nicht einfach die Landschaft und die diese prägenden Elemente, sondern produzieren spezifische Landschaften – sie entwerfen *maps of meaning*. Die so einfach wirkende Formulierung, Landschaften könnten „gelesen" werden, muss damit aus der Sicht der Neuen Kulturgeographie reformuliert werden: Das Lesen von Landschaften „als Text" ist nicht ein einfaches passives Aufnehmen zugänglicher Information. Stattdessen ist es ihr aktives „Be-Schreiben" im ursprünglichen Wortsinne, also praktisch eine Neugestaltung (BARNES & DUNCAN 1992, S. 5; GRAHAM, ASHWORTH & TUNBRIDGE 2000, S. 31). Genau durch diesen Prozess können die Landschaft konstituierende, aber als problematisch angesehene oder unerwünschte Elemente unsichtbar gemacht, geradezu entsorgt werden (MITCHELL 2000, S. 91 ff., S. 103; zur generellen Problematik des „Spurenlesens" in der Landschaft s. schon HARD 1989).

Es ist offensichtlich, dass alle angeführten Aspekte sehr schmerzhaft an das Selbstverständnis einer traditionell verstandenen Kulturlandschaftsgeographie rühren. Nicht nur wird mit einer solchen Sicht die Aussagekraft visuell wahrnehmbarer, materieller Landschaftsbestandteile reduziert und zugleich abgewertet. In Frage gestellt sind auch traditionell unwidersprochene Deutungshoheiten, da prinzipiell von multiplen Bedeutungszuweisungen durch die unterschiedlichsten Akteure ausgegangen wird.

Vor diesem Hintergrund ist eine Frage zentral: ob und auf welche Weise der für die Neue Kulturgeographie charakteristische Perspektivwechsel die in Deutschland bestehenden Ansätze zum wissenschaftlichen und praxisbezogenen Umgang mit Kulturlandschaften konzeptionell und inhaltlich bereichern sowie aus angewandter Sicht wirklichkeitsnäher und zeitgemäßer gestalten kann.

3. Kulturlandschaftspflege im Perspektivwechsel

3.1. Wessen Kultur?

Die im Untertitel des vorliegenden Beitrags gestellten Fragen sind in teilweise identischer Form schon früher gestellt, aber in Kulturlandschaftsforschung und -pflege nicht systematischer behandelt worden. So wird zwar bis in die jüngste Zeit hinein viel Wert auf die Ableitung und Erläuterung des verwendeten Landschaftsbegriffs gelegt (SCHENK 2002, BURGGRAAFF & KLEEFELD 2002). Eine entsprechende Problematisierung für den genauso zentralen Begriff der „Kultur" aber fehlt fast völlig, folglich auch jeder Versuch, die im Mittelpunkt der Neuen Kulturgeographie stehenden unterschiedlichen „Kulturen" anzusprechen. Diese können z. B. von Einwanderern anderer Kulturräume vertreten werden, aber auch von unterschiedlichen Gruppen mit kulturellen Vorstellungen, Ansprüchen und Äußerungen, die von der Mehrheitsgesellschaft abweichen (etwa entlang von Differenzierungen nach Gender, Lebensstilen oder Alterskohorten).

TUNBRIDGE (1984) hat schon früh die grundsätzliche Problematik aufgezeigt, später dann die mit der Ansprache von kulturellem Erbe notwendigerweise verbundenen Selektionsprozesse mit Variablen verknüpft wie „cultural affinity, political affiliation or social class" (TUNBRIDGE 1994, S. 123) – sämtlich Kategorien, die in dieser Deutlichkeit in der deutschen Kulturlandschaftspflege kaum herausgestellt werden. Mit allem Nachdruck – und bezogen auf die europäische Situation – unterstreicht er im gleichen Zusammenhang die politischen Implikationen („profound and potentially deadly", a. a. O., S. 123) kulturell selektiver Identifizierung, Interpretation, Bewahrung und Inwertsetzung von historischem Erbe.

Die gleichen Problemfelder sind jüngst von GRAHAM, ASHWORTH & TUNBRIDGE (2000) in einen konsistenten konzeptionellen Zusammenhang gebracht und in die zeitgenössische Kultur- und Wirtschaftsgeographie eingebettet worden. Hier ist offensichtlich im englischsprachigen Raum eine *Geography of Heritage* im Entstehen. Sie zu beachten lohnt sich aus deutscher Sicht vor allem deswegen, weil der dort zugrunde gelegte Kulturbegriff die heutige soziokulturelle Wirklichkeit angemessener auflöst, als dies in der deutschen Kulturlandschaftsforschung traditionell geschieht. „Heritage" ist danach, in Anlehnung an HALL (1997), eine bedeutungsgeladene Repräsentation der Vergangenheit aus einer dezidiert gegenwartsbezogenen Sicht (GRAHAM, ASHWORTH & TUNBRIDGE 2000, S. 1 ff.). Im Folgenden wird dieser Begriff – unvollkommen – mit dem Terminus „kulturelles Erbe" bezeichnet.

Im Hinblick auf die gestellte Kernfrage, „wessen Kultur" eigentlich gemeint ist, greifen die Autoren die auch bei MITCHELL (2000) zentrale Vorstellung kollidierender Bedeutungen im Raum auf und betrachten sie vor allem in ihrer Form als kulturell geprägte Repräsentationen historischer und räumlicher Sachverhalte. Ein ebenso interessanter wie nahe liegender Kunstgriff verleiht ihrer Darstellung eine stringente Argumentationsführung, der Gebrauch nämlich des Konzepts der *intrinsischen Dissonanz:* "Heritage fulfils several inherently opposing uses and carries conflicting meanings simultaneously. It is this intrinsic dissonance, or lack of agreement as to what constitutes a heritage defined by meaning, which, paradoxically, acts as the cement to this book's arguments" (GRAHAM, ASHWORTH & TUNBRIDGE 2000, S. 3).

Geographie (als Fach) und kulturelles Erbe treffen sich nach diesen Verfassern in drei Schnittfeldern (S. 4):

- Kulturelles Erbe stellt inhärent ein räumliches Phänomen dar,
- Kulturelles Erbe ist von fundamentaler Wichtigkeit für eine zeitgenössische Kulturgeographie und Historische Geographie, die „Bedeutung", „Repräsentation" und das kritische Problemfeld von „Identität" in den Mittelpunkt ihrer Betrachtung stellen, und schließlich
- Kulturelles Erbe wird als sowohl kulturelles als auch ökonomisches Gut auf den unterschiedlichsten Märkten gehandelt.

Intrinsische Dissonanzen entstehen dabei entlang zweier Achsen:

- Kulturelles Erbe ist als ortsgebundenes Produkt zu betrachten (s. dazu jedoch die Überlegungen im folgenden Abschnitt), das von den verschiedensten Nachfragern mit zum Teil sehr unterschiedlichen Ansprüchen, Vorstellungen und Zielen genutzt wird, etwa von sowohl Einheimischen als auch Touristen; besondere Unverträglichkeiten treten dort auf, wo heilige Stätten des Einen für den Anderen Elemente von Konsum- oder Rekreationslandschaften werden.

- Kulturelles Erbe ist vielfach durch eine Nullsummeneigenschaft charakterisiert, die ihren Ausdruck auch in machtbezogenen oder territorialen Dimensionen findet, denn das Erbe des Einen ist genau durch diese Eigenschaft zunächst einmal (und oft für immer) nicht das Erbe des Anderen: "The creation of any heritage actively or potentially disinherits or excludes those who do not subscribe to, or are embraced within, the terms of meaning defining that heritage" (GRAHAM, ASHWORTH & TUNBRIDGE 2000, S. 24; s. auch LOWENTHAL 2000, S. 21).

Zwei Problemfelder sind vor diesem Hintergrund von Bedeutung: *einmal* das Konzept der intrinsischen Dissonanz in seiner Anwendung auf Problemfelder in Deutschland, *zum anderen* die Frage, ob nicht durch die Konfliktfokussierung der zeitgenössischen *Geography of Heritage* andere Facetten einer sinnvollen geographischen Thematisierung des kulturellen Erbes ausgeblendet werden. Das erste Problemfeld sei hier ausführlicher behandelt, das zweite zwar angesprochen, aber dann im folgenden Abschnitt sowie in den Schlussfolgerungen noch einmal speziell aufgenommen.

Im Hinblick auf die intrinsische Dissonanz sensibilisieren die von den Autoren für diese Problemfelder angeführten zahlreichen Beispiele für eine Wirklichkeit, die natürlich auch in Deutschland immer bestanden hat. Jede(r) Angestellte eines Denkmalamtes in Deutschland – und viele Kulturgeographen/-innen – können über entsprechende Auseinandersetzungen berichten. Dies gilt einmal innerhalb der Mehrheitsgesellschaft entlang etwa von kulturellen, lebensstil- oder geschlechtsbezogenen Verwerfungslinien. Dies gilt aber auch im Hinblick auf die Lebenswelten von Immigranten eines anderen kulturellen, religiösen oder ethnischen Hintergrundes, also etwa die polnischen Einwanderer im Ruhrgebiet des 19. Jh. und türkische „Gastarbeiter" in der jungen Bundesrepublik seit den 1960er Jahren. In den gleichen Zusammenhang gehört – auch wenn dies noch eine ganz rezente Erscheinung ist – die sich entwickelnde ethnokulturelle Diversität deutscher Großstädte.

Weder in der Vergangenheit noch in der Gegenwart jedoch, weder in der Mehrheitsgesellschaft noch bei den verschiedensten kulturellen, sozialen, ethnischen oder religiösen Gruppierungen hat sich aber bisher ein konsequenter Diskurs über die unterschiedlichsten Arten des hier bereits vorhandenen oder des sich hier entwickelnden kulturellen Erbes entspannt. Weder die bestehenden Sichtweisen noch die Inwertsetzungs- und Sicherungsstrategien von Denkmal- und Kulturlandschaftspflege sind deshalb von dieser Art soziokultureller Wirklichkeit im heutigen Deutschland nachhaltiger beeinflusst.

Auch in anderen, weniger auffälligen Bereichen sind wir es nicht gewöhnt, ablaufende Auseinandersetzungen, Verständnisbarrieren und kontroverse Entscheidungen aus Perspektiven der Neuen Kulturgeographie zu betrachten. Dabei liegen Belege auf der Hand, im historischen Rückblick ebenso wie mit dem Fokus auf zeitgenössischen Entwicklungen. Besonders offensichtlich ist dies seit einigen Jahren etwa im Bereich der Industriekultur, die selbst ein Musterbeispiel für die Zeit- und Diskursabhängigkeit dessen darstellt, was als kulturelles Erbe zunächst vereinzelt wahr- und dann allgemeiner angenommen wird.

Während im zentralen Ruhrgebiet das industrielle Erbe heute weitgehend, wenn auch nicht völlig, akzeptiert ist, bestehen in Randbereichen, etwa linksrheinisch, die hohen Barrieren und Widerstände weiter, die zu Beginn des industriekulturellen Diskurses etwa ab Mitte der 1980er Jahre fast überall typisch waren (SOYEZ 1986, 1993). Hier sind auf die traditionelle Hochkultur bezogene Wertemuster weiter vorherrschend, alternative *maps of meanings* werden marginalisiert oder eliminiert. Ein aufschlussreiches Beispiel stellt die Stadt Moers dar, in der verantwortliche Politiker und Verwaltungsvertreter – ebenso wie viele Bürger – nicht nur die 1999 eröffnete Route der Industriekultur mehr oder weniger explizit ablehnen. Sogar bei vorbildlich renovierten Zechenkolonien in der eigenen Stadt möchte man den Bezug zum Bergbau und seine soziale Wirklichkeit geradezu verstecken (hierzu jüngst GELHAR 2002). Bei den in vielen Aspekten modellbildenden Realisierungen der Route der Industriekultur dagegen ist auffällig, welche geringe Rolle die Leistungen etwa der türkischen Bergleute und ihrer Familien in der jüngeren Geschichte des Ruhrbergbaus sowie ihre materiellen und immateriellen lebensweltlichen Äußerungen spielen (Zechenkolonien, Moscheen, Versammlungsstätten, Teehäuser, Erinnerungsorte ganz allgemein). In beiden genannten Beispielen herrschen damit zur Zeit zwar unterschiedliche, aber gleichermaßen hegemonial wirkende Deutungen vor, die auch nicht wirklich umstritten sind – noch nicht, sollte man vielleicht vorsichtiger formulieren ...

Denn wirft man den Blick auf traditionelle Einwanderungsländer, wie etwa Großbritannien, die USA oder Kanada, so lässt sich erahnen, dass die bisher in Deutschland vorherrschende einfache Hinnahme der Mehrheits- und Expertenvorstellungen in Bezug auf das, was als kulturelles Erbe angesehen wird, alsbald von selbstbewussteren Forderungen verschiedener Interessen- oder Einwanderergruppen abgelöst werden könnte. Eine Vorahnung davon geben bereits heute die seit einiger Zeit laufenden Auseinandersetzungen über die Errichtung von nichtchristlichen Kultstätten ganz allgemein oder deren Lokalisierung im Besonderen (vgl. etwa SCHMITT 2002).

Genau dieses Beispiel kann allerdings auch dazu dienen, den Blick gerade auf versöhnlichere Facetten der Problematik zu richten. Zunächst einmal – und in erster Linie – muss eine Moschee z. B. natürlich als kulturelles Erbe der islamischen Bevölkerung in Deutschland betrachtet werden. Sie kann aber zugleich als Beleg für die das Land im ausgehenden 20. Jh. prägenden Prozesse interpretiert und damit auch als für Deutschland charakteristisches kulturelles Erbe betrachtet werden. Ist diese Übereinstimmung zu erzielen, könnte man eine solche Stätte als „multi"kulturelles Erbe bezeichnen. Dies ist zwar, wie aus den von GRAHAM, ASHWORTH & TUNBRIDGE (2000) zahlreich angeführten Beispielen hervorgeht, keineswegs die Regel. Es gibt aber sogar Stätten, in denen ursprünglich höchst schmerzhafte, unter schwierigen Bedingungen auferlegte fremde Elemente schließlich aktiv in die eigene Kultur mit einbezogen und damit zum positiv wahrgenommenen Erinnerungsort für überstandene Krisen werden, ganz im Sinne der Feststellung von LOWENTHAL (2000, S. 22): "We gain more from attachments to many pasts than from exclusive devotion to our 'own'". Die nach dem deutsch-französischen Krieg 1870/1871 in Metz entstandene wilhelminische Neustadt, bis in jüngste Zeit hinein von manchen französischen Beobachtern als „architecture aggressivement allemande" empfunden, ist ein solches Beispiel (hierzu WILCKEN 2000, S. 52; auch im Rahmen der Welterbekonvention werden solche Beispiele angeführt und in ihrer Bedeutung diskutiert, s. RÖSSLER 1995 b, ARIZPE 2000, S. 33 ff.).

Aus methodologischer Sicht gehören die in den letzten Absätzen genannten Beispiele wohl noch zu den einfacheren Problemen, die sich in diesem Arbeitsbereich stellen. Denn wenn es offensichtlich schon nicht leicht ist, die unterschiedlichen (multikulturellen) historischen „Schichten" in einer Kulturlandschaft angemessen zu berücksichtigen – wie ist dann mit hybriden Formen umzugehen? Sie sind immer schon in allen bewohnten Erdräumen unter dem Einfluss lokaler wie auch überregionaler Impulse entstanden, und dies ist nicht etwa die Ausnahme, sondern die Regel auch in der Herausbildung von charakteristischen Kulturlandschaften: "Purity is a chimera; we are all creoles", stellt LOWENTHAL (2000, S. 22) ebenso knapp wie zutreffend fest. In offiziellen oder mehrheitsgeprägten Diskursen mit einheitsstiftenden Zielsetzungen werden solche Vermischungsprozesse ungern erwähnt. Im heutigen Globalisierungskontext sind sie aber so offensichtlich geworden, dass ein bewusstes oder unbewusstes Ausblenden einer Wirklichkeitsverdrängung gleichkäme (hierzu etwa NEDERVEEN PIETERSE 1998, S. 101, mit dem Begriff des *global mélange*; HANNERZ 1996, S. 65 ff., zu *Kreolisierung* im Sinne von positiv verstandener Diversität, Interkonnektivität und Innovation; COHEN 2000, S. 44, zu *Fusion*, also der bewusst herbeigeführten Mischung inkongruenter Elemente unterschiedlicher Herkunft unter Bewahrung getrennter Identitäten). Diese Prozesse betreffen alle nur denkbaren Lebensbereiche: von Landschaften allgemein über Architektur speziell bis hin zu Stätten und Merkmalen der Konsumtion (Beispiele bei COHEN 2000, BELL & VALENTINE 1997, SOYEZ 2003).

Und schließlich: Was ist mit den Menschen selbst, wenn das Erbe der unterschiedlichsten „Kulturen" gewürdigt werden soll, also ihren künstlerischen wie alltäglichen Aktivitäten im Sinne des *folklife/culture* der US-amerikanischen *Cultural Conservation* (s. HUFFORD 1994)?

3.2. Welche Landschaft?

In der Geographie selbst, aber auch in vielen Nachbardisziplinen, besteht ein breiter Konsens, dass nicht nur der ländliche Raum, sondern ebenso natürlich die von Städten und Industriebetrieben geprägten Landschaften „Kulturlandschaften" sind. Diese Auffassung liegt auch, in der Regel aber eher implizit, den meisten Arbeiten der Kulturlandschaftpflege zugrunde (explizit aber z. B. SCHENK 1997, S. 3). Dennoch hat sich der Fokus der praxisbezogenen Arbeit über Jahre hinweg so massiv auf den ländlichen Raum konzentriert, dass der Eindruck entstehen konnte, „Kulturlandschaftspflege" bedeute im Wesentlichen „Pflege der (traditionellen) ländlichen Kulturlandschaft". Diese Entwicklung scheint sich zur Zeit auch auf anderen Maßstabsebenen zu wiederholen, etwa im Bereich der Europäischen Union oder im Hinblick auf das Konzept der *Cultural Landscapes* im Rahmen der Welterbekonvention (DROSTE, PLACHTER & RÖSSLER 1995, BURGGRAAFF & KLEEFELD 2002, s. hierzu aber die kritischen Anmerkungen von HABER 1995, S. 40, und FOWLER & JACQUES 1995, S. 360). Die in jüngerer Zeit zunehmende Bedeutung und Akzeptanz auch einer Einbeziehung von Industrielandschaften ist vor diesem Hintergrund eine ebenso wesentliche wie auch dringend notwendige Neuerung (QUASTEN & SOYEZ 1990, QUASTEN & WAGNER 2000, RÖSSLER 2002). Allerdings bezieht sich diese, um hier die Terminologie der Welterbekonvention zu verwenden, auch wieder auf *Fossile Kulturlandschaften* („relict landscapes"), nicht aber auf *Fortbestehende Kulturlandschaften* („continuing landscapes"). So vermag z. B. die Route der Industriekultur im Ruhrgebiet durch eine solche Konzeption, nämlich mit dem ausschließlichen Fokus auf stillgelegte Anlagen, beim Ortsfremden sogar den Eindruck zu erwecken, als gebe es hier fast keine Produktionsstätten mehr (so die immer wieder zu korrigierende Wahrnehmung vor allem ausländischer Besucher, die zu den Stätten der Industriekultur geführt werden). Vor diesem Hintergrund ist die provozierend gemeinte Frage von FOWLER & JACQUES (1995, S. 360): "Should we preserve a 'motor car factory landscape' [...]?" nicht nur erfrischend, sondern verweist zugleich auch auf einen sehr ernsten konzeptionell-methodologischen Problemhintergrund.

Nun sind Industrielandschaften in den meisten Fällen auch zugleich Stadtlandschaften, und auf diesem Weg sind in den letzten Jahren auch entsprechende Landschaftsausschnitte in das Blickfeld der Kulturlandschaftspflege geraten. Außerhalb von Industrielandschaften ist die urbane Wirklichkeit jedoch in der Kulturlandschaftspflege weitestgehend ausgeblendet. Wenn in engerem Sinne städtische Sachverhalte – auch städtische Problemzonen, zwar nicht ästhetisch ansprechend, aber durchaus charakteristisch „historisch gewachsen" (DOSCH 2001) – in diesem Zusammenhang angesprochen werden, so geschieht dies eher durch Vertreter anderer Disziplinen, also z. B. des Städtebaus oder der Denkmalpflege (etwa MEYNEN 1997 in einem durchaus programmatisch intendierten Umfeld, das sonst fast ausschließlich durch eine Kulturlandschaftspflege des ländlichen Raumes geprägt ist; s. auch ARL/ÖGR 2001).

Eine ähnliche Perspektivverengung der US-amerikanischen Kulturlandschaftsgeographie SAUERS, nämlich überwiegend bezogen auf das materielle Inventar traditioneller Agrarlandschaften, provozierte zu Beginn der 1980er Jahre heftige Reaktionen britischer Stadt- und Sozialgeographen. In ihren von massiver Deindustrialisierung ebenso wie durch viele Einwanderer aus dem *Commonwealth* geprägten Stadt- und Industrieregionen wollten sie die wesentlichen Aufgaben der Kulturgeographie ganz anders definieren (s. o.) und legten so den Grund für den Perspektivwechsel der Neuen Kulturgeographie.

In ihrem Fokus auf Kategorien wie Konflikt oder Macht wird jedoch von vielen Vertretern der Neuen Kulturgeographie tendenziell ein Sachverhalt übersehen, den GRAHAM, ASHWORTH & TUNBRIDGE (2000, S. 26) zu Recht hervorheben, obwohl er dann auch in ihren eigenen Ausführungen von den dissonanzbezogenen Überlegungen verdrängt wird: "It is perhaps worth stating [...] that most heritage, most of the time, and for most people is harmoniously experienced, non-dissonant and an essential enrichment of their lives."

Diese Erkenntnis öffnet wieder den Blick für eine Frage von allgemeinerem Interesse, nämlich: Was eigentlich aus dem vielfältigen kulturellen Erbe von Städten sollte auf kürzere oder längere Sicht wie gesichert und gepflegt werden? Hierzu ist es erforderlich, sich darüber klar zu werden, welche charakteristischen Prozesse in jüngerer Zeit bestehende Stadtlandschaften – auch in Deutschland – prägen und welche materiellen und symbolischen Zeugen dafür bestehen. Erst dann können die für eine angemessene Kulturlandschaftspflege im städtischen Raum so grundlegenden Kategorien wie Repräsentativität, Authentizität oder raumbezogene Identität neu überdacht und vorhandene Bewertungs- und Auswahlverfahren geprüft werden.

Nirgendwo ist nämlich deutlicher als in unseren Städten, dass die früher so diskussionslos akzeptierte Vorstellung, in konkreten Landschaftsräumen materialisiere sich die Einheit von Ort, Identität, Natur und Kultur, schon lange nicht mehr zutrifft (im ländlichen Raum ist dies ebenso, wenn auch nicht so deutlich sichtbar. Das von STUART HALL angeführte, viel zitierte Beispiel der „für England typischen Tasse Tee" macht dies auf ebenso ironische wie auch aufschlussreiche Weise deutlich (im Kontext CRANG 1998, S. 170 f.; MITCHELL 2000, S. 274 f.).

Im derzeitigen Globalisierungskontext sind derartige Bezüge noch offensichtlicher. Die hierzu inzwischen sehr umfangreiche Literatur kann an dieser Stelle nicht einmal in den Hauptsträngen aufgearbeitet werden. Stattdessen sei eine kritisch synthetisierende Darstellung genutzt, die SMITH (2001) unter dem bezeichnenden Titel *Transnational Urbanism* vorgelegt hat. Sie verdeutlicht auf eindringliche Weise die Problemfelder, denen sich eine stadtorientierte Kulturlandschaftspflege heute schon gegenübersieht und mit deren Folgen sie in Kürze mit etwas historischem Abstand noch stärker konfrontiert sein wird (SMITH 2001, S. 113 ff.).

Vor dem Hintergrund so unterschiedlicher Begriffe und Konzeptionen wie „Glokalisierung" (ROBERTSON 1992), „Ortspolygamie" (BECK 1997), „doppelte Verortung" (BECK 2002), „transnationale soziale Räume" (PRIES 1998), „transstaatliche Räume" (FAIST 2002) oder „globale Diasporas" (COHEN 1997) kann das folgende Zitat die grundsätzliche Problematik verdeutlichen: "Since human agency operates at many spatial scales, and is not restricted to 'local' territorial or sociocultural formations, the very concept of the 'urban' thus requires reconceptualization as a social space that is a crossroads or meeting ground for the interplay of diverse *localizing* practices of national, transnational, and even global-scale actors, as these wider networks of meaning, power, and social practice come into contact with more locally configured networks, practices, and identities. This way of envisioning contemporary transnationalism 'locates' globalization and situates the global-local interplay in historically specific milieux." (SMITH 2001, S. 127; viele entsprechende Beispiele bei den oben genannten Autoren sowie bei MASSEY & JESS 1995).

Die Schlussfolgerungen für eine stadtorientierte Kulturlandschaftspflege sind eindeutig: Um das Spezifische städtischer Kulturlandschaften des ausgehenden 20. und des beginnenden 21. Jh. über die im vorangegangenen Abschnitt schon genannten Ziele hinaus einfangen zu können, müssten die materiellen Aspekte erweitert werden um:

- prozessuale *(space of flows)* und symbolische Dimensionen,
- Aspekte von Deterritorialisierung bzw. Plurilokalität,
- lokalisierte Globalisierungseffekte einschließlich Abläufen und Folgen von Hybridisierungsprozessen.

Alle diese Sachverhalte können auch im Hinblick auf unterschiedliche „Kulturen" differenziert werden (dies alles gilt auch für den ländlichen Raum, wenn auch die Ausprägungen dort in der Regel sehr viel weniger deutlich sind als in Stadt- oder Industrielandschaften).

3.3. Was für eine Pflege?

Die Hauptziele der heutigen Kulturlandschaftspflege sind bewahrend, sichernd und korrigierend (QUASTEN & WAGNER 1997, S. 84; QUASTEN & WAGNER 2000, S. 252;

SCHENK 2002, S. 12). Dies ist schon in dünn besiedelten, durch eine geringe Entwicklungsdynamik gekennzeichneten Agrarlandschaften nur schwer zu erreichen. In Stadtlandschaften ist dies ganz offensichtlich noch schwieriger. Nicht nur die Prozessdynamik ist hier deutlich stärker, auch wird die Zahl der potentiell raumwirksamen Akteure fast unübersehbar. Hinzu kommen im transnationalen Kontext tief greifende und kaum zu beeinflussende Interaktionsmuster sowie Impulse, Steuerungssignale und Bedeutungszuweisungen aus anderen Weltgegenden, etwa über Kapitalflüsse oder Migranten. Diese Rahmenbedingungen haben sicher auch dazu beigetragen, dass der urbane Raum in der Kulturlandschaftspflege bisher so weitgehend ausgeklammert wurde.

Aus der Sicht der Neuen Kulturgeographie muss somit die Frage gestellt werden, ob zeitgenössische Kulturlandschaftspflege in Stadträumen nicht von anderen Voraussetzungen ausgehen und andere Methoden entwickeln sollte, um längerfristig dem Anspruch gerecht werden zu können, kulturelles Erbe zu identifizieren, zu bewerten und zu pflegen, in Ausnahmefällen vielleicht auch rechtlich zu sichern. Drei Problembereiche sollen hier noch abschließend angesprochen werden.

Zum Ersten erscheint in dynamischen urbanen Kontexten wichtig, dass nicht erst das historisch Gewachsene, sondern schon das gegenwärtig Wachsende laufend unter der Perspektive beobachtet und bewertet wird, welche aus kulturgeographischer Sicht wichtigen Veränderungen sich in den bestehenden Bedeutungslandschaften abzeichnen. Damit zerfließt nicht nur die – ohnehin diffuse – Grenze zwischen kulturellem „Gegenwartserbe" (im Sinne etwa einer *Cultural Conservation*) und dem Erbe einer länger zurückliegenden Vergangenheit, das bis heute den Schwerpunkt der Kulturlandschaftspflege bildet. Es ist auch klar, dass hier (zunächst) keine Erhaltungsbestrebungen bestehen können, da nicht abgesehen werden kann, welche der beobachtbaren Prozesse lediglich ephemer, welche hingegen prägend für zukünftige materielle und symbolische Landschaften sein könnten. Allein deren Dokumentation aber (etwa im Internet) wird schon einen offeneren, flexibleren Umgang mit anderen „Kulturen" ermöglichen, als er heute praktiziert werden kann (auch aus politischer oder planerischer Sicht). Als Beispiel – zudem in der diffusen „Übergangsphase" zwischen dem Ephemeren und dem historisch Gewachsenen – können hier etwa die urbanen Lebenswelten der inzwischen in dritter Generation lebenden Einwohner italienischer, jugoslawischer und türkischer Herkunft in den deutschen Großstädten dienen.

Zum Zweiten wird gerade an diesem Beispiel auch deutlich, dass die Erfassung und Bewertung hier ablaufender Prozesse nur in enger Zusammenarbeit mit den Trägern verschiedener „Kulturen" möglich ist. Die auch in der aktuellen Kulturlandschaftspflege vermehrt betonte Bedeutung partizipativer Herangehensweisen ist hier besonders wichtig. Gerade im „interkulturellen" Kontext – sei es innerhalb der Mehrheitsgesellschaft, sei es im Kontakt mit Einwanderern aus anderen Kulturräumen – könnten sonst die sich bildenden *maps of meaning* mit ihren symbolischen Gehalten, *sites of resistance* usw., partiell oder auch völlig unzugänglich bleiben.

Zum Dritten zeigt dieser Problemzusammenhang, dass aus den bisherigen, mit Ansprüchen der Deutungshoheit auftretenden Experten der Kulturlandschafts- und Denkmalpflege eher Koordinatoren und Mediatoren multipler Deutungsansprüche werden (müssten). Hier könnten Interessenkoalitionen etwa von ideellen Vereinigungen, ausländischen Kulturvereinen und Hochschulangehörigen geeignete Foren für Bestandsaufnahmen, Meinungsaustausch und Bewertungen bilden.

„Pflege" der Kulturlandschaft in städtischen Räumen wäre aus dieser Sicht nicht mehr allein das Sichstemmen gegen als unerwünscht wahrgenommene Entwicklungen und das materielle Sichern von als wertvoll betrachteten Landschaftsausschnitten. Eher wäre sie zu charakterisieren als laufende, partizipativ geprägte Raumbeobachtung und -dokumentation der sich gegenwärtig ausdifferenzierenden, stark transnational beeinflussten urbanen Lebenswelten, dies aber mit der Option einer späteren Sicherung (und auch Revision) anerkannter „Erinnerungsorte", seien sie materiell oder auch nur symbolisch.

4. Ausblick

Kulturlandschaftsforschung und Kulturlandschaftspflege sind in Deutschland traditionell sehr stark auf vor längerer Zeit entstandene, visuell wahrnehmbare, materielle Zeugnisse der Mehrheitskultur im ländlichen Raum konzentriert. Erst in der allerjüngsten Zeit werden in ähnlicher Weise auch Ausschnitte aus Industrielandschaften berücksichtigt. Der Blick in die jüngere Entwicklung internationaler Kulturlandschaftsforschung zeigt, dass insbesondere in der sog. Neuen Kulturgeographie angelsächsischer Prägung weitere aufschlussreiche Perspektiven angelegt werden, die den Ansatz der Kulturlandschaftspflege um ebenso interessante wie bedeutsame Facetten bereichern können. Diese beziehen sich, unter besonderer Berücksichtigung intensivierter Globalisierungsprozesse, auf die unsere Landschaften prägenden verschiedenen Kulturen, auf den urbanen Raum und die in der Regel an materielle Landschaftsbestandteile gebundenen, aber selbst visuell nicht wahrnehmbaren symbolischen Gehalte und Bedeutungszuschreibungen; hierbei richtet sich das Interesse sehr stark auf die Art und Weise, wie die Äußerungen von (Mehrheits-)Macht und (Minderheiten-)Widerstand in der Landschaft festgeschrieben, versteckt oder beseitigt werden und ständig neue Auseinandersetzungen auslösen.

Genau dieser Fokus jedoch hat auch die im Entstehen begriffene *Geography of Heritage* angelsächsischer und nordamerikanischer Prägung in einem solchen Ausmaß beeinflusst, dass die offensichtliche Frage, wie unter weniger konfliktbetonten Umständen die verschiedensten Ausprägungen von kulturellem Erbe identifiziert, bewertet und gepflegt werden können, nur eine untergeordnete Rolle spielt.

Vor diesem Hintergrund liegt es nahe, die Stärken beider Ansätze miteinander zu verknüpfen. Für die Kulturlandschaftspflege hieße dies, die neuen Perspektiven sowie Stadt-, Land- und Industrieräume gleichermaßen mit einzubeziehen, die erprobten Erfassungs-, Bewertungs- und Pflegemethoden entsprechend anzupassen und zugleich neue „Sicherungs- und Revisionsstrategien" für urbane Räume hoher Dynamik zu entwickeln. Zugleich sollten sich alle hier Engagierten – Geographen, Denkmalpfleger und Angehörige anderer Disziplinen gleichermaßen – verdeutlichen, wie zeit- und kontextbedingt ihre Urteile sind und damit auch ihre eigene Rolle als eine Gruppe von Bedeutungsproduzenten in einem konstruktiven Zusammenspiel mit vielen anderen.

Literatur

Arizpe, L. (2000): Cultural heritage and globalization. In: Avrami, E., Mason, R., & M. de la Torre [Eds.]: Values and heritage conservation. Los Angeles: 32–37. = Research report, The Getty Conservation Institute.

ARL/ÖGR [Akademie für Raumforschung und Landesplanung/Österreichische Gesellschaft für Raumplanung; Hrsg.] (2001): Die Zukunft der Kulturlandschaft zwischen Verlust, Bewahrung und Gestaltung. Hannover. = Forschungs- und Sitzungsberichte ARL, **215**.

Avrami, E., Mason, R., & M. de la Torre [Eds.] (2000): Values and heritage Conservation. Los Angeles. = Research report, The Getty Conservation Institute.

Barnes, T. J., & J. S. Duncan (1992): Introduction. Writing worlds. In: Barnes, T. J., & J. S. Duncan [Eds.]: Writing worlds. Discourse, text and metaphor in the representation of landscape. London: 1–17.

Beck, U. (1997): Was ist Globalisierung? Irrtümer des Globalismus – Antworten auf Globalisierung. Frankfurt.

Beck, U. (2002): Macht und Gegenmacht im globalen Zeitalter. Neue weltpolitische Ökonomie. Frankfurt a. M.

Bell, D., & G. Valentine (1997): Consuming geographies. We are where we eat. London & New York.

Burggraaff, P., & K.-D. Kleefeld (2002): Der Kulturlandschaftsbegriff in Gesetzen und Konventionen – ein Praxisbericht. Petermanns Geogr. Mitt., **146** (6):16–25.

Cohen, E. (2000): Cultural fusion. In: Avrami, E., Mason, R., & M. de la Torre [Eds.]: Values and heritage conservation. Los Angeles: 44–50. = Research report, The Getty Conservation Institute.

Cohen, R. (1997): Global diasporas. An introduction. London.

Crang, M. (1999): Cultural geography. London & New York.

Denecke, D. (1997): Quellen, Methoden, Fragestellungen und Betrachtungsansätze der anwendungsorientierten geographischen Kulturlandschaftsforschung. In: Schenk, W., Fehn, K., & D. Denecke [Hrsg.]: Kulturlandschaftspflege. Beiträge der Geographie zur räumlichen Planung. Stuttgart/Berlin: 35–49.

Dix, A. (2002): Das Mittelrheintal – Wahrnehmung und Veränderung einer symbolischen Landschaft des 19. Jahrhunderts. Petermanns Geogr. Mitt., **146** (6): 44–53.

Dosch, F. (2001): Stadtkulturlandschaften statt Kulturlandschaften? Zur Freiraumgestaltung in suburbanen Räumen. In: ARL/ÖGR [Hrsg.]: Die Zukunft der Kulturlandschaft zwischen Verlust, Bewahrung und Gestaltung. Hannover: 84–94. = Forschungs- und Sitzungsberichte ARL, **215**.

Droste, B. v., Plachter, H., & M. Rössler [Eds.] (1995): Cultural landscapes of universal value. Components of a global strategy. Jena/Stuttgart/New York.

Faist, Th. [Hrsg.] (2002): Transstaatliche Räume. Politik, Wirtschaft und Kultur in und zwischen Deutschland und der Türkei. Bielefeld.

Fowler, P. J., & D. Jacques (1995): Cultural landscapes in Britain. In: Droste, B. v., Plachter, H., & M. Rössler [Eds.] (1995): Cultural landscapes of universal value. Components of a global strategy. Jena/Stuttgart/New York: 350–363.

Gelhar, M. (2002): Industrietourismus am südlichen Niederrhein. Analyse von Grundlagen, Angebotsstrukturen und Entwicklungspotentialen unter Berücksichtigung räumlich-historischer Aspekte. Köln [unveröff. Dissertation, Mathematisch-Naturwissenschaftliche Fakultät, Universität zu Köln].

Graham, B., Ashworth, G. J., & J. E. Tunbridge (2000): A Geography of heritage. Power, culture and economy. London/New York.

Haber, W. (1995): Concept, origin and meaning of "landscape". In: Droste, B. v., Plachter, H., & M. Rössler [Eds.]: Cultural landscapes of universal value. Components of a global strategy. Jena/Stuttgart/New York: 38–41.

Hall, St. [Ed.] (1997): Representation. Cultural representations and signifying practices. London.

Hannerz, U. (1996): Transnational connections. Culture, people, places. London/New York.

Hard, G. (1989): Geographie als Spurenlesen. Eine Möglichkeit, den Sinn und die Grenzen der Geographie zu formulieren. Zeitschrift f. Wirtschaftsgeographie, **33** (1/2): 2–11.

Hufford, M. [Ed.] (1994): Conserving culture. A new discourse on heritage. Urbana & Chicago.

Jackson, P. (1989): Maps of meaning. An introduction to cultural geography. London.

Jackson, P. (2000): Rematerializing social and cultural geography. Social and Cultural Geography, **1**: 9–14.

Lowenthal, D. (2000): Stewarding the past in a perplexing present. In: Avrami, E., Mason, R., & M. de la Torre [Eds.]: Values and heritage conservation. Los Angeles: 18–25. = Research report, The Getty Conservation Institute.

Massey, D., & P. Jess [Eds.] (1995): A place in the world? Places, cultures and globalization. New York.

Meynen, H. (1997): Inventare der Baudenkmalpflege am Beispiel Kölner Arbeiten. In: Schenk, W., Fehn, K., & D. Denecke [Hrsg.]: Kulturlandschaftspflege. Beiträge der Geographie zur räumlichen Planung. Stuttgart/Berlin: 137–141.

Mitchell, D. (2000): Cultural geography. A critical introduction. Oxford & Malden.

Nash, C. (2002): Cultural geography in crisis. Antipode, **34**: 321–325.

Nederveen Pieterse, J. (1998): Der Melange-Effekt. Globalisierung im Plural. In: Beck, U. [Hrsg.]: Perspektiven der Weltgesellschaft. Frankfurt: 87–124.

Norton, W. (2000): Cultural geography. Themes, concepts, analyses. Oxford/New York.

Philo, C. (2000): More words, more worlds: Reflections on the "cultural turn" and human geography. In: Cook, I., Crouch, D., Naylor, S., & J. Ryan [Eds.]: Cultural turns/Geographical turns: Perspectives on cultural geography. Harlow: 26–53.

Plachter, H., & M. Rössler (1995): Cultural landscapes: Reconnecting culture and nature. In: Droste, B. v., Plachter, H., & M. Rössler [Eds.]: Cultural landscapes of universal value. Components of a global strategy. Jena/Stuttgart/New York: 15–18.

Pries, L. (1998): Transnationale soziale Räume. In: Beck, U. [Hrsg.]: Perspektiven der Weltgesellschaft. Frankfurt a. M.: 55–86.

Quasten, H. (1997a): Zur konzeptionellen Entwicklung der Kulturlandschaftspflege. In: Schenk, W., Fehn, K., & D. Denecke [Hrsg.]: Kulturlandschaftspflege. Beiträge der Geographie zur räumlichen Planung. Stuttgart/Berlin: 9–12.

Quasten, H. (1997b): Grundsätze und Methoden der Erfassung und Bewertung kulturhistorischer Phänomene der Kulturlandschaft. In: Schenk, W., Fehn, K., & D. Denecke [Hrsg.]: Kulturlandschaftspflege. Beiträge der Geographie zur räumlichen Planung. Stuttgart/Berlin: 19–34.

Quasten, H., & D. Soyez [Hrsg.] (1990): Die Inwertsetzung von Zeugnissen der Industriekultur als angewandte Landeskunde. Stuttgart: 345–360. = Tagungsbericht und wissenschaftliche Abhandlungen, **47** [Deutscher Geographentag Saarbrücken 1989].

Quasten, H., & J. M. Wagner (1997): Vorschläge zur Terminologie der Kulturlandschaftspflege. In: Schenk, W., Fehn, K., & D. Denecke [Hrsg.]: Kulturlandschaftspflege. Beiträge der Geographie zur räumlichen Planung. Stuttgart/Berlin: 80–84.

Quasten, H., & J. M. Wagner (2000): Kulturlandschaftspflege in altindustrialisierten Räumen. Ber. z. dt. Landeskunde, **74** (3): 249–282.

Robertson, R. (1992): Globalization, social theory and global culture. London.

Rössler, M. (1995a): Neue Perspektiven für den Schutz von Kulturlandschaften. Kultur und Natur im Rahmen der Welterbekonvention. Geogr. Rundschau, **47** (6): 343–347.

Rössler, M. (1995b): UNESCO and cultural landscape protection. In: Droste, B. v., Plachter, H., & M. Rössler [Eds.]: Cultural landscapes of universal value. Components of a global strategy. Jena/Stuttgart/New York: 42–49.

Rössler, M. (2002): Industrielles Welterbe. Forum Industriedenkmalpflege/Geschichtskultur, **1**: 10–12.

Schenk, W. (1997): Gedankliche Grundlegung und Konzeption des Sammelbandes „Kulturlandschaftspflege". In: Schenk, W., Fehn, K., & D. Denecke [Hrsg.]: Kulturlandschaftspflege. Beiträge der Geographie zur räumlichen Planung. Stuttgart/Berlin: 3–9.

Schenk, W. (2002): „Landschaft" und „Kulturlandschaft" – „getönte" Leitbegriffe für aktuelle Konzepte geographischer Forschung und räumlicher Planung. Petermanns Geogr. Mitt., **146** (6): 6–13.

Schenk, W., Fehn, K., & D. Denecke [Hrsg.] (1997): Kulturlandschaftspflege. Beiträge der Geographie zur räumlichen Planung. Stuttgart/Berlin.

Schmitt, Th. (2002): Moscheen in deutschen Städten – Konflikte um ihre Errichtung und Nutzung. In: Mayr, A., Meurer, M., & J. Vogt [Hrsg.]: Stadt und Region. Dynamik von Lebenswelten. Leipzig: 338–348. = Tagungsbericht und wissenschaftliche Abhandlungen, 53. Deutscher Geographentag Leipzig, 29. 9. – 5. 10. 2001.

Smith, M.P. (2001): Transnational urbanism. Locating globalization. Malden & Oxford.

Soyez, D. (1986): Industrietourismus. Erdkunde, **40** (2): 105–111.

Soyez, D. (1993): Kulturtourismus in Industrielandschaften. In: Becker, Ch., & A. Steinecke [Hrsg.]: Kulturtourismus in Europa: Wachstum ohne Grenzen? Trier. = ETI Studien, **2**: 40–63.

Soyez, D. (2003): Der *Kölsche Chinese* und andere Hybride – Kölner Gaststätten als Bühnen von Glokalisierungsprozessen. In: Schweizer, G., Kraas, F., & K. Zehner [Hrsg.]: Exkursionsführer Köln. Kölner Geographische Arbeiten [in Druckvorbereitung].

Tunbridge, J. E. (1984): Whose heritage to conserve? Cross-cultural reflections upon political dominance and urban heritage conservation. The Canadian Geographier, **28**: 171–179.

Tunbridge, J. E. (1994): Whose heritage? Global problem, European nightmare. In: Ashworth, G. J., & P. J. Larkham [Eds.]: Building a new heritage. Tourism, culture and identity in the new Europe. London/New York: 123–134.

Wagner, J. M. (1999): Schutz der Kulturlandschaft. Erfassung, Bewertung und Sicherung schutzwürdiger Gebiete und Objekte im Rahmen des Aufgabenbereiches von Naturschutz und Landschaftspflege. Saarbrücker Geographische Arbeiten, **47**.

Werlen, B. (2000): Alltägliche Regionalisierungen unter räumlich-zeitlich entankerten Lebensbedingungen. Informationen zur Raumentwicklung. Informationen zur Raumentwicklung, **9/10**: 611–622.

Wilcken, N. (2000): Architektur im Grenzraum. Das öffentliche Bauwesen in Elsaß-Lothringen 1871–1918. Saarbrücken. = Veröffentlichungen des Instituts für Landeskunde im Saarland, **38**.

Manuskriptannahme: 27. Januar 2003

Prof. Dr. Dietrich Soyez, Universität zu Köln, Geographisches Institut, Albertus-Magnus-Platz, 50923 Köln
E-Mail: d.soyez@uni-koeln.de

PGM Exkursion

Alpen: Fremdenverkehrsorte – Konkurrenz und Spezialisierung

Bis in die Neuzeit hinein waren die Alpen vor allem Hindernis auf der Durchreise. Der Fremdenverkehr im Sinne des Wortes konzentrierte sich auf die Passstraßen, das Gästeaufkommen der wenigen Heilbäder war bescheiden, die Alpen an sich waren nur selten das Reiseziel. Dies änderte sich grundlegend ab dem 19. Jh., als die alpine Natur- und Kulturlandschaft zunehmend als ästhetisch reizvoll empfunden wurde. Seitdem ist der Tourismus ein wichtiger, in einigen Regionen der wichtigste Wirtschaftszweig geworden. Gemessen an der Entwicklung der Gästezahlen, an der sozialen Herkunft der „Fremden", an charakteristischen Unterbringungsformen und am Grad der Technisierung der Urlaubsaktivitäten, kann man die Entstehung des modernen Erholungstourismus in den Alpen in 6 Phasen untergliedern (in Anlehnung an BÄTZING 1991, S. 143ff.), wobei nationale Sonderentwicklungen nicht berücksichtigt sind.

1. Die „Entdeckungszeit" wurde vor allem von abenteuerlustigen, sportbegeisterten Briten getragen, die bei der Sommerfrische in den Bergen das Bergsteigen entdeckten und den „Alpinismus" durch Berichte in den Salons der Gesellschaft auf der Insel, aber auch auf dem Kontinent populär machten (1857 Gründung des Alpine Club London). Die Verkehrs- und Unterbringungsinfrastruktur war bis dahin nur gering entwickelt; Ausnahmen bildeten einige traditionelle Badeorte.

2. Die „Belle-Époque-Phase" von 1880 bis zum Ausbruch des Ersten Weltkriegs war geprägt durch steigende Gästezahlen der sozial hoch stehenden Gesellschaftsschicht. Äußeres Kennzeichen dieser Zeit sind prachtvolle Hotelbauten. Mussten die Badeorte noch mit Kutschen, Reittieren oder sogar zu Fuß erreicht werden, wurde nun der Eisenbahnanschluss wichtige Voraussetzung für das Florieren des neuen Erwerbszweiges. Zwischen 1889 und 1913 baute man zum Beispiel allein in Graubünden 11 Strecken der Rhätischen Bahn (insgesamt rund 280 km), außerdem zwischen 1906 und 1910 die Berninabahn.

3. Die „Kriegs- und Krisenzeit" 1914 bis 1950 war durch einen krisenbedingten Rückgang der Gästezahlen gekennzeichnet. Viele Unterkünfte standen leer, einige der Grandhotels wurden sogar abgerissen. Gleichzeitig kam ein entscheidender Strukturwandel in Gang: In den 1930er Jahren stieg die Zahl der Wintergäste wieder an.

4. Die Zeit des „Sommer-Massentourismus" begann Anfang der 1950er Jahre. Die Infrastrukturen unterschieden sich erheblich von denen der „Belle Époque": Kleine Hotels und Privatpensionen profitierten am stärksten vom neuen Boom. Der Pkw wurde zum wichtigsten Transportmittel für die Gäste, was Orten abseits der Bahnstrecken den Einstieg in das Tourismusgeschäft erleichterte. Noch lag der Schwerpunkt der Urlaubsaktivitäten indes auf den Wanderungen, war also vergleichsweise naturnah.

5. In den 1960er Jahren überholte die Winter- die Sommersaison als wichtigere touristische Jahreszeit. Typische Unterkünfte des einsetzenden „Massentourismus" sind Ferienwohnungen, deren Zahl in der Schweiz nach der Wiedereinführung des Stockwerkseigentums im Jahre 1965 stark zunahm. Die Fremdenverkehrsorte reagierten auf diesen Trend mit dem Ausbau der technischen Infrastruktur, darunter verschiedenste Formen der Aufstiegshilfen und die Präparation von Skiabfahrten, die vom Ausbau von Wanderwegen bis zur Landschaftsmodellierung reichte. Die Landschaft selbst wurde immer weniger zum eigentlichen Ziel der Reise, sondern fungierte als Kulisse für die sportlichen Aktivitäten.

6. Seit Ende der 1970er Jahre nahmen auch im Sommer diejenigen Aktivitäten zu, die eine technische Infrastruktur erforderten. Für die Wintersaison wurden vielerorts Beschneiungsanlagen installiert, die die natürlichen Ausstattungsmerkmale der Standorte für den Wintersport tendenziell nivellierten, so dass sich der Wettbewerb untereinander verschärfte. Andererseits änderte sich das Reiseangebot für die Kunden: Zur inneralpinen Konkurrenz traten außereuropäische Ziele, wie die Rocky Mountains, oder Fernreiseziele, die im mitteleuropäischen Winter Strandurlaub anbieten.

Unter **www.pgm-online.de** ⇒ **Exkursion** sind weitere praktische Hinweise zu dieser Exkursion eingestellt. Dazu gehören neben dem üblichen kommentierten Quellen- und Literaturverzeichnis, den Hinweisen auf Websites zum Thema und weiteren Hintergrundinformationen diesmal Erläuterungen zur Geschichte des Tourismus an den behandelten Haltepunkten sowie Empfehlungen zu Rundgängen und kompetenten Ansprechpartnern vor Ort.

Exkursion

Unter den Bedingungen verschärfter Konkurrenz wird es für die einzelne Lokalität zunehmend wichtiger, eigenes Profil zu entwickeln und sich aus der Menge der Anbieter durch unterschiedliche Strategien und Marktspezialisierungen herauszuheben. Dabei sind die einzelnen Gemeinden selten völlig unabhängig, sondern meist eingebunden in regionale Vermarktungskonzepte. So hat z. B. Tirol schon sehr früh auf ein jugendlich-sportliches, durch Events geprägtes Image gesetzt, während Graubünden im Sinne der oben beschriebenen Entwicklungsphasen eher konservativ geblieben ist und stattdessen den Natur-Umwelt-, später auch den Nachhaltigkeitsdiskurs in seine Werbung eingebaut hat. Der Erkenntnis folgend, dass Tourismus oft weniger eine lokale als eine regionale Erscheinung ist, und unter dem Eindruck der weltweiten Konkurrenz schließt man sich häufig mit benachbarten Gemeinden zusammen, um den Gästen ein größeres, attraktiveres Angebot an Infrastruktur und Aktivitäten unterbreiten zu können. Beispiele dafür sind die regionalen „Skischaukeln" oder die Kombinationstickets für den öffentlichen Verkehr und für touristische Einrichtungen wie Museen und Parks in Nachbarorten.

Am Beispiel von vier Fremdenverkehrsorten in Graubünden sollen im Folgenden verschiedene Marketingstrategien im Tourismus verdeutlicht werden (Fig. 1).

Fig. 1 Übersicht zum Exkursionsgebiet und zu den Haltepunkten
(Basiskarte: ALEXANDER Gesamtausgabe. Gotha und Stuttgart 2000, S. 52 f.)

St. Moritz: Nobeltourismus on „Top of the World" (HP 1)

Auf der Grundlage der bereits zu vorchristlicher Zeit genutzten Mineralquellen (eisenhaltiger „Sauerbrunnen") begann im Jahre 1832 mit dem Bau des ersten Kurhauses in St. Moritz der schnelle Aufstieg zu einem der weltberühmtesten Zentren des Nobel- und Exklusivtourismus. 1855 gründete JOHANNES BADRUTT die Pension „Engadiner Kulm", die in größeren Bauetappen sukzessive erweitert wurde. Adel und Großbürgertum, alsbald auch Künstler und Gelehrte aus dem gesamten europäischen Raum verbrachten, angelockt durch eine majestätisch schöne, wilde und romantische Natur, zunächst monatelange Sommerfrischen im Hochgebirge. 1864 soll aufgrund einer Wette mit englischen Gästen, denen die vergleichsweise warmen und sonnigen Winter des Engadins geschildert wurden, in St. Moritz der Wintersport erfunden worden sein. Unter den seit den 1860er Jahren zahlreich entstandenen Hotels waren bis in die 1870er Jahre das „Engadiner Kulm" sowie die Luxushotels „Du Lac" und „Victoria" führend; 1892 öffnete das „Neue Stahlbad", 1896 das „Palace Hotel", 1898 das Hotel „Schweizerhof" und 1905 das bisher größte aller St. Moritzer Hotels, das „Grand Hotel", welches 1944 einem Großbrand zum Opfer fiel. Auf 420 Gäste entfielen 210 Angestellte. In den Nachbargemeinden kamen Luxushotels wie der „Kronenhof" (Pontresina) oder das „Suvretta Haus" (Chasellas) hinzu. Ferner entstanden zahlreiche Pensionen, Maisons und Villen, Banken, Cafés, Kaufhäuser und Sanatorien. Die Tageszeitung „St. Moritz Post" war in vielen Großstädten Europas erhältlich.

Zunehmend gewann der Wintersport an Attraktivität: Eislauf, Schlitteln, Eishockey, Curling, Bob (1885 wurde der Cresta Run eröffnet), Skispringen (1903 Eröffnung der Julierschanze) setzten Zeichen. Im Jahre 1906 wurde das Engadiner Museum, 1908 das Segantini Museum eröffnet, 1928 setzte die Winterolympiade in St. Moritz neue Impulse.

Die beiden Weltkriege brachten tiefe Einschnitte in das mondäne Luxusleben der Hochgebirgsstadt: Viele Gäste konnten sich teure Aufenthalte nicht mehr leisten, andere suchten Zuflucht und Sicherheit in der „sturmumtobten Insel des Friedens", Erholung und Genesung in Kriegsnot. Der Fremdenverkehr erholte sich in den Nachkriegsjahren nur sehr langsam, denn die Stadt musste die Schulden der erneuten Olympischen Winterspiele 1948 abbauen. Erst mit massivem Straßenbau und Massenmotorisierung in den 1960er Jahren setzten ein markanter Aufschwung und mit diesem zugleich eine programmatische Hinwendung auf neue, die exklusive Klientel zu binden trachtende touristische Innovationen ein.

Heute werden in der klassischen Hotellerie 5600 Betten in 42 (zumeist Luxus-)Hotels, in der Parahotellerie 7500 Betten bereitgestellt. Dabei setzt man zum einen auf das oberste Preissegment, zum anderen will man die Zahl der Logiernächte auf 1 145 000 Übernachtungen erhöhen, ohne das bisherige Bettenangebot zu erweitern. Der zunehmenden Konkurrenz im alpinen wie außeralpinen Raum begegnete St. Moritz mit der „Erfindung" oder Etablierung einer ständigen Folge neuer Trendsportarten (z. B. Nachtskifahrten, Halfpipes, Snowboarding, Cricket, Polo auf Eis) sowie mit spektakulären Großereignissen: Im Jahre 1969 wurde erstmals der Engadiner Skimarathon ausgetragen; auch Drachenflieger- und Surfwettkämpfe, Klavierkonzerte berühmter Pianisten auf dem Corvatschgletscher zählen dazu. Intensivst gepflegte Alpinskigebiete (z. B. Corviglia, Corvatsch, Diavolezza, Albris) und Loipen sowie eine Vielzahl aufwendiger Bergbahnen erschließen die großartige Landschaft entlang der Oberengadiner Seen. Im Jahre 1987 wurde der Slogan „Top of the World" lizensiert und für die Positionierung und Imagebildung des Ortes eingesetzt. Exzentrik, die Erfüllung aller individuellen Wünsche der Feriengäste, beste Qualität von Angebot und Service sind nur teilweise sichtbar: Exklusive Geschäfte und Clubs (z. B. der „King's Club" oder der „Dracula Club") machen St. Moritz zu einem Refugium der Reichen, Schönen und Mächtigen. Auch heute noch bestimmen der Geld- und Hochadel sowie der internationale Jetset, zunehmend aus dem außereuropäischen Ausland, die Szene. BADRUTTS „Palace Hotel" ist die Hauptbühne, einst für den Schah von Persien, AGA KHAN, GRETA GARBO und MARLENE DIETRICH, heute für die gefeierte Prominenz aus dem Film- und Kulturbusiness sowie der Wirtschaft. Flug- und Helikopterservice von den Metropolen der Schweiz bis ins Oberengadin gehören zu den Selbstverständlichkeiten. Der größte Teil des Nobeltourismus spielt sich indes in den inneren Zirkeln der Hautevolee hinter verschlossenen Türen ab.

Davos: Weltkurort, Wintersport- und Kongresszentrum (HP 2)

Mit der Gründung einer Heilanstalt für skrophulöse Kinder im Jahre 1841 und der Entdeckung der heilsamen Wirkung der Höhenluft für Lungenkranke setzte Mitte des 19. Jh. in Davos zunächst auf bescheidenem Niveau, seit 1860 dann mit der Eröffnung der ersten Fremdenpension, dem Kurhaus Strela, mit beschleunigter Entwicklungsdynamik ein sich ausweitender Kurbetrieb ein. 1859 wurde mit der Prättigau-Straße von Landquart aus die erste durchgehend befahrbare Verbindung zum Rheintal eröffnet.

Sehr rasch verbreitete sich in Europa die Kunde, dass Liegekuren im Davoser Höhenklima anhaltende Heilung für chronische und akute Erkrankungen an Lungentuberkulose erbrachten, so dass in den 1870er Jahren ein regelrechter Nachfrage- und Bauboom einsetzte, der den alten Walserort in kürzester Zeit in einen internationalen städtischen Kurort verwandelte. Touristische Infrastruktur, vor allem Hotels, Pensionen, Wege und Sportanlagen, entstanden anfangs in privater Eigeninitiative, da die Kranken zunächst noch nicht in geschlossenen Sanatorien betreut wurden. Im Jahre 1889 erfolgte die Gründung eines ersten eigentlichen Sanatoriums, in dem in strenger Disziplin und fest geregeltem Tagesablauf ausgiebige Liegekuren durchgeführt wurden, flankiert von Spaziergängen, Gymnastikanwendungen und strengen Ernährungsvorschriften. 1905 gab es bereits 13, 1916 dann 26 Sanatorien mit weitflächigen, nach Süden und Südosten gerichteten Liegehallen und -terrassen. Durchschlagende Heilerfolge lockten insbesondere die einkommensstarken Bevölkerungsschichten, Großbürgertum und Aristokratie aus ganz Europa nach Davos. Der Aufenthalt dieser wohlhabenden Patienten führte dazu, dass vor allem in Davos-Platz mondäne Bauten im Stile des ausgehenden 19. Jh. gebaut wurden, die bis heute noch das Ortsbild prägen. Und weil die Kuren je nach Krankheitsbild lange Aufenthalte zwischen drei Monaten bis zu mehreren Jahren vor Ort erforderten, entfaltete sich parallel zum Kurbetrieb ein reges kulturelles und geistiges Leben: Zur Zeit des Ersten Weltkriegs hatte Davos 4 Buchhandlungen, 11 Sprachlehrer, 4 Musikalienhandlungen und neben den 2 einheimischen auch 3 fremdsprachige Zeitungen. Die Inspirationen zu THOMAS MANNS berühmtem „Zauberberg", ERNST LUDWIG KIRCHNERS „Davos im Schnee", ROBERT LOUIS STEVENSONS „Schatzinsel", CONRAD FERDINAND MEYERS „Jenatsch" oder ERICH KÄSTNERS „Zauberlehrling" stammen aus ihren Aufenthalten in Davos.

Bald entstanden neben einer Reihe von Privatsanatorien für Adelige und Großbürgertum auch gemeinnützige Volksheilstätten, oft in

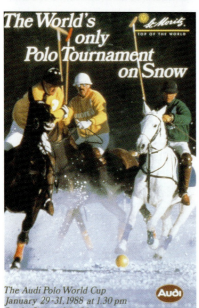

kirchlicher und wohlfahrtlicher Trägerschaft; Davos wurde zum internationalen Volkskurort. Im Gefolge des Ersten Weltkriegs blieb die frühere Gästeklientel dann zunehmend aus – der russische Adel nach der Revolution, das deutsche Großbürgertum infolge der Inflation. Der ehemals mondäne Charakter von Davos wandelte sich in reiches Kulturschaffen: Künstler, Schriftsteller, Architekten und Wissenschaftler brachten Innovation; so gab etwa Hofrat Dr. HERMANN PERTHES den Anstoß zur Gründung des Gymnasium Fridericianum, CARL DORNO gründete das Davoser Observatorium, das später in das Forschungsinstitut für Hochgebirgsphysiologie und Tuberkuloseforschung integriert wurde.

Nach dem Zweiten Weltkrieg leitete die Entwicklung wirksamer Medikamente (vor allem Streptomycin und Isoniazid) eine entscheidende Wende in der Tuberkulosetherapie ein – mit für Davos einschneidenden Auswirkungen: Die vorhandenen Institute wendeten sich der Erforschung allergischer und immunologischer Krankheiten sowie der experimentellen Chirurgie und Osteosynthese zu. Der Weltkurort, der sich seit 1865 zudem sukzessive zum mondänen Wintersportzentrum entwickelt hatte, wurde zu einem Zentrum des Wissenschaftsaustausches. 1972 gründete man die Stiftung „Forum Davos", die die Förderung wissenschaftlicher Studien, der akademischen Fortbildung sowie der Wissensvermittlung, insbesondere auf den sich überschneidenden Fachgebieten der Natur-, Ingenieur-, Medizin- und Geisteswissenschaft, bezweckte. Mit Eröffnung des Kongresshauses 1977 setzte schließlich lebhafter Kongresstourismus ein, der im Weltwirtschaftsforum einen alljährlichen Höhepunkt erlebt.

Der gute Ausbauzustand der Infrastruktur, ein diversifiziertes touristisches Angebot, zahlreiche leistungsfähige Hotelbetriebe, lange Tourismustradition und hoher internationaler Bekanntheitsgrad zählen zu den heute tragenden Stärken von Davos (Fig. 2). Probleme bereiten die Attraktivität des touristischen Arbeitsmarktes für einheimische Arbeitskräfte und beschränkte Ausländerkontingente, z.T. abnehmende Qualität des touristischen Service und der Hotelinfrastruktur sowie punktuell stark zunehmende Umweltbelastungen. Außerdem wird beklagt, dass der Tourismus als ein nicht sehr innovationsfreudiger Wirtschaftsbereich mit wenig professionellem Marketing und mangelnder Kommerzialisierung nicht dynamisch genug auf die wachsende Konkurrenz im In- und Ausland reagiert. Bei der Bodenpolitik und Raumplanung werden die ansässige Bevölkerung und das Gewerbe ungenügend berücksichtigt.

Fig. 2 Morgenstimmung über Davos und dem Wolfgangsee (Foto: KRAAS 1996)

Scuol: Bio, Öko, Ethno, Wellness – Tourismus auf der Gesundheitswelle (HP 3)

Beispiel für die Ausrichtung der Infrastruktur und des Marketing auf einen anspruchsvollen Gesundheitstourismus ist Scuol im Unterengadin. Traditionelle Basis des dortigen Tourismus sind rund 20 Mineralquellen: Im „Unterengadiner Fenster" treten kohlensäuregesättigte Lösungen mit sehr unterschiedlichen Mineralgehalten an der Oberfläche aus. Die Quellen wurden bereits im späten Mittelalter erwähnt und als „Bauernbäder" durchgängig genutzt. Als touristisches Ziel wurde Scuol aber erst in der „Belle-Époque"-Phase bekannt, und zwar nachdem der Bau der Talstraße das Unterengadin besser an die Außenwelt angebunden hatte (vgl. MATHIEU 1987, ROHNER 1972). Seit den 1930er Jahren hatte der Kurtourismus konstant an Bedeutung verloren, und Scuol wurde in der Nachkriegszeit beinahe zu einem „Erholungsort" wie viele andere auch. Seit dem Ende der 1970er Jahre jedoch, mit dem Aufleben des Umweltdiskurses auch im Tourismus, hat man die Angebotsstruktur wie auch das Marketing immer stärker auf das Segment der umwelt- und gesundheitsbewussten Gäste umgestellt. Die Aufgabe besteht darin, die traditionell sehr unterschiedlichen Anforderungen von Sommer- und Winterurlaubern an die Infrastruktur und an die Aktivitätspalette unter einen Hut zu bringen. Der gegenwärtig beschrittene Lösungsweg ist, sich auf ein Marktsegment zu konzentrieren und dies mit den Attributen „Ökologie – Biologie" und „Gesundheit – Wellness" zu bewerben. Gleichzeitig diversifiziert man das Wintersportangebot in Richtung auf Betätigungen, die tendenziell weniger technik- und leistungsorientiert sind als das traditionelle Alpinskifahren, z.B. Carven, Snowboarden, Schlittenfahren, Schneeschuhwandern, Skilanglaufen und Winterwandern, und zielt damit sowohl auf umweltbewusste Wintersportler als auch auf

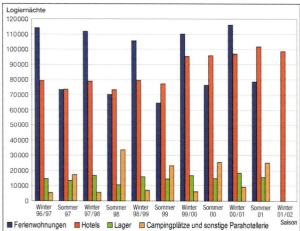

Fig. 3 (oben) Das Badezentrum in Scuol (Foto: Scuol Tourismus AG)

Fig. 4 (links) Entwicklung der Logiernächte in Scuol 1997–2001 nach Unterkunftsarten (Daten: Scuol Tourismus AG, Bearbeitung: Lentz)

Familien als Kundenkreis ab. Das Sommerangebot hat man entsprechend um Radwandern, Mountainbiking, Downhill, Riverrafting, Gleitschirmfliegen, Bogenschießen, Golf und Trekkingtouren zu Pferd erweitert. Obwohl der anvisierte Kundenkreis prinzipiell zahlungskräftig sein sollte, vermeidet man bewusst jeglichen Hauch des Mondänen.

Der größte Investitionsbedarf bestand in der Modernisierung des Badewesens, um das angestaubte Image des Kurortes loszuwerden. Während die Sommergäste (Durchschnittsalter 50 Jahre) stets zu größeren Anteilen umwelt- und gesundheitsbewusst und damit potentielle Kurgäste waren, mussten die durchschnittlich rund 10 Jahre jüngeren Wintersportgäste durch die Umgestaltung des Badebetriebs gewonnen werden. Zu Beginn der 1990er Jahre wurden die Badeeinrichtungen im Zentrum von Scuol grundlegend erneuert. Heute befindet sich dort ein Wellness- und Therapiezentrum mit einem Solebad, einem römisch-irischen Bad, einem Sportbad, einer Sauna- und Solarienlandschaft sowie einem ärztlich geleiteten Therapiebereich mit einem breiten Spektrum von Anwendungen (Fig. 3). In beiden Jahreszeiten erweist sich die Kombination von Freiluftaktivitäten einerseits und Besuch der Thermen und Wellnessanlagen an Schlechtwettertagen andererseits als sehr attraktiv, was sich an der ausgeglichenen saisonalen Verteilung vor allem der Hotelgäste in Scuol ablesen lässt (Fig. 4).

Während in Graubünden das Verhältnis von Winter- zu Sommerübernachtungen im Mittel ca. 65 : 35 % beträgt, liegt es in Scuol bei etwa 48 : 52 %.

Die Produktlinie des Öko-Tourismus reicht bis hin zur Zertifizierung des „Engadin Bad Scuol" als umweltfreundlich, nicht zuletzt wegen der speziellen Heiztechnik: Die 6 bis 8 °C kalten Quellwässer werden mit Hilfe von Erdwärmesonden (32 % der Energie) und Wärmerückgewinnungsanlagen aus dem laufenden Badebetrieb (Dusch- und Badewasser sowie Luft; 53 % der Energie) auf die benötigten Temperaturen gebracht. Nur 15 % der Gesamtwärme müssen aus Heizöl gewonnen werden. Konsequenterweise gehört eine kostenlose Führung zur fortschrittlichen Wärmegewinnungstechnik der Anlage zum touristischen Programm des Ortes (jeden Montag 17 Uhr an der Kasse des Bades, Anmeldung nicht erforderlich).

Der Aliasname des Badezentrums „Bogn Engiadina Scuol" verweist auf die regionale Einbindung des Ortes, der mit dem Markenzeichen „EngadinScuol" gezielt Bezug nimmt auf das positive Image des Unterengadin, das jedem Schweizer durch das „nationale" Kinderbuch vom „Schellen-Ursli" bekannt ist, und macht sich damit den „Ethno-Bonus" der rätoromanischen Minderheit zunutze. So bezeichnet sich Scuol in der Eigenwerbung als „Bollwerk der rätoromanischen Sprachkultur", wo Bezeichnungen in Rumantsch auf Straßenschildern und Plakaten gesetzlich verankert sind; so werden auch Sprachkurse für die Touristen angeboten, selbst wenn das alles andere als nötig ist. In der Werbung werden ferner regionale Architektur und Küche betont. Gäste, die ein traditionelles Unterengadiner Ortsbild sehen wollen, müssen

> Ein Ortsrundgang in Scuol kann am Bahnhof beginnen (dort auch Parkmöglichkeit für einen Bus). Im Ort selbst: Grand Hotel „Scuol Palace", Wellness- und Therapiezentrum „Engadin Bad Scuol", Überbauung des Ortszentrums mit einem modernen Einkaufs- und Bürozentrum, Überprägung des Ortes durch touristische Nutzung, vor allem kleine Hotels, Pensionen und Zweitwohnungen. Hat man etwas mehr Zeit, sollte man den längeren Weg nach Tarasp auf sich nehmen, wo man noch eine klassische Trinkhalle aus der „Belle Époque" findet. Auskünfte zu weiteren Programmpunkten und Führungen erteilt die Scuol Tourismus AG (Tel.: +41 81 861 24 24/25, E-Mail: info@scuol.ch).

jedoch in die benachbarten Dörfer wie Ardez oder Guarda fahren.

Val Müstair: Für immer benachteiligte Peripherie? (HP 4)

In einer anderen Position befindet sich das bündnerische Münstertal, rätoromanisch Val Müstair, jenseits des Ofenpasses, in extrem peripherer Lage zu den schweizerischen Bevölkerungszentren. Es hat zwar reichlich Naturschönheiten zu bieten und liegt zudem unmittelbar benachbart zum Schweizerischen Nationalpark, aber der Tourismus hat sich nie zu einer beherrschenden Branche entwickelt, obwohl man dazu verschiedene Anstrengungen unternommen hat. In den 1970er Jahren gab es heftig diskutierte Pläne zum Ausbau der touristischen Infrastruktur; außer mehreren Skigebieten war auch eine Luftseilbahn zum malerischen Lai da Rims, einem Dolinensee auf ca. 2500 m NN, geplant. Die mehrheitliche Ablehnung dieser Projekte bedeutete eine sehr frühe Entscheidung hin zu einem lokal gesteuerten Tourismus, der auch heute noch vor allem für Ruhe suchende Gäste attraktiv ist. Damit ist allerdings das Problem verbunden, dass die Wertschöpfung im Vergleich zu anderen Spielarten des Fremdenverkehrs relativ gering bleibt.

Vom Ofenpass kommend, stößt man zunächst auf die Abzweigung zum kleinen Skigebiet Minschuns, das seit Ende der 1970er Jahre entwickelt wurde. Hier hat man sich bewusst für ein begrenztes Wachstum entschieden und setzt auf familienfreundliche, d.h. auch nicht zu schwierige Abfahrten in Südlage. Hinzu kommt eine Schlittelbahn auf einem Wirtschaftsweg von der Gemeinde Lü (1910 m NN) bis nach Tschierv, dem obersten Dorf im Talboden. In Tschierv selbst hat der touristische Ausbau vor allem in der Form einfacher Touristenlager stattgefunden, so dass das Tal für Schulfreizeiten sehr beliebt ist. In der Jahressumme wurden bis gegen Ende der 1990er Jahre mehr als 60 % aller Übernachtungen in Touristenlagern gebucht, aber auch hier macht sich die bessere Erreichbarkeit durch den Vereinatunnel in einer Zunahme der Hotelgäste bemerkbar. Im Winter gibt es im oberen Teil des Tales, zwischen den Gemeinden Tschierv und Fuldera, eine Loipe. Man hat die Konsequenz aus den milden Wintern der vergangenen Jahre gezogen, als man den unteren Teil der einst durch das ganze Tal führenden Strecke immer wieder aufwendig pflegen musste.

Fig. 5 UNESCO-Weltkulturerbe: Kloster San Gian Battista in Müstair (Foto: Kraas 2002)

Santa Maria ist der Hauptort des Tales. Seine Bedeutung hat er von alters her durch die sich hier treffenden Wege über den Ofenpass, den Umbrailpass und früher noch durch die Strecke über die Val Mora nach San Giacomo di Fraele, ein Weg ins Veltlin, der zwar länger, dafür aber nicht so steil war wie der Umbrailpass. In der Nähe der Kreuzung der Passstraßen findet man auch heute noch die meisten Hotels. Von hier aus sind die hoch gelegenen Skigebiete am Stilfser Joch bequem zu erreichen.

Unter den Kulturgütern des Tales ist zweifelsohne das Kloster Müstair (Fig. 5) das bedeutendste. Dort entdeckte man Ende des 19. Jh. Fresken, die auf die Gründungszeit des Klosters, d.h. ins frühe 9. Jh. datiert wurden (Gründung unter Karl dem Grossen). Das Kloster ist über die Jahrhunderte hinweg immer weiter ausgebaut worden. Zu den Erweiterungen gehört auch der sog. Plantaturm (gebaut ab 958, nach der Äbtissin Angelina von Planta benannt, die allerdings erst im 16. Jh. das Kloster leitete), der damit eines der ältesten erhalten gebliebenen Wohngebäude der Schweiz darstellt. Im Jahre 1983 wurde das Kloster seiner überragenden kunsthistorischen Stellung wegen zum Weltkulturerbe erklärt. Die gesamte Klosteranlage wird seit etlichen Jahrzehnten sorgfältig archäologisch erforscht. Die Forschungsergebnisse sind im Klostermuseum zu besichtigen, wo man auch fachkundige Erläuterungen erhalten kann.

Das Kloster Müstair ist ebenso wie das Talmuseum „Chasa Jaura" in die regionale Museumskooperation „Magisches Rhätisches Dreieck" eingebunden, die im Rahmen des Interreg-III-Programms gefördert wird. Hier sehen sich die Verantwortlichen mit dem Problem konfrontiert, dass das Val Müstair zwar gut erreichbar ist, es aber nicht weit ins deutlich kostengünstigere Südtirol ist, wo dann die meisten Touristengruppen, die Kulturreisen in den Raum Vinschgau–Ostschweiz–Tirol buchen, auch Quartier nehmen. Die Aufgabe, die wirtschaftliche Tragfähigkeit zu steigern, muss somit anders gelöst werden.

Sebastian Lentz (Erfurt) &
Frauke Kraas (Köln)

Der Habitus der Stadt – ein kulturgeographischer Versuch

Rolf Lindner

3 Figuren im Text

The Habitus of the City – a Culture-Geographical Approach
Abstract: The basic idea of the anthropology of a city, in the author's opinion, is that of an anthropomorphic concept, comparing the city to a person with a specific biography. Related to it is the idea that cities, too, have their own habitus, or character, in the sense of Pierre Bourdieu, which becomes the generative principle of life-styles. For a new cultural geography this calls for understanding cities as landscapes of taste, which contribute to selective migration based on the principle of cultural homology. In this perspective, in the course of globalization cities will rather become more distinct than growing more alike.
Keywords: Habitus, landscape of taste, cultural economy, selective migration, geographical capital, Paris, Los Angeles

Zusammenfassung: Der Autor sieht in einer gewissermaßen anthropomorphen Vorstellung von Stadt, die sie mit einer Person vergleicht, die eine Biographie hat, den Kern einer Anthropologie der Stadt. Damit ist die Idee verbunden, dass auch Städte über einen Habitus im Sinne von Pierre Bourdieu verfügen, der zum Erzeugungsprinzip von Lebensstilen wird. Für eine neue Kulturgeographie ergibt sich daraus die Aufgabe, Städte als Geschmackslandschaften nachzuzeichnen, die zur selektiven, auf dem Prinzip der kulturellen Homologie beruhenden Migration beitragen. Auf diese Weise werden Städte im Zuge der Globalisierung eher unterschiedlicher, als dass sie sich einander angleichen.
Schlüsselwörter: Habitus, Geschmackslandschaft, kulturelle Ökonomie, selektive Migration, geographisches Kapital, Paris, Los Angeles

1. Einleitung

Die sich den Städten zuwendende Ethnologie hat sich bislang vornehmlich auf Kleinräume konzentriert, seien es, klassisch-milieuorientiert, urbane Dörfer und ethnische Enklaven, seien es, postmodern-fluid, Themenparks und Single-Bars. Die Bevorzugung des Kleinräumigen geschieht nicht von ungefähr; sie folgt aus der Besonderheit der Disziplin, die sich eher in der Art der Annäherung an ein Objekt als im Objekt selber artikuliert. Die Ethnologie zielt traditionell darauf ab, Ganzheiten zu verstehen, und schreibt dabei der Methode der Feldforschung zentrale Bedeutung zu. Nur Kleinräume, Nachbarschaften, Milieus oder Szenen scheinen aber in der Weise ganzheitlich erfassbar zu sein, wie es das Ideal der Feldforschung anstrebt. Dass diese Annäherung an die Stadt – oder besser: an Orte und Szenen in ihr – weiterhin von großer Bedeutung sein wird, braucht hier nicht besonders betont zu werden. Die dichte Beschreibung der Lebenswelten aus der Sicht ihrer Bewohner ist und bleibt ein Markenzeichen des ethnographischen Unternehmens. Bei der ethnographischen Behandlung von Städten wie Dörfern und deren Bewohnern wie Stammesangehörige geht freilich in der Regel nicht nur das Spezifische an dem Gebilde „Stadt" verloren, auch die spezifische Stadt kommt abhanden.

Nehmen wir nicht die Dialektik von „locale" und „location", von Schauplatz und Standort als unseren Orientierungsrahmen, kommen wir allzu schnell zu der Konsequenz, dass unser konkreter Untersuchungsort ebenso gut in der einen wie in der anderen Stadt liegen könnte. Nicht um Anthropologie *der* Stadt handelt es sich bei solchen Unternehmungen, sondern um Anthropologie *in* der Stadt, um eine wichtige heuristische Unterscheidung aufzugreifen, die Ulf Hannerz (1980) ursprünglich einmal getroffen hat.

2. Städteklassifikationen

Sehen wir uns nun Versuche zu einer Anthropologie der Stadt als Ganzes *(cities as wholes)* an, so gehen sie in ihren Klassifikationsbemühungen nicht wesentlich über die von Robert Redfield und Milton Singer bereits im Jahre 1954 getroffene Unterscheidung in orthogenetisch-traditionsbewahrende und heterogenetisch-innovative Städte hinaus (Redfield & Singer 1954). Zu den Ersteren zählten sie Verwaltungsstädte, klassische Städte der Schriftgelehrten und Bürokraten, wie Peking, Lhasa und Kyoto, sowie Städte der modernen Bürokratie, wie Washington, D. C., New Delhi und Canberra, während zu Letzteren die Handelsstädte zählten, klassische Orte aus dem goldenen Zeitalter des Handelskapitals, wie Amsterdam und Brügge, und moderne Finanz- und Handelszentren, wie New York, London oder Hongkong, Städte, die heute als *global cities* gelten. Dem jeweiligen Stadttypus entsprechen bestimmte Lebensstile und Rollenmodelle: Während mit der Orthogenese Orthodoxie verbunden ist, so dass der Abweichler als Häretiker erscheint, geht Heterogenese mit Heterodoxie einher, so dass der Abweichler hier die Gestalt des Andersdenkenden annimmt.

REDFIELD und SINGERS Klassifikation verweist ähnlich wie RICHARD FOX' Unterscheidung der kulturellen Rolle von Städten als „regal-ritual" (oder „ideological"), „administrative", „mercantile" und „industrial" (FOX 1977) oder ULF HANNERZ' Big-C-Anthropologie der Städte, die zwischen *Courttown*, *Commercetown* und *Coketown* unterscheidet, letztlich auf die klassische Einteilung, die MAX WEBER in „Wirtschaft und Gesellschaft" getroffen hat. Dort unterscheidet er idealtypisch Konsumentenstadt (also Städte, die von Großkonsumenten abhängig sind) und Produzentenstadt, wobei er Erstere in Fürstenstadt, Beamtenstadt und (Grund-)Rentnerstadt (mit der „Pensionopolis" Wiesbaden als Beispiel), Letztere in Gewerbestadt (in der Unternehmer als Groß-, Arbeiter als Massenkonsumenten auftreten; WEBERS Beispiel ist Essen) und Händlerstadt bzw. Handelsstadt (deren Einkünfte auf überörtlichen Handelsbeziehungen beruhen) aufteilt (WEBER 1976, S. 727 ff.; BRUHNS & NIPPEL 2000; vgl. auch SOMBART 1924, S.142 ff.). Zu beachten ist freilich, dass die meisten Städte Mischtypen bilden, so dass sie nur nach ihrer jeweils *vorwiegenden* ökonomischen Komponente klassifiziert werden können.

Als erste Annäherung ist die Unterscheidung in Regierungs-/Verwaltungsstadt, Handels-/Finanzstadt und Industriestadt sicherlich noch heute von heuristischem Wert, wie uns ein einfacher vergleichender Blick auf Städte wie Bonn, Düsseldorf und Essen als Beispiele für die Typologie von HANNERZ zeigt. Wie grobmaschig diese Unterscheidung freilich auch ist, zeigt sich, wenn wir verschiedene Städte gleichen Typs unter die Lupe nehmen: Berlin, Bonn und Dresden als Beispiele für *Courttown*, Düsseldorf, Frankfurt und Leipzig als Beispiele für *Commercetown*, Essen, Magdeburg und Stuttgart als Beispiele für *Coketown*. Es wird nämlich nicht nur überdeutlich, dass die historische Tiefendimension zur Charakterisierung der Städte unerlässlich ist, so dass sich eine historische Anthropologie der Stadt als Voraussetzung bzw. Grundlage einer jeglichen Anthropologie der Stadt erweist, es zeigt sich auch, dass der die Stadt prägende Sektor der Ökonomie augenscheinlich differenziert und konkretisiert werden muss. Es macht schon einen Unterschied ums Ganze aus, ob in *Commercetown* mit Geld oder Ideen gehandelt wird, ob *Coketown* durch die alten Industrien oder durch die neuen Technologien gekennzeichnet ist.

Mit dem Verweis auf den stadtprägenden Sektor der Ökonomie ist auf einen zentralen formativen Faktor der Stadt als Ganzes aufmerksam gemacht worden. Der stadtprägende Sektor der Ökonomie schlägt sich ja nicht nur in entsprechenden gewerblichen und verwaltungstechnischen Einrichtungen (von Industrieanlagen über Verwaltungszentren bis hin zu Messegeländen) nieder, verbunden mit einer dem jeweiligen Sektor entsprechenden Infrastruktur, sondern auch in Konsum-, Kultur- und Freizeiteinrichtungen, die den Bedürfnissen, Interessen und Artikulationsformen der mit den Einrichtungen verbundenen Akteure entsprechen. Nicht jede Stadt hat, um es einmal „flach" zu formulieren, einen Golfclub, aber auch nicht jede einen Verein für Mini-Golf, die kleine Variante für „kleine Leute". Eine Stadt der regionalen Konzernverwaltungen wie Düsseldorf z.B., die nicht zuletzt der Mehrwertabschöpfung dient, bringt auch die entsprechende konsumtiv-kulturelle Infrastruktur hervor, mit Modemesse sowie Mode-, Kunst- und Antiquitätenhäusern, aber auch mit Werbeagenturen, Werkkunstschule, Kunstakademie u.a.m., die der Ästhetisierung und Stilisierung der Lebensführung entspricht. Man könnte in letzter Konsequenz eines solchen Gedankengangs die Behauptung wagen, dass es nicht zufällig, d.h. nicht unabhängig vom Ort zu denken ist, dass die Neue Deutsche (Musik-)Welle um 1980 ihren Ausgang im Ratinger Hof zu Düsseldorf nahm (LINDNER 2002).

Freilich ist hier vor einer einseitig synchronen Sichtweise zu warnen: Städte werden vor allem durch ihre (ökonomische) Historie geprägt, die nur noch punktuell in der Gegenwart wirksam sein muss, gleichwohl aber das Gepräge der Stadt weiter charakterisiert. Je nach Blickwinkel lässt sich in solchen Fällen von „kulturellem Erbe" oder aber von „Altlasten" sprechen. Krassestes Beispiel für Letzteres ist sicherlich das Ruhrgebiet, das sich historisch als eine relativ homogene Soziallandschaft darstellt, die zur Herausbildung einer Geschmackskultur geführt hat, bei der die Arbeiterschaft in negativer, d.h. beschränkender Hinsicht als stilbildender Träger fungierte. Das schlug sich nieder in der Angebotsstruktur des Einzelhandels, namentlich in der Konfektion, in der Speisekultur (z.B. in der hohen Dichte von Imbissbuden), in den Unterhaltungsstätten (mit einem hohen Anteil an Kneipen und Diskos) sowie in den Sport- und sonstigen Freizeitvereinen (mit der Taubenzucht als regionalem Paradigma). Mit BOURDIEU gesprochen, ist/war das Ruhrgebiet eine Landschaft des Notwendigkeitsgeschmacks; in der Außenwahrnehmung figurierte das Gebiet lange Zeit als eine Region fürs Grobe, derb, ungeschlacht und beschwerlich (LINDNER 1994). Charakteristischerweise wird das Gedächtnis der Orte in der Memoria-Forschung an Zeugnissen der Offizialkultur festgemacht, weil diesen die Aura der Bedeutsamkeit beigegeben zu sein scheint, heilige Orte gewissermaßen, nicht aber (oder nur am Rande) an den lebensweltlich-profanen, die biographisch bedeutsam, weil im wahrsten Sinne des Wortes einschneidend sind. Aber genau das rächt sich, weil es letztlich gerade diese profanen Orte (der Fußballplatz, das Kino, der Kiosk usw.) sind, die dann eine Stadt als Geschmackslandschaft ausmachen.

3. Habitus der Stadt

Was also könnte der Gegenstand einer Anthropologie der Stadt sein? ROBERT EZRA PARK, der Nestor der „Chicago School of Urban Sociology", hat nach Auffassung des Autors bereits im Jahre 1925 mit der überarbeiteten Fassung seines Grundsatzartikels „The City" das Programm einer Anthropologie der Stadt umrissen, welches „Stadt" nicht auf den Tatbestand der bloßen Agglomeration von Menschen und Gebäuden und der dazu gehörenden Infrastruktur reduziert, sondern vielmehr in der Stadt „eine spezifische Sinnesart, ein Ensemble von Gewohnheiten und Traditionen und von verfestigten Einstellungen und Gefühlen (sieht), die sich in den Gewohnheiten niederschlagen und über Traditionen weitergegeben werden" (PARK 1925, S. 1). Damit kommt eine gewissermaßen anthropomorphe Vorstellung von Stadt ins Spiel, die sie mit einer Person vergleicht, die eine Biographie hat.[1] Wir können in dieser Vorstellung den Kern einer Anthropologie sehen, die sich weder auf ethnographische Forschung in der Stadt noch auf die Untersuchung des genuin Städtischen beschränkt, sondern den Versuch unternimmt, die singuläre Beschaffenheit einer Stadt zu erfassen. PARK betrachtet das, was uns als Gebilde „Stadt" gegenübertritt, als Resultat kollektiven Handelns, in das gewissermaßen das „Habit" seiner vergangenen, gegenwärtigen und in sich selbst erfüllender Weise (nämlich über Prozesse der Attraktion und Repulsion) auch zukünftigen Bewohner eingegangen ist. Ohne es schon ausdrücklich benennen zu können, enthalten PARKS Überlegungen bereits die Vorstellung, dass auch Städte über einen Habitus verfügen, der zum Erzeugungsprinzip von Lebensstilen und (deren) Repräsentationen wird. Ausgehend von den für einen bestimmten Typus von Umgebung konstitutiven Strukturen, dem jeweils stadtprägenden Sektor der Ökonomie, entsteht durch kulturelle Codierungen über die Zeit der Habitus einer Stadt.

Die Rede vom „Habitus" in Bezug auf den Ort ist nicht neu. Der Stadtsoziologe JENS DANGSCHAT (1999) spricht z. B. vom „Habitus des Ortes", worunter er die kognitiven und evaluativen Dispositionen der Nutzer von Quartieren versteht, die bei Prozessen der Inklusion, Exklusion und Segregation wirksam werden. Während DANGSCHAT mit seinem Habituskonzept noch eher auf kleinräumige Prozesse zielt (Kiez, Quartier, Viertel), geht es dem britischen Geographen MARTYN LEE darum, die Spezifik eines Ortes (Stadt) mithilfe des Konzepts des „city habitus" näher zu bestimmen. Darunter versteht er im Anschluss an BOURDIEU „certain relatively enduring (pre)dispositions to respond to current socialeconomic, political or even physical circumstances in very particular ways" (LEE 1997, S. 127). Der Autor selbst hat erstmals 1996, im Rahmen einer deutsch-französischen Tagung, über den „Habitus der Stadt" als Grundkategorie einer Anthropologie der Stadt referiert (KNECHT 1996). Allen gemeinsam ist der Gedanke, dass Städte bzw. Stadtteile sozusagen „anfällig" und „voreingenommen", eben prädisponiert sind in ihrer Haltung gegenüber Einwirkungen von außen und damit eine spezifische Dialektik von Kontinuität und Wandel, Beharrung und Veränderung in Gang setzen. Für BOURDIEU bestand einer der Gründe, warum man auf den Begriff Habitus nicht verzichten kann, darin, „dass man mit ihm jene *Konstanz* der Dispositionen, des Geschmacks, der Präferenzen erklären kann, die der neo-marginalistischen Ökonomie so viel Kopfzerbrechen bereitet" (BOURDIEU & WACQUANT 1996, S. 165; Hervorhebung des Autors). Das stellt sich in Bezug auf den bewohnten Raum nicht anders dar. Nirgendwo wird die Konstanz, ja die Hartnäckigkeit deutlicher als in den Schwierigkeiten, die der Versuch bereitet, das Image eines Standortes zu verbessern; das Beispiel Ruhrgebiet („Der Pott kocht") kann hier als *pars pro toto* stehen.

4. Ein Spiel mit Bourdieu

Verstehen wir den bewohnten Raum in Anlehnung an BOURDIEU als sozial konstruiert und markiert, d. h. mit „Eigenschaften" versehen, dann stellt er sich als Objektivierung und Naturalisierung vergangener wie gegenwärtiger sozialer Verhältnisse dar. Der bewohnte Raum wird so zur Metapher des sozialen Raums. Die jeweils bestimmte Ordnung und Anordnung von Eigenschaften (als Spezifikum eines bewohnten Raums) zu erforschen fiel zunächst der Kulturgeographie (etwa in den frühen Arbeiten von ROBERT GEIPEL 1987) zu, die sich der Untersuchung von Vorstellungsbildern zuwandte, die über Städte und Regionen existieren. Einer solchen Sicht lag eine Auseinandersetzung mit Stereotypen zugrunde, die diese an der (wie auch immer erschlossenen) Realität maßen und sie, so gemessen, als zu leicht, d. h. als defizitär befanden. Erst mit dem De-/Konstruktivismus wurde aber die Rolle deutlich, die Vorstellungsbilder, ganz im Sinne einer sich selbst erfüllenden Prophezeiung, bei der Schaffung der physischen Umgebung spielen können. Auto- und Heterostereotype sind ja nicht nur Zerrspiegel, sondern auch Vergrößerungsgläser, die einzelne Züge auf Kosten anderer überprägnant hervorheben. Stereotype, das war der ursprüngliche Vorwurf, bilden nicht ab, sondern überzeichnen. Gerade als Überzeichnungen aber, und darin sind Stereotype auf der Alltagsebene durchaus den Idealtypen (im Sinne WEBERS) auf der wissenschaftlichen Ebene verwandt, bilden sie Instrumente der Orientierung, die bei Prozessen der Zuordnung und Abgrenzung, Hinwendung und Abwendung eine zentrale Rolle spielen.

In einem kleinen „Spiel mit BOURDIEU" hat der Autor bei rund 90 Studenten der Europäischen Ethnologie/Volkskunde in Berlin, Hamburg, Frankfurt a. M., München und Tübingen nach den „Eigenschaften" von acht deutschen Städten, nämlich Hamburg, München, Essen, Leipzig, Stuttgart, Berlin, Frankfurt a. M. und Dresden, gefragt. Als „Eigenschaften" wurden zur Auswahl ge-

---

[1] Vergleiche in diesem Zusammenhang die wachsende Zahl an „Stadtbiographien" (MAK 1997, LARGE 2002, ACKROYD 2002).

stellt: mondän, ordinär, arrogant, dynamisch, reserviert, alternativ, kosmopolitisch, industriell, aufgeschlossen, bieder, kultiviert und arbeitsam. Mehrdeutigkeiten (etwa von „ordinär" oder „arbeitsam") wurden bewusst in Kauf genommen, weil es gerade die mehrdeutigen „Eigenschaften" sind, die zur Klärung des semantischen Feldes beitragen. Nach dem Verfahren der Eigenschaftsliste wurden die Befragten gebeten, bis zu drei Eigenschaften zu benennen, die auf die jeweilige Stadt besonders, und bis zu drei Eigenschaften, die auf die jeweilige Stadt überhaupt nicht zutreffen. Es zeigte sich, dass sich das Erscheinungsbild der jeweiligen Stadt nicht aus einzelnen Eigenschaften, sondern aus der besonderen, im Vergleich mit anderen deutlich werdenden Kombination von Eigenschaften erschließt – genau das ist mit „semantischem Feld" gemeint. So erscheinen z. B. Essen, Frankfurt und Stuttgart allesamt als arbeitsam, eine Aussage, die auf den ersten Blick keine Differenzierung zuzulassen scheint. Die differente Semantik von „arbeitsam" erschließt sich erst dann, wenn berücksichtigt wird, dass „arbeitsam" im Fall von Essen mit „industriell", im Fall von Frankfurt mit „dynamisch" und im Fall von Stuttgart mit „bieder" einhergeht. Erscheint somit Essen, ob zu Recht oder Unrecht, in den Augen der Studenten als Stadt der Arbeiterpopulation und Frankfurt als Stadt der Managerklasse, so Stuttgart als Verkörperung des Kleinbürgertums. Dieses Profil verstärkt sich nochmals auf charakteristische Weise, wenn man jene Eigenschaft heranzieht, die der jeweiligen Stadt auf keinen Fall zugebilligt wird: Essen ist dann industriell und arbeitsam, aber auf keinen Fall mondän, Frankfurt dynamisch und arbeitsam, aber auf gar keinen Fall bieder, Stuttgart ist bieder und arbeitsam, aber auf gar keinen Fall alternativ. Als Faustregel kann gelten, dass die Unterschiede dort am prägnantesten sind, wo auch die Gemeinsamkeiten am größten sind.

Würden wir die zugeschriebenen Eigenschaften in ein Felddiagramm à la BOURDIEU eintragen, dann würde sich zeigen, dass die Habitusformation von Städten der Verteilungslogik von sozialen Positionen und Lebensstilen analog zur unterstellten urbanen „Kapitalstruktur", also der jeweils spezifischen Gewichtung von ökonomischem, kulturellem und sozialem Kapital, entspricht. Hamburg z. B. erscheint dann immer noch als der klassische Großbürger mit einem hohen Grad an ererbtem kulturellem Kapital („kultiviert"), gewissermaßen als Großkaufmann und Senator in der Prägung THOMAS MANNS, kosmopolitisch, kultiviert und reserviert, auf gar keinen Fall aber ordinär. Als ordinär erscheint als einzige Stadt in einem signifikanten Ausmaß Berlin, wobei sicherlich das Stereotyp von der „Berliner Schnauze" eine nicht unerhebliche Rolle spielt. Es ist erstaunlich und bezeichnend zugleich, wie sehr dieses Stereotyp in den Erfahrungsberichten Zugezogener eine Renaissance erfährt (vgl. etwa WIEDEMANN 1999). Seit der Wende und vor allem seit dem Umzug der Regierung von Bonn nach Berlin reißen die Klagen darüber nicht ab, dass Berlin und die Berliner nicht „gesellschaftsfähig" seien. Das gilt auch für die Einschätzung der organischen, aus den lokalen Besonderheiten hervorgegangenen Elite der Stadt, der Provinzialität und Mangel an Stil und Lebensart vorgehalten wird. Die Beschimpfung Berlins nimmt zuweilen groteske Züge an: „Die Menschen in Berlin ... sind so verroht und unhöflich, und sie suhlen sich in diesem Hundekot. Der Berliner findet Hundekot ja sexy" führte der Hamburger „Pop-Literat" CHRISTIAN KRACHT in einem „Tagesspiegel"-Interview über die „schrecklichste Stadt der Welt, ganz unerträglich und hassenswert" aus („Tagesspiegel" 2. 7. 2000).[2]

Bei den erhobenen Eigenschaftslisten lagen Auto- und Heterostereotype nicht so weit auseinander, wie man hätte vermuten können. Das mag in erster Linie darauf zurückzuführen sein, dass die Befragten Studierende waren. In der Regel handelt es sich bei den Unterschieden nur um graduelle Differenzen, nicht etwa um einen vollständigen Austausch von Eigenschaften. So halten die Münchener ihre Stadt selbstverständlich für „kultivierter" als die Befragten aus anderen Städten und die Frankfurter ihre Stadt für „kosmopolitischer" als die anderen Befragten. Nur eine Eigenschaft taucht bei den Autostereotypen auf, die in der Gesamtbefragung eine untergeordnete Rolle spielt: die Charakterisierung Berlins als „nicht arbeitsam" durch die Berliner Studenten. Dass diese Charakterisierung wiederum etwas mit der Selbst- und Fremdeinschätzung als „alternativ", der im Übrigen meistgenannten Eigenschaft überhaupt, zu tun hat, liegt auf der Hand.[3]

Nimmt man die Stadt als Ganzes in den Blick, so wird deutlich, dass sie eine spezifische Rolle im gesellschaftlichen Kontext spielt. Ganz offensichtlich befinden sich die einzelnen Städte in einem Interdependenzverhältnis, das der einen Stadt ihren materiellen und symbolischen Platz in Relation zu den anderen zuweist. Berlin und München definieren sich traditionell in Distanz zueinander,[4] aber Ähnliches gilt auch für München und Hamburg oder Stuttgart und Berlin. Deutlich wird diese Wechselwirkung besonders dann, wenn diese Zuweisungen aufgrund von gesellschaftlichen Veränderungen, gravierenden Krisenerscheinungen u. a. m. brüchig oder gar obsolet werden. Das war sicherlich nach der Wiedervereinigung der Fall, wo sich das semantische Feld verlagerte bzw. neu strukturierte. So wurde z. B. die traditionell industrieproletarische Region Ruhrgebiet mit Essen als Zentrum im Verhältnis zu den alten Industriegebieten im Osten Deutschlands symbolisch

---

[2] Dazu passt, dass Bundestagspräsident THIERSE Berlin zur „Hauptstadt der Trash-Kultur" ausrief. TOBIAS TIMM schließt zur Zeit am Institut für Europäische Ethnologie der Humboldt-Universität zu Berlin eine Magisterarbeit zum Thema „Hässliches Berlin" ab.
[3] Bei drei zwischen 1988 und 1998 durchgeführten Spielen mit Eigenschaftslisten hat sich „alternativ" stets als die prononcierteste Kategorie für Berlin herausgestellt. War diese zunächst noch mit „Kreuzberg" als Symbol verbunden, so bezieht sich diese Kategorisierung heute generell auf das kreative Milieu der Stadt. Insgesamt verweist diese Eigenschaft auf den Charakter der Stadt als ein soziales und kulturelles Labor.
[4] Vgl. als neuere Beispiele dieser Städtekonkurrenz die „Spiegel"-Titelstory über München („Die Kränkung der Diva", 16/2000) sowie die „München-Blues"-Serie des „Tagesspiegel" im Juni/Juli 2001, die Münchener Sottisen über Berlin (Hundehaufen, Rentnermief und „leicht säuerlich riechende junge Frauen") konterte. Über die Jahre haben sich die „Süddeutsche Zeitung" und der „Tagesspiegel" als Stellvertreterorgane dieses Städtekampfes profiliert.

aufgewertet, materiell aber, sprich: subventionspolitisch, abgewertet.

Die anthropomorphe Vorstellung von Stadt, die durch das Eigenschaftslistenverfahren in Form eines semantischen Feldes zutage gefördert wurde, hat ihren sachlichen Grund darin, dass die Trägergruppen des jeweils stadtbestimmenden Sektors der Ökonomie auch im Hinblick auf die Herausbildung des Ambiente der Stadt entscheidend sind: Eine Stadt der Bürokratie wird, ob sie will oder nicht, bis zu einem gewissen Grad auch durch einen bürokratischen Geist geprägt sein. Wir können in dieser Vorstellung den Kern einer Anthropologie der Stadt sehen, die den Versuch unternimmt, die singuläre Beschaffenheit einer Stadt, ihren Charakter, zu erfassen. Es ist das, was mit Habitus der Stadt gemeint ist.

5. Städte als Geschmackslandschaften

„Ich habe mir den Plan von Paris gekauft, abgedruckt auf einem Taschentuch" (KARL GUTZKOW: Briefe aus Paris, 1842).

Wenn es der neueren Kulturgeographie nicht zuletzt darum gehen sollte, Städte als genuine Geschmackslandschaften nachzuzeichnen, dann gewinnt bei einem solchen Vorhaben der Habitus der Stadt als System der Dispositionen und Vorlieben, Produkt der gesamten biographischen, d. h. historischen Erfahrung, einen zentralen Stellenwert.

Was bedeutet es z. B. kulturgeographisch, wenn in einem analogen „Spiel" über die Eigenschaften europäischer Metropolen für 80 % der Befragten Paris als „mondän" erscheint? Zunächst einmal erinnert uns ein solcher Befund schlicht daran, dass auch die Städte, die zu den sog. *global cities* gezählt werden, einen eigenen, unverwechselbaren Charakter aufweisen. Selbst jene (Modell-)Fälle des Städtetyps „global city", die immer wieder, SASKIA SASSEN folgend, genannt werden – New York, London, Tokyo –, sind ja keine zufälligen, beliebig zu ersetzenden Beispiele, sondern der Tatsache geschuldet, dass sie, vor jeder empirischen Verifizierung, unseren Vorstellungen von einer „global city", d. h. den Kriterien der Plausibilität, gerecht werden. Nicht von ungefähr ist in unserer Umfrage London als wichtigste Eigenschaft „multikulturell" zugeschrieben worden; eben das macht eine „global city" in unseren Vorstellungen vor allem aus. Wenn wir vom stadtprägenden Sektor der Ökonomie sprechen, dann liegt es im Fall von Paris nahe, an die Tradition der Stadt als Zentrum von Kunst, Mode und Luxus zu denken. Eine besondere Rolle spielt dabei bereits seit der zweiten Hälfte des 16. Jh. die Warengruppe der sog. *articles de Paris* (auch: „articles de luxe" oder „articles de goût"), die bis heute als Inbegriff des Luxuriösen gilt, weil die betreffenden Artikel im Wortsinne unnötig und überflüssig sind, mit dem Dekorativen, dem Schmuck, dem Zierat als ihrem Kern: „Les ‚articles de Paris' sont, en effet, célèbres dans le monde entier, et forment cette masse si variée de l'industrie la plus divisée, qui se distingue par la recherche incessante de la nouveauté" (FIERRO 1996, S. 686). Diesen Artikeln verdanken die Passagen[5], die dem großen Werk BENJAMINS über Paris seinen Titel gegeben haben, ihre Existenz als Zentren des Handels in Luxuswaren, Vorläuferinnen wiederum der sich in der zweiten Hälfte des 19. Jh. etablierenden *grands magasins*, die sich zunächst ausschließlich den sog. *nouveautés*, den Modeartikeln, widmeten, die den „Putz" betrafen, Wäsche, Schmuckwaren, Stoffe. Wir sehen hier deutlich, wie das charakteristische Weichbild von Paris in erheblichem Maße durch den Handel mit Luxuswaren bestimmt worden ist. Wenn nun vom Luxuriösen und Mondänen die Rede ist, so bietet sich an, auf die *Haute Couture* als *pars pro toto* zu verweisen. Freilich würden wir damit gerade die strukturelle Homologie „zwischen dem Feld der Produktion einer besonderen Kategorie von Luxusgütern, nämlich der Modegüter, und dem Feld der Produktion einer anderen Kategorie von Luxusgütern, nämlich der legitimen kulturellen Güter wie Musik, Dichtung, Philosophie usw." übersehen (BOURDIEU 1993, S. 187). Ein mondäner Habitus, sollte er keine Kaprice sein, müsste tendenziell für sämtliche kulturellen Bereiche Geltung haben. In der Tat bildet Paris, wo Geschmack und Geist in eins gehen, für eine an der Rekonstruktion von Geschmackslandschaften interessierte Kulturgeographie geradezu den Idealfall einer Landschaft, die von Verfeinerungen durchzogen ist. Daher sind auch die Errungenschaften in den „Künsten" im weitesten Sinne des Wortes (von den „arts décoratifs" bis zum „art de bien-vivre") zu berücksichtigen.[6] Paris erscheint nicht zuletzt deshalb als mondän, weil diese Stadt sowohl die Stätte der „haute couture" wie der „haute philosophie" ist; nicht nur eine mondäne Mode, sondern auch eine mondäne Literatur und eine mondäne Philosophie kennt. „Raffinement" und „Esprit" bilden hier zwei Seiten einer *vie élégante* als höchster Form der Selbstdarstellung. Um in Paris zu reüssieren, ob als Couturier oder als Philosoph, ob als Chef de Cuisine oder als Politiker, ja selbst als Kokotte, muss man Stil besitzen, über eine *manière* verfügen, muss man „mondäne Arbeit" leisten. Es ist gerade die spielerische Sphäre der *vie élégante*, die die „Fürsten der Gedanken, der Macht und der Industrie" zusammenführt, wie es HONORÉ DE BALZAC ausgeführt hat, in dem wir mit einigem Recht einen BOURDIEU verwandten Gesellschaftsanalytiker in der literarischen Sphäre des 19. Jh. sehen können.[7]

ALLEN SCOTT (2000) hat in seinen Essays über die Geographie der Image produzierenden Industrien bezeichnenderweise Los Angeles und Paris miteinander verglichen. Für ihn wird Paris in der neuen globalen Ökonomie einen Platz als Ort und Hort distinktiver kultureller

---

[5] Die große Zeit der Passagengründungen lag zwischen 1822 und 1848. In dieser Phase etablierten sich 45 Passagen, unter ihnen die berühmte passage de l'Opéra (1822) sowie die passage du Saumon (1826).
[6] Wo im Deutschen von „Kultur" (etwa „Tischkultur") die Rede ist, spricht man im Französischen von „Kunst" („Art de la Table").
[7] BALZACS Werk, etwa seine „Sittenstudie über den Handschuh", ist ein Beispiel für die Bedeutung der *articles de Paris* als urbane Zeichen des eleganten Lebens.

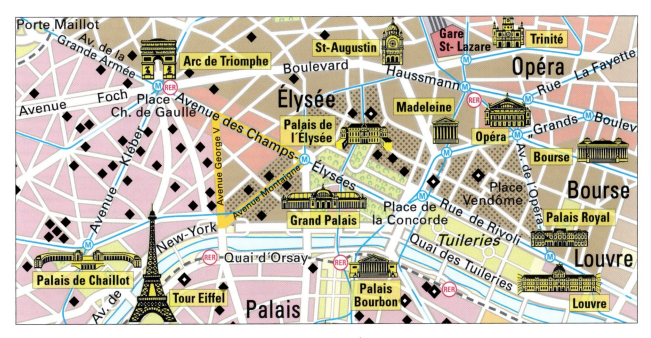

Fig. 1 Das goldene Dreieck im Zentrum von Paris: Avenue des Champs-Élysées, Avenue George V und Avenue Montaigne (Karte: Klett-Perthes)
The golden triangle in the centre of Paris: Avenue des Champs-Élysées, Avenue George V and Avenue Montaigne (Map: Klett-Perthes)

Praktiken und Produkte einnehmen, die aufgrund ihres Flairs und ihres Stils auffallen. Derzeitiges Zentrum dieses Luxusgewerbes im Weichbild von Paris ist fraglos das sog. *Triangle d'Or,* das goldene Dreieck (Fig. 1), gebildet von der Avenue des Champs-Élysées, der Avenue George V und der Avenue Montaigne mit ihren Modehäusern (Fig. 2), Juwelieren, Kürschnern, Sattlern, Parfümerien, Läden für Galanteriewaren, Coiffeurs, mit ihren Antiquitätengeschäften und Kunstgalerien.[8] Hilfreich dabei ist nicht nur die „Aura" der Stadt, die sie nicht zuletzt dem architektonischen Erbe verdankt, sondern eben auch die lange Tradition als Zufluchtsstätte für intellektuelle, künstlerische und handwerkliche Aktivitäten, die sich vor allem in einem Sinn für Stil niedergeschlagen hat. Dass dieser „Sinn für Stil" als Mittel der Distinktion im Zentrum der Kultursoziologie von PIERRE BOURDIEU steht, dass dieser in Paris eine „Soziologie der symbolischen Formen" verfasst hat, in deren Mittelpunkt die symbolische Übersetzung ökonomischer und sozialer Differenzen steht, ist ebenso wenig zufällig wie die Tatsache, dass es vor allem französische Gelehrte waren, die das Konzept der kulturellen Ökonomie entwickelt haben. Ökonomen sprechen in diesem Zusammenhang gerne vom Synergie- oder „Spillover"-Effekt; kultursoziologisch aber können wir von struktureller Homologie, stadtanthropologisch von der Wirkung des Dispositionssystems sprechen, das bestimmten Konstruktionsprinzipien – hier dem Prinzip des Stils – folgt.

Ganz ähnlich und doch ganz anders stellt sich das Konstruktionsprinzip am Beispiel Los Angeles dar. Einmal mehr erweist sich die Regel, dass die Unterschiede

Fig. 2 Kulturelle Ökonomie von Paris: Haute Couture als Schaustück mondäner Kultur (Foto: AFP/MULLER 2001)
Cultural economy of Paris: Haute Couture as a perfect example of sophisticated culture (Photo: AFP/MULLER 2001)

[8] Im LVMH-Konzern (Louis Vuitton Moet Hennessy) sind fast alle Luxuswaren (Mode, Schmuck, Parfüm, Champagner und feine Lederwaren) sowie ein Auktionshaus und die Zeitschrift „Connaissance des Arts" zusammengefasst.

Fig. 3 Kulturelle Ökonomie von Los Angeles: Filmindustrie als Schlüsselindustrie der Kultur des Glamour (Foto: Getty Images / Brandt 2001)
Cultural economy of Los Angeles: Film industry as the key industry of a culture of glamour (Photo: Getty Images / Brandt 2001)

6. Schluss: Habitus der Stadt und selektive Migration

Wie immer wir „Habitus" definieren, stets ist damit etwas Gewordenes gemeint, das das Handeln nach der Kausalität des Wahrscheinlichen leitet, indem es etwas Bestimmtes aufgrund von Geschmack, Neigungen und Vorlieben, kurz: Dispositionen, „nahe legt". In diesem Sinne von einem „Habitus der Stadt" zu sprechen heißt zu behaupten, dass auch Städten aufgrund „biographischer" Verfestigung bestimmte Entwicklungslinien näher liegen, andere ferner stehen. In der Idee der „Pfadabhängigkeit" (path dependency) ist dieser Gedanke, ökonomistisch verkürzt, bereits enthalten. Die Studien, die sich mit dem „Habitus" der Stadt, dem „Charakter" von Orten beschäftigen, bilden Antworten auf zeitgenössische Kommentare, die die moderne – oder besser: postmoderne – Welt als eine Art orts- und damit unterschiedslose Fläche beschreiben, die in einer universellen Struktur von *flows,* von Strömen aufgeht. Da dies als Resultat eines nicht aufzuhaltenden Prozesses der Kapitalbewegung begriffen wird, scheint der konkrete Ort für ökonomische Prozesse „egal", d. h. gleichgültig zu sein, es sei denn als Kommandozentrale im Sinne der Global-city-Theorie. Arbeiten zur kulturellen Ökonomie aber zeigen, dass der Raum in der Welt, in der wir leben, nicht weniger wichtig für ökonomische Prozesse geworden ist, ganz im Gegenteil, er hat in beträchtlicher Weise an Bedeutung gewonnen, und zwar *aufgrund* des Globalisierungsprozesses: "As capitalism globalizes ... the geographical specificity of the cultural economy of cities becomes, if anything, yet more pronounced because ... globalization enhances the possibilities of vertical disintegration, productive agglomeration and specialization" (Scott 1997, S. 327; Scott 2000). Am Beispiel von Paris und Los Angeles haben wir zwei Städte thematisiert, deren dominante Kapitalsorte im Sinne von Bourdieus Theorie das kulturelle Kapital bildet. Zugleich ist dieses Kapital auf den entgegengesetzten Polen der Kultur angesiedelt: der mondänen Kultur (Philosophie, Haute Couture, Museum, *parfum,* Literatur, Autorenfilm) einerseits, der Massenkultur (Designtheorie, Boutiquenmode, Themenpark, *gloss,* Soaps, Unterhaltungsfilm) andererseits. Diese ökonomische Besonderung im Raum bringt Konventionen und Routinen mit sich, die den Charakter des Ortes im Sinne einer distinkten Geschmackslandschaft prägen. Es ist dieser

dort am größten sind, wo es die meisten Gemeinsamkeiten gibt, als zutreffend. Auch Los Angeles ist eine Stadt, die durch kulturelle Ökonomien charakterisiert ist, und zwar in einer ähnlich prägenden Weise wie Paris. Während sich aber Paris durch „Stil" als Distinktionskategorie auszeichnet, ist Los Angeles die Stadt des *glamour,* des „schönen Scheins". In Los Angeles haben wir es mit einer Ökonomie des Designs zu tun, „mit synergetischen Wechselwirkungen zwischen verschiedensten Arten von Firmen, Bevölkerungsgruppen und symbolischen Systemen" (Molotch 1998, S. 140). Von der Schlüsselindustrie des Films (Fig. 3) ergibt sich, ökonomisch gesprochen, ein „Spillover"-Effekt, der sich in den verschiedensten Branchen Geltung verschafft: von der Kosmetik- und Modebranche über die Freizeitindustrie (Disneyland) bis hin zum Auto- und Möbeldesign. Dabei werden die ästhetischen Kompetenzen der Akteure von einem Sektor zum anderen transferiert: „Bühnenbildner arbeiten im Industriedesign, Kostümbildner entwerfen Bekleidung oder stellen diese sogar her, Graphiker und Autoren arbeiten in der Werbe-, Verpackungs- und Druckindustrie" (a. a. O., S. 126). Dass die französischen Poststrukturalisten, allen voran Jean Baudrillard, hier eine zweite (akademische) Heimat gefunden haben und Los Angeles als „Weltzentrum des Inauthentischen" feiern, kann kaum verwundern; nirgendwo ließe sich, außer vielleicht in Las Vegas, die Theorie des Simulakrum besser veranschaulichen.[9] Schließlich: Was in Paris die Universitäten und Akademien sind, das sind in Los Angeles die *art schools,* etwa das von Walt Disney mitbegründete California Institute of the Arts, das Kurse in „Advertising, Culinary Arts, Graphic Design, Media Arts & Animation, Multimedia & Web Design" sowie in „Critical Studies" anbietet, Letzteres ein Theorieprogramm, das sich vor allem auf den Poststrukturalismus und die Cultural Studies bezieht.

---

[9] „Los Angeles und ganz Amerika, die es umgeben (sic!), sind bereits nicht mehr real, sondern gehören der Ordnung des Hyperrealen und der Simulation an" (Baudrillard 1978, S. 25).

Charakter des Ortes, der zu seinem geographischen Kapital wird, ihn und seine Erzeugnisse für den einen attraktiv, für den anderen eher unattraktiv macht. Wir können daher auch von einer Wahlverwandtschaft zwischen Städten und (prospektiven) Nutzern sprechen, seien diese nun Besucher, zukünftige Bewohner oder Investoren. Die darin enthaltene Idee der Option hat in der Wahl des Studienorts schon immer eine Rolle gespielt. Im Zuge der globalen Vernetzung wird die Möglichkeit, sich für bestimmte Orte zu entscheiden, wenn nicht verallgemeinert, so doch erheblich erweitert. In einer solchen Situation gewinnt der Habitus einer Stadt,

reserviert oder ungezwungen, modern oder traditionsorientiert, ernst oder verspielt zu sein, an Bedeutung für die Entscheidung bei Ortswechsel. In der Migrationsforschung wird diesem Tatbestand insofern Rechnung getragen, als die klassische Migration aus ökonomischen Gründen ergänzt – besser: konturiert – wird durch eine neue Form, die sich an kulturellen Neigungen und symbolischen Systemen orientiert. Harvey Molotch spricht in diesem Zusammenhang von „selektiver Migration"[10], die den Charakter des Ortes perpetuiert und verstärkt: "The distinctiveness of L.A. migrations, combined with the physical ambience and its life patterns, forms a sort of 'national character' on which almost all accounts agree. Whether as a accolade or complaint, whether from writings of visitors or comments by informants I interviewed for this essay, the saying is (and, appropriately, it is a song lyric as well) that in Southern California 'anything goes'" (Molotch 1996, S. 232).

---

[10] Der Autor schlägt den Terminus „kulturelle Migration" vor, um jene Prozesse der Migration besser fassen zu können, denen der Wunsch nach Verwirklichung einer spezifischen Lebensform zugrunde liegt. Siehe die Magisterarbeit von Judith Dauscher: „Deutsche Frauen in Paris. Ein Beispiel für ‚Kulturelle Migration' ", Berlin 1997, in der es um die Bedeutung von Paris-Mythen der 1950er Jahre für den Migrationswunsch junger deutscher Frauen geht.

Literatur

Ackroyd, P. (2002): London. Die Biographie. München.
Baudrillard, J. (1978): Agonie des Realen. Berlin.
Benjamin, W. (1983): Das Passagen-Werk. 2 Bände. Frankfurt a. M.
Bourdieu, P. (1982): Die feinen Unterschiede. Frankfurt a. M.
Bourdieu, P. (1991): Physischer, sozialer und angeeigneter physischer Raum. In: Wentz, M. [Hrsg.]: Stadt-Räume. Frankfurt a. M./New York: 25–34.
Bourdieu, P. (1993): Soziologische Fragen. Frankfurt a. M.
Bourdieu, P., & L. Wacquant (1996): Reflexive Anthropologie. Frankfurt a. M.
Bruhns, H., & W. Nippel [Hrsg.] (2000): Max Weber und die Stadt im Kulturvergleich. Göttingen.
Dangschat, J. (1999): Segregation. In: Häussermann, H. [Hrsg.]: Großstadt. Soziologische Stichworte. Opladen: 209–221.
Fierro, A. (1996): Histoire et dictionnaire de Paris. Paris.
Fox, R. F. (1977): Urban Anthropology: Cities in Their Cultural Setting. Englewood Cliffs.
Geipel, R. (1987): Münchens Images und Probleme. In: Geipel, R., & G. Heinritz [Hrsg.]: München. Ein sozialgeographischer Exkursionsführer. Kallmünz und Regensburg: 17–42. = Münchener Geographische Hefte, **55/56**.
Hannerz, U. (1980): Exploring the City. Inquiries Toward an Urban Anthropology. New York.
Knecht, M. (1996): Anthropologie der Stadt – Anthropologie de la Ville. Paradigmen und Perspektiven der Stadtethnologie im deutsch-französischen Vergleich. Zeitschrift für Volkskunde, **92** (2): 250–253.
Large, D. C. (2002): Berlin. Biographie einer Stadt. München.
Lee, M. (1997): Relocating Location: Cultural Geography, the Specificity of Place and the City Habitus. In: McGuigan, J. [Ed.]: Cultural Methodologies. London, Thousand Oaks, New Delhi: 126–141.
Lindner, R. (1994): Das Ethos der Region. In: Lindner, R. [Hrsg.]: Die Wiederkehr des Regionalen. Frankfurt a. M./New York: 201–231.
Lindner, R. (2002): Klänge der Stadt. In: Kaden, C., & V. Kalisch [Hrsg.]: Musik und Urbanität. Essen: 171–176.
Mak, G. (1997): Amsterdam. Biographie einer Stadt. Berlin.
Molotch, H. (1996): L. A. as Design Product. How Art Works in a Regional Economy. In: Scott, A. J., & E. W. Soja [Eds.]: The City. Los Angeles and Urban Theory at the End of the Twentieth Century. Berkeley, Los Angeles, London: 225–275.
Molotch, H. (1998): Kunst als das Herzstück einer regionalen Ökonomie: Der Fall Los Angeles. In: Göschel, A., & V. Kirchberg [Hrsg.]: Kultur in der Stadt. Stadtsoziologische Analysen zur Kultur. Opladen: 121–143.
Molotch, H., Freudenburg, W., & K. E. Paulsen (2000): History Repeats Itself, But How? City Character, Urban Tradition, and the Accomplishment of Place. American Sociological Review, **65**: 791–823.
Park, R. E. (1925): The City: Suggestions for the Investigation of Human Behavior in the Urban Environment. In: Park, R. E., Burgess, E. W., & R. D. McKenzie [Eds.]: The City. Chicago: 1–46.
Redfiled, R., & M. Singer (1954): The Cultural Role of Cities. Economic Development and Cultural Change, **3**: 58–59.
Scott, A. J. (1997): The Cultural Economy of Cities. International Journal of Urban and Regional Research, **21** (2): 323–339.
Scott, A. J. (2000): The Cultural Economy of Cities. Essays on the Geography of Image-Producing Industries. London, Thousand Oaks, New Delhi.
Sombart, W. (1924): Der Moderne Kapitalismus. Erster Band. München und Leipzig.
Stierle, K. (1993): Der Mythos von Paris. Zeichen und Bewußtsein der Stadt. München und Wien.
Wiedemann, Ch. (1999): Berliner Mentalitäten. Skizzen vom Genius Loci. Die Neue Gesellschaft. Frankfurter Hefte, **11**: 1038–1041.
Weber, M. (1976): Wirtschaft und Gesellschaft. 2. Halbband. Tübingen.

Manuskriptannahme: 10. Januar 2003

Prof. Dr. Rolf Lindner, Humboldt-Universität zu Berlin, Institut für Europäische Ethnologie, Schiffbauerdamm 19, 10117 Berlin.
E-Mail: rolf.lindner@rz.hu-berlin.de

Stadt und Film – Neue Herausforderungen für die Kulturgeographie

Warum Geographie und Film?

Duisburg: Wohl kein anderer hat das Bild, das die Öffentlichkeit von der Stadt hat, stärker geprägt als Deutschlands beliebtester Tatort-Kommissar SCHIMANSKI alias GÖTZ GEORGE. Doch Duisburg ist längst nicht mehr nur die graue Arbeiterstadt mit Ruinen, Brach- und Industrieflächen. Auch der raue Charme der Ruhrgebietscharaktere ist nicht prototypisch für die Stadt. In der Realität verschwinden allmählich diese Klischees, vielerorts wandelt sich Duisburg zu einem modernen Dienstleistungszentrum mit vielen Grün- und Parkanlagen. Doch was ist nun „Realität"?

Berlin: Allein in deutschen Kinos sind über 2,5 Mio. Zuschauer mit „Lola" durch Berlin gerannt. Doch sie können die Strecke, die „Lola" zurücklegt, in keinem Stadtplan nachzeichnen. Aus der filmischen Umsetzung der Themen Geschwindigkeit und Zufall ist ein spielerischer Umgang mit Raum und Zeit entstanden, der aus der Stadt ein Experimentierfeld macht. Als Ergebnis bleiben zahllose Berlinfragmente, die beliebig verknüpft werden und jegliche Distanzen und Relationen untereinander vermessen lassen. Berlin – ein Videoclip?

Beispiele dieser Art verweisen anschaulich auf die Komplexität der Beziehungen zwischen Stadt und Film. Sie sensibilisieren zudem Begriffe wie Raumwahrnehmung und Raumkonstruktion. Aber was genau ist nun die Stadt im Film, und auf welche Weise kann man sich diesem Problemfeld von geographischer Seite nähern?

Filme nutzen den städtischen Raum als Kulisse für fiktive Geschichten. Indem die Drehorte nach Bedarf verändert und interpretiert werden, wird der konkrete Raum in ein sekundäres Bedeutungssystem transformiert. Es wird also nicht ein Raum authentisch re-präsentiert, sondern eine Geschichte präsentiert. Die Geographie der Filmwelt entspricht folglich nicht immer der Geographie der realen Welt. Vielmehr produziert sie Landschaften und erschafft Orte, die es ohne diese Filmwelt so nicht gäbe: Filme schreiben Räumen Bedeutungen zu, die ihrerseits Eingang in die alltägliche Wirklichkeit und in die Köpfe der Betrachter finden. Diese medialen Raumbilder spiegeln nicht die „wirklichen" Verhältnisse wider, sondern sind interpretierte, selektierte und diskursiv beeinflusste Wirklichkeitskonstruktionen.

Die Bedeutung städtischer Darstellungen im Film kann nicht unterschätzt werden. Filme liefern einen wichtigen geographischen und kulturellen Diskurs über die Stadt, der Konventionen, Stereotype und Fiktionen beinhaltet. Doch die Gefahr ist groß, dass Räume und Gegenstände lediglich nach Kriterien der Repräsentation und der Sichtbarkeit ausgewählt und wahrgenommen werden.

Fragen nach der Bebilderung einer Stadt, nach der Zuweisung bestimmter Raumattribute und -bewertungen, die Frage nach der filmischen Konstruktion einer Landschaft sind damit Gegenstand nicht nur der Filmwissenschaft, sondern auch und gerade der Geographie. Dennoch thematisieren geographische Studien die Bedeutung imaginierter und repräsentierter Räume sowie deren Auswirkung auf die menschliche Wahrnehmung und Erfahrung ihrer Umwelt nur zögerlich. Ziel dieses Artikels ist es daher, die Bedeutung und das Potential kultur- und medientheoretischer Betrachtungsweisen für die Geographie vorzustellen. Ein Blick auf die wesentlichen empirischen Untersuchungsfelder, die sich der Komplexität der Beziehungen zwischen der Stadt und dem Film auf diese Weise zu nähern versuchen, rundet das Bild ab.

Kulturtheoretische Aspekte einer Geographie des Films

Das Interesse an kulturellen Prozessen und symbolischen Repräsentationen ist in verschiedenen Feldern der Geographie während der letzten Jahre gewachsen. Diese Entwicklung betrifft sowohl die Inhalte und Gegenstandsbereiche der Forschung wie ihre Methoden und Erkenntnisgrundlagen. Die deutschsprachige Geographie steht jedoch noch immer am Anfang der „kulturellen Wende" *(cultural turn)*. Dies mag einerseits mit der fehlenden oder späten Institutionalisierung kulturtheoretischer Fragestellungen und einer entsprechend langsamen Rezeption der internationalen Forschung in den etablierten Wissenschaftszweigen zusammenhängen. Andererseits erschüttern gerade die Untersuchungsgegenstände (Medien, Popkultur, Alltagswelten) und die daran anschließenden Auseinandersetzungen mit imaginierten und konstruierten Landschaften die Grundpfeiler der traditionellen deutschen Kulturgeographie: Fragen nach der Produktion und Rezeption medialer Produkte, Fragen nach der Konstruktion von Raumbedeutungen und ihrer Wirkung auf soziale Normen, Verhaltensweisen und kognitives Raumwissen gehen mit einer Kritik an elitären Kulturbegriffen einher. Sie ermöglichen es jedoch erst, die Heterogenität kultureller Phänomene und die Vieldeutigkeit von Bedeutungen in Abhängigkeit von ihren Produktions- und Rezeptionsbedingungen zu thematisieren.

Diese konzeptuelle Verschiebung in der Geographie wird wesentlich durch die Begriffe Kultur, Konstruktion und Interpretation markiert. Kultur wird dabei als vielschichtiger und keineswegs einheitlicher sozialer Prozess verstanden, der die alltäglichen Lebensweisen und die unterschiedlichen Vorstellungen umfasst, anhand derer die Menschen ihr Leben wahrnehmen, erfahren und gestalten. Kultur ist demnach die Summe der verfügbaren Beschreibungen, mittels derer Gesellschaften ihre gemeinsamen Erfahrungen sinnhaft erfahren und ausdrücken: "[C]ultures are sets of beliefs or values that give meaning to ways of life and produce (and are reproduced through) material and symbolic forms" (CRANG 1998, S. 2).

Im Sinne eines semiotischen Kulturbegriffs wird Kultur als eigene Praxis der Signifikation, die Bedeutung produziert, verstanden. Sie stellt eine Vernetzung von Bedeutung, ein Bedeutungsgewebe, dar. Der Kulturbegriff umfasst dann den von Menschen erzeugten Gesamtkomplex von kollektiven Sinnkonstruktionen, Denkformen, Empfindungsweisen, Werten und Bedeutungen, der sich in Symbolsystemen materialisiert. Kultur wird somit nicht auf materielle Artefakte und feststehende Regeln oder Normen reduziert, sondern als ein sich ständig erneuernder und dynamischer Prozess verstanden.

Entsprechend wird die soziale Welt als Produkt kollektiver Sinnsysteme verstanden, welche eine symbolische Organisation der Wirklichkeit betreiben und die den Praktiken, dem Handeln und der Kommunikation zugrunde liegen.

COSGROVE versteht das Verhältnis von Wirklichkeit, Bewusstsein und Kultur ganz ähnlich: "For us humans there is no such thing as a natural world existing for itself, or at least if there is, our apprehension of it is mediated through consciousness and thus makes it a product of culture" (COSGROVE 1994, S. 388).

Die Notwendigkeit einer verstärkt kulturtheoretischen Betrachtung der Geographie ist oft betont und gefordert worden, denn: "[C]ultural geography is not just a matter of studying exotic other peoples, but thinking about how we define them as 'exotic', what is thus going on in our own taken-for-granted worlds" (CRANG 1998, S. 185).

Ein solcher Blickwinkel versteht die Geographie als reflexiven Akt des Übersetzens und Vermittelns von kulturellen Formen und deren raumbezogenen Bedeutungszuschreibungen: "Cultural Geography [...] becomes the field of study which concentrates upon the ways in which space, place and the environment participate in an unfolding dialogue of meaning. [...] It includes the ways in which place, space and environment are perceived and represented, how they are depicted in the arts, folklore and media and how these artistic uses feed back into the practical" (SHURMER-SMITH 2002, S. 3).

Ziel einer Kulturgeographie muss es folglich sein, neben den physisch-materiellen Gegebenheiten auch deren Repräsentationen und die sekundär zugeschriebenen Bedeutungen zu untersuchen. Damit erfährt der Landschaftsbegriff eine konstruktivistische Interpretation.

Audiovisuelle Medien bieten sich als Gegenstand geographischer Untersuchungen besonders an, da sie neben kulturellen Erfahrungen, Werten und Konflikten immer auch räumliches Wissen reflektieren und definieren. CHAMBERS unterstreicht ihren Stellenwert eindringlich: "[We should] consider cinema as one of the languages we inhabit, dwell in, and in which we, our histories, cultures and identities, are constituted. To ask what cinema is, is to ask what our culture is, who we are, and what we are doing here" (CHAMBERS 1997, S. 230f.).

Als Teil und Ergebnis von kulturellen Prozessen vermitteln audiovisuelle Medien Informationen, Handlungsschemata und symbolische Bedeutungen durch einen Kommunikationsprozess. Auch Geographen haben erkannt, dass die Massenmedien ein wesentlicher Bestandteil unserer Kultur sind und individuelle wie soziale Erfahrungen vermitteln: "Film deals with space and time as well as with the construction of place and meaning. Film represents the world" (KENNEDY & LUKINBEAL 1997, S. 33). Wenn also die Wirklichkeit konstruiert und fiktionalisiert wird, muss gerade die Repräsentation des Wirklichen zum zentralen Thema der Diskussion und der wissenschaftlichen Untersuchung gemacht werden.

Medientheoretische Aspekte einer Geographie des Films

Medien speichern menschliche Erfahrungen, Erkenntnisse, Ideen und Wissensbestände und gewährleisten somit die Verfügbarkeit aktueller und vorausgegangener Kulturproduktionen. Medien sind Orte des kulturellen Gedächtnisses, sie sind Teile unserer Archive. Wesentlich erscheint, dass Medien auch Informationen und Erfahrungsmuster liefern, die durch persönliche, direkte Erfahrungen nicht bereitgestellt werden können.

Mit der wachsenden Bedeutung der Massenmedien wird die Wirklichkeit des Zuschauers zunehmend durch sekundäre Raumerfahrungen und Raumbedeutungen generiert. Räume und unsere Vorstellungen von ihnen sind durch mediale Bilder und Zuschreibungen ebenso geprägt wie durch die physisch-materiellen Gegebenheiten. Dadurch sind Räume abhängig von Deutungen, von Kommunikation. Sie sind veränderliche, symbolische Systeme (Fig. 1).

Jeder Film liefert ein Bild bzw. eine Ansammlung von Bildern als Deutung von Wirklichkeit. Diesen Prozess beschreibt CRANG treffend als "making places meaningful in a social medium" (CRANG 1998, S. 44). Somit erzeugt die Filmwelt eine eigene, symbolische Landschaft, in der räumliche und soziale Zuschreibungen vorgenommen werden. Dabei verbreiten Filme nicht nur Inhalte, sondern erzeugen auch eigene Botschaften. Sie vermitteln „Welten". Diese Vermittlung ist zugleich objektives Kommunikationsangebot wie Gegenstand subjektiver Wahrnehmung. Sie umfasst neben dem

Forum

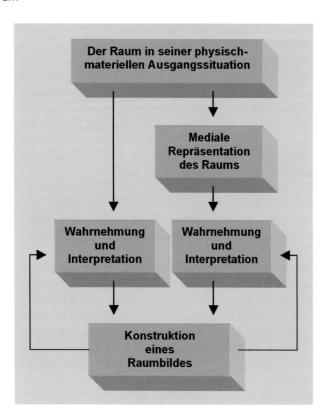

Fig. 1
Konstitution subjektiven Raumwissens

inhaltlichen Transfer auch die Konstruktion von Realität, die medienspezifische Gestaltung und die Suggestion von Wirklichkeit. Auch der Begriff „Welt" ist vielschichtig. Er meint zugleich Abbilder von Realität, symbolische Kodifikationen, medienspezifische Formate und fiktive Szenarien in unzähligen Verknüpfungen.

Vor allem die audiovisuellen Medien scheinen aufgrund der Bebilderung besonders geeignet, Erlebnisse, Kenntnisse und Urteile zu vermitteln, wird doch durch Fotos und Bilder die Authentizität des individuellen Erlebens mit der sozialen Wirklichkeitskonstruktion untrennbar verbunden. Gleichzeitig gelingt es dem Film und Fernsehen dabei, ihre Medialität und Konstruktivität zu verschleiern, interaktive Wahrnehmung zu suggerieren und eine emotionale Bindung zu provozieren. FLUSSER bewertet die Autorität der Bilder entsprechend kritisch: „Was so entsetzlich an der Bilderflut ist, sind drei Momente: dass sie an einem für ihre Empfänger unerreichbaren Ort hergestellt werden, dass sie die Ansicht aller Empfänger gleichschalten [...] und dass sie dabei realer wirken als alle übrigen Informationen, die wir durch andere Medien (inklusive unserer Sinne) empfangen" (FLUSSER 1997, S. 73).

In diesem Zusammenhang steht noch ein anderes Problem audiovisueller Medien zur Diskussion. Ende der 1960er Jahre formulierte der kanadische Sozialwissenschaftler MARSHAL MCLUHAN eines der Credos der modernen Medienforschung: „Das Medium ist die Botschaft" (MCLUHAN 1995, S. 21). Hinter dieser viel zitierten These stand die Einsicht, dass Medien Informationen nicht einfach nur neutral transportieren, sondern ihnen eine ganz spezifische Form geben, die vom Inhalt nicht zu trennen ist: Audiovisuelle Medien erfordern, dass alles Bedeutsame visualisiert werden muss. Wird aber die Sichtbarkeit zum dominanten Kriterium von Wirklichkeitsdarstellung, bedeutet dies eine radikale Selektion der möglichen Formen, die für Konstruktionsleistungen zur Verfügung stehen.

Insgesamt steigt der Einfluss audiovisueller Medien auf die Wirklichkeitskonstruktionen des Einzelnen: Medien konstituieren die soziale Bedeutung von Realität, indem sie Tatsachen wertend interpretieren. Sie vermitteln eine Vorstellung davon, was wichtig und richtig, was überhaupt ist, und beeinflussen in erheblichem Maße die Ansichten darüber, was die Mehrheit denkt und glaubt. Raumbilder sind somit immer auch Ergebnis von Kommunikations- und Konstruktionsprozessen, in denen sekundäre Bedeutungen zugeschrieben und ausgehandelt werden.

Audiovisuelle Medien sind zu Instrumenten der Wirklichkeitskonstruktion geworden. Sie reflektieren und produzieren Bedeutungen. HOPKINS betont vor diesem Hintergrund die Notwendigkeit eines kritischen und kompetenten Umgangs mit Medienwirklichkeiten: "Intervening in the production and consumption of the cinematic landscape will enable us to question the power and ideology of representation, and the politics and problems of interpretation" (HOPKINS 1994, S. 47).

Empirische Untersuchungsfelder

Die oben skizzierten theoretischen Grundlagen einer Geographie des Films eröffnen verschiedenartige Aufgabenfelder für empirische Untersuchungen. Dennoch fehlen bislang Analysen, die einzelne Genres, Formate oder Epochen systematisch auf ihr Raumangebot hin untersuchen. Während Kultur- und Filmwissenschaftler das Thema „Stadt" meist aus dem narrativen Kontext des Films heraus betrachten, übersehen viele Geographen den Film als Forschungsobjekt – zumindest in Deutschland. Im Folgenden sollen daher einige Themenkomplexe und Denkanstöße für eine geographische Auseinandersetzung mit dem Thema „Stadt und Film" vorgestellt werden.

Die Filmanalyse

Es ist in erster Linie den Arbeiten des französischen Kulturtheoretikers ROLAND BARTHES zu verdanken, auch nichtsprachliche Texte (Film, Fotografie, Werbung, Landschaft) als Orte der Bedeutungsproduktion zu untersuchen und auf diejenigen Kon-

Forum

Fig. 2
Münster im Film: Motive und Drehorte
a) Motiv Altstadt – Drehort: Münster
b) Motiv Kaserne – Drehort: Aachen
c) Motiv Moor – Drehort: Venner Moor bei Senden
d) Motiv Villa – Drehort: Schloss Korff in Sassenberg-Fürchtorf
e) Motiv Wohnviertel – Drehort: Köln
(Videoprints aus dem Tatort-Krimi „Dunkle Flecken" [2002])

texte aufmerksam zu machen, die diese Bedeutungen produzieren (BARTHES 1964). So lassen sich durch Decodierung und Interpretation der Informationen eines Films sekundäre Bedeutungszuschreibungen „hinter" den dargestellten Objekten aufdecken – der Film als Zeichensystem.

In diesem Zusammenhang dürfen die technische Seite des Films und ihre wahrnehmungsdisponierende Funktion nicht vernachlässigt werden: Objekte können vor der Kamera immer nur monokular, fokussierend und ausschnitthaft festgehalten werden. Die Raumwirkung wird demnach wesentlich durch die Aufnahmedistanz und den Blickwinkel betont: Panorama oder Nahaufnahme, Vogelperspektive, Froschperspektive oder Augenhöhe – jede Einstellung gewichtet und betont die Objekte auf unterschiedliche Weise. Außerdem bestimmen Schnitttechniken und Bewegungseffekte den Rhythmus des Films und vermitteln damit ein Gefühl für die Zeit bzw. das Tempo. Daraus resultieren Auswirkungen auf die Raumwahrnehmung: Distanzen und Relationen werden durch Schnitte gelöscht, erzeugt oder verwischt.

Für eine qualitative geographische Filmanalyse stellt sich vorrangig die Aufgabe, räumliche Attribute, Bewertungen und Images zu rekonstruieren. Dabei ist zu fragen, wie die symbolische Landschaft eines Films durch die Zuschreibung von Bedeutung ein Gefüge von Raum und Zeit generiert und inszeniert.

Insgesamt ist die Beziehung zwischen der Materialität der Drehorte und der filmisch konstruierten Stadt mit seiner sekundären Bedeutungsstruktur äußerst vielschichtig: Einerseits verläuft die Erschließung eines Raumes über ein Verfahren der Referenz – Strukturen, Grenzen und Landmarken einer realen Stadt werden aufgegriffen. Andererseits zeigt sich eine innere Logik der Erzählung, ein semiotischer Raum, um den sich der Film selbst organisiert.

Die wenigen exemplarischen Untersuchungen machen bereits deutlich, dass auf der Grundlage wahrnehmungsgeographischer Ansätze und konstruktivistischer Fragestellungen wichtige Beiträge zu einer theoretischen wie empirischen Neuformulierung der Kulturgeographie geliefert werden können (BOLLHÖFER 2001, ESCHER & ZIMMERMANN 2001, CRESSWELL & DIXON 2002).

Die Drehortanalyse

Semiotische Filmanalysen ohne kontextuelle Einbindung in Produktionsbedingungen und -zwänge werden den Anforderungen an eine geographisch perspektivierte Kulturanalyse nur bedingt gerecht. Notwendig erscheint daher eine Untersuchung der Beziehungen zwischen den Bildmotiven, Bildbedeutungen und Drehorten. Ein solcher Blick ermöglicht es, neben einer reinen Inhaltsanalyse auch wirtschaftliche und strukturelle Gegebenheiten der Produktion zu berücksichtigen.

Eine Drehortkartierung macht zunächst bevorzugte und gemiedene Schauplätze erkennbar. Deutlich wird aber auch, ob und welche Motive genutzt werden, die sich nicht in der thematisierten Stadt befinden. In solchen Fällen werden fehlende Raumqualitäten und Motive importiert und dem Bedeutungsangebot der dargestellten Stadt hinzugefügt: Nicht die Stadt macht den Film, sondern der Film macht die Stadt. Dies hat aber nicht nur dramaturgische, sondern auch wirtschaftliche Ursachen, wenn aufgrund hoher Motivmieten oder fehlender Infrastruktur vor Ort nicht alle Motive in einer Stadt gedreht werden können. So werden die aktuellen Münster-Tatorte des WDR zum Großteil in Köln und Umgebung gedreht, da hier auf ein umfangreiches Dienstleistungsangebot und ein eingespieltes Produktionsteam zurückgegriffen werden kann. In Münster selbst werden meist nur die Altstadtmotive gedreht – Wohnviertel, Nebenschauplätze und Innenaufnahmen stammen aus Köln und aus dem gesamten Nordrhein-Westfalen (Fig. 2). Dies bedeutet, dass die wirtschaftlichen Effekte der Filmproduktion nur zum Teil die Stadt erreichen, die im Film dargestellt wird.

Der Drehorttourismus

An der Schnittstelle von Filmwahrnehmung, -wirkung und -produktion lässt sich für Geographen eine weitere interessante Beobachtung machen: der Film- bzw. Drehorttourismus (Fig. 3). Damit ist eine medial determinierte Form des Tourismus gemeint, die auf diejenigen Orte einer Stadt oder Region gerichtet ist, die in Filmaufnahmen Verwendung finden. Wenn aber Urlaubsentscheidungen auf der Grundlage von medialisierten Images getroffen werden, dann identifizieren die Touristen die Drehorte und Motive über die filmisch vermittelte Bedeutungsstruktur; außerfilmische Attribute und Kontexte treten dagegen in den Hintergrund. Auf diese Weise verbindet sich die filmische Wirklichkeit mit der subjektiven Wahrnehmung des „realen" Drehortes (vgl. Escher & Zimmermann 2001).

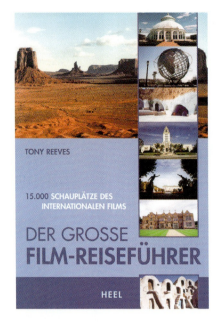

Fig. 3 Drehorttourismus: „Der große Film-Reiseführer" von Tony Reeves (Heel Verlag, Königswinter, 2002)

Bekanntestes Beispiel für den Drehorttourismus in Deutschland ist sicherlich das Glottertal in Baden-Württemberg, das in den späten 1980er Jahren als attraktive Kulisse für die Fernsehserie „Schwarzwaldklinik" diente (Fig. 4). Vor den Rehabilitationskliniken Glotterbad, die im Film das Krankenhaus darstellten, wurden zeitweise pro Stunde mehr als 300 ankommende Besucher gezählt. Selbst das Heimatmuseum Hüsli in Grafenhausen-Rothaus erlangte nationale Berühmtheit, indem sein Äußeres als Film-Wohnsitz von „Professor Brinkmann" diente.

Dieses Beispiel macht deutlich, dass Filme und Serien eine Katalysatorfunktion für einen regionalwirtschaftlichen Aufschwung übernehmen können. Auch das Stadtmarketing hat die positiven Effekte auf den Tourismus erkannt und nutzt Drehorte, Images und Schauspieler als Alternative zu kostenaufwendigen Werbekampagnen (Fig. 5). Häufig versucht eine Stadtpolitik allerdings, einen direkten Einfluss auf die Filminhalte und Motive zu nehmen, um positiv wahrgenommene und gewertete Vorstellungsbilder fördern zu können. Dies kann sogar dazu führen, dass Drehverbote oder Drehgebote für bestimmte Schauplätze erteilt werden. Die filmische

Fig. 4 Drehorttourismus: Urlaubsgrüße aus dem Glottertal (© Tele Press)

Fig. 5 „Schimanski" als Standortfaktor: Werbekampagne der GFW Duisburg

Stadt wird in diesen Fällen als Werbefläche missbraucht.

Ausblick: Location does matter

Raum, Zeit und Wahrnehmung sind sowohl Gegenstand der Geographie als auch des Films: Der Film beeinflusst die Wahrnehmung von Raum und Zeit, die Geographie analysiert die Wahrnehmung von Raum und Zeit. Damit stellt sich grundsätzlich die Frage, was Raum, Zeit und Authentizität im Rahmen medialisierter Konstruktionen von Wirklichkeit bedeuten. Der vorliegende Artikel hat versucht zu zeigen, dass die Geographie hier einen wichtigen Beitrag leisten kann, wenn sie die Produktion wie Perzeption von Raumbildern im Kontext kultureller Praktiken und medialer Formen betrachtet.

Literatur

BARTHES, R. (1964): Mythen des Alltags. Frankfurt am Main.

BOLLHÖFER, B. (2001): Stadt im Film. Zur Geographie der Repräsentation von Köln im Fernseh-Kriminalfilm. Köln [Unveröffentlichte Staatsexamensarbeit].

CHAMBERS, I. (1997): Maps, Movies, Musics and Memory. In: CLARKE, D.B. [Ed.]: The Cinematic City. London & New York: 230–240.

COSGROVE, D.E. (1994): Worlds of Meaning: Cultural Geography and the Imagination. In: FOOTE, K.E., et al. [Eds.]: Re-reading Cultural Geography. Austin: 387–395.

CRANG, M. (1998): Cultural Geography. London & New York.

CRESWELL, T., & D. DIXON (2002): Engaging Film. Geographies of Mobility and Identity. Lanham et al.

ESCHER, A., & S. ZIMMERMANN (2001): Geography meets Hollywood. Die Rolle der Landschaft im Spielfilm. Geographische Zeitschrift, **89** (4): 227–236.

FLUSSER, V. (1997): Medienkultur. Frankfurt am Main.

HOPKINS, J. (1994): A Mapping of Cinematic Places: Icons, Ideology, and the Power of (Mis)representation. In: AITKEN, S.C., & L.E. ZONN [Eds.]: Place, Power and Spectacle: A Geography of Film. Boston: 47–65.

KENNEDY, C., & C. LUKINBEAL (1997): Towards a Holistic Approach to Geographic Research on Film. Progress in Human Geography, **21** (1): 33–50.

MCLUHAN, M. (1995): Die magischen Kanäle. Understanding Media. Düsseldorf u. Wien.

SHURMER-SMITH, P. (2002): Introduction. In: SHURMER-SMITH, P. [Ed.]: Doing Cultural Geography: London, Thousand Oaks, New Delhi: 1–7.

BJÖRN BOLLHÖFER, Universität Köln

"I fell in with, you know, the ghetto got me" – Sozialisation auf den Straßen von Los Angeles

Birgit S. Neuer

11 Figuren im Text

"I fell in with, you know, the ghetto got me" – Street Socialization in Los Angeles
Abstract: Boyle Heights is a relatively small, but historically very interesting part of Los Angeles since it has long been the entryway for new immigrants. In the meanwhile the area has become mostly Mexican. The city quarter is quite well-known for being the home of about sixty streetgangs. Various and intertwined social, economic, ethnic and ecological marginalization processes create a framework deeply influencing the primary agents of socialization so that they tend to fail. The affected youths seek an authority which is able to replace what they have lost and they find it on the street: the gang. The Mexican-American gangs' cultural expression is "choloization". Derived from "cholo" the term describes the process of mixing several cultures. Manifestations of the newly created subculture are various subcultural codes, specific rules, values and norms as well as social and cultural behavior patterns.
Keywords: Adolescence, Boyle Heights, local geography, Los Angeles, multiple marginality, socialization, streetgang, subculture, youth

Zusammenfassung: Boyle Heights ist ein geschichtsträchtiges Stadtquartier von Los Angeles, das auf eine lange Einwanderertradition zurückblickt, heute jedoch fast ausschließlich von mexikanischen Immigranten bewohnt wird. Die etwa 60 Straßengangs, die in diesem relativ kleinen Stadtquartier existieren, sind selbst für die „gang capital" der USA eine bemerkenswerte Zahl. Verschiedenste und miteinander vernetzte soziale, ökonomische, ethnische und räumliche Marginalisierungsprozesse sorgen in Boyle Heights für ein Umfeld, in welchem die gewohnten Sozialisationsinstanzen versagen. Durch deren Scheitern jedoch werden Adoleszente notwendigerweise auf Ersatzinstanzen verwiesen: die Straße und die Gang. Kultureller Ausdruck der mexikanischen Gang-Szene ist die „Choloization". In einer Umdeutung des Wortes „cholo" wird damit ein Prozess der Vermischung verschiedener kultureller Einflüsse zu einer neuen adoleszenten Subkultur umschrieben. Diese wiederum manifestiert sich in verschiedensten subkulturellen Codes, in eigenen Regeln, Werten, Normen sowie in sozialen wie kulturellen Verhaltensweisen.
Schlüsselwörter: Adoleszenz, Boyle Heights, Jugend, lokale Geographie, Los Angeles, mehrfache Marginalisierung, Sozialisation, Straßengang, Subkultur

1. Chicano Gang Members

18 Jahre ist er alt. Im September wird er 19. Dante[*1] will nicht 19 werden, so alt schon, das sind ja fast schon 20 Jahre. Wie schrecklich. Zur Untermalung seines Unbehagens legt er in einer theatralischen Geste kurz den Kopf auf den Tisch, an dem wir gemeinsam sitzen. Auf mich wirkt dieser Auftritt wie die spätadoleszente Krise eines 29-Jährigen, der mit dem Tag seines 30. Geburtstages das Ende seiner Jugendzeit ansetzt, und womöglich ist mein Eindruck gar nicht so falsch.

Sein Kollege, Richard*, der vor einer Stunde mit mir am selben Tisch saß, hat das Drama des 20. Geburtstages schon hinter sich. Er hatte in der Schule mal etwas Deutschunterricht. Erinnern kann er sich allerdings an so gut wie kein Wort. Die Lehrerin mochte er durchaus. Richard war damals nur so gut wie nie in der Schule. Warum, das weiß er heute nicht mehr so genau. „Das war eben so", ist seine lapidare Interpretation der Ereignisse.

Auch Jeff* kann wie Richard nicht genau sagen, warum er irgendwann nicht mehr zur Schule ging. Es ist so nach und nach einfach passiert:

> "No, it's like, I went to school and everything [...] I don't know where I started kicking it more in the hood and there were like want to get into the [...] and everything and I was like, 'Nah, not right now.' I wasn't ready for it. And they kept pumping me up and I don't know where, I said, you know, fuck it. Bam, they got me into the hood. I just started messing around and little by little skipping school. I didn't go to school for weeks. I didn't go for months. Then I didn't go at all. That's when I started getting caught up with everything."

[1] Sämtliche bei ihrer erstmaligen Nennung mit * gekennzeichneten Personennamen, Straßennamen und Ortsbezeichnungen sind zum Schutz der Betroffenen geändert.

Neue Kulturgeographie

Rocio* ist wie sein älterer Bruder Jeff in Mexiko geboren. Ab ihrem 2. bzw. 4. Lebensjahr sind die beiden im selben Stadtquartier groß geworden wie Richard. Im Gegensatz zu ihm verbrachten die beiden ihre Kindheit nicht in den „housing projects"[2]. Die Schule hat Rocio ebenso wenig abgeschlossen wie die anderen drei. Er war die ganze Zeit mit seinen Freunden zusammen. Daher ist das, so Rocio, mit der Schule schief gegangen. Als sie klein waren, wollten er und seine Freunde wie alle anderen Kinder testen, welche Lausbübereien noch toleriert werden: „Lehrer ärgern und so, du weißt schon." Irgendwann jedoch trat schleichend die Veränderung ein. Und diese war mit richtigem Ärger verbunden.

> "I started getting like around, trouble, you know, got to know – people started showing me drugs. I never did drugs, my friends did, I just never liked to do drugs. Now, but one of the problems, you know, that I had to deal with, you know, that I was always pressured into it. My friends gotten sucked in, so they were doing it. So, I got some friends doing drugs, some of them went to jail for having drugs. You know, some are wasted, their lives are – drugs. And then other friends, well wouldn't have nothing to do with it."

Ob Rocio selbst tatsächlich keine Drogen genommen hat, sei dahingestellt. In den Freundeskreisen, von denen Rocio spricht, ist es jedoch mit Sicherheit nicht nur um den ein oder anderen Joint gegangen. Drogenhandel und Gangs vermengen sich gerade in den Stadtvierteln, in denen „housing projects" existieren, zu einer unheiligen Allianz.

> "Because the projects are money – there's money there. Like, say – just say in [...], the ghetto place that you'll see surround the projects in [...]. Yea, people – gangs tend to try to control the projects."

Von Charles* wiederum erfahre ich, wie das war, damals als Kind in den „housing projects" aufzuwachsen und täglich mit den „Gangsters" konfrontiert gewesen zu sein. Bis er irgendwann selbst einer war.

> "Oh, growing up over here, like, there are mostly gangs. I grew up with a bunch of gangs where I grew up. Day and night, when I went to school, I saw them, on my way home I saw them. I'd be in front of the house and I see them, you know, hear a lot of shots and see police, helicopters and ..." [Charles bricht den Satz hier ab].

Dante war im Gegensatz zu den anderen vier zwar selbst nie offiziell Mitglied einer Gang, aber die „Gangsters" waren auch in seinem Leben sehr präsent. Dante hat, so seine Schilderung, vor allem die Spraydose bedient, und als „tagger" verlief sein Leben kaum anders als das vieler Gangmitglieder. Auf sein Konto gehen einige Einträge in der Kriminalstatistik von Los Angeles County: Diebstahl, Schießereien, „drive-by-shootings" sind ihm ebenso wenig fremd wie Knasterfahrung. Auch er landete nach einschlägigen Erfahrungen mit dem *Los Angeles Police Department* (LAPD) für 13 Monate im Gefängnis. „High-Risk youth" nennt sich das in der Sprache der Sozialarbeiter.

> "Cause I'm a tagger, you know, but not anymore, I used to tag. But it's all the same thing out here, man. It was crazy when – being young [...] So I – that's how – I was always bein' tagging then and just kept going years and years. And there was a point where, I mean, you were already getting shot at [...] if you don't get along with some gangs, too, maybe – you know – Or, like, when you just walking down their streets – they don't even – Sometimes they don't even hit you, but when they do, they let you have it. Just like that."

Rocio „did have it". Dank seiner Vergangenheit als „Gangster" sitzt er im Rollstuhl und muss doch froh sein, dass die Sache nicht schlimmer ausgegangen ist. Wer von meinen Homeboy-Gesprächspartnern nicht selbst Opfer einer oder mehrerer Schusswechsel geworden ist, hat zumindest Freunde oder auch Familienmitglieder zu beklagen, die ihre Jugendzeit im Dunstkreis der Gang nicht überlebten.

> "Yea, just one of my homeboy bastard, he barely got out of the county. He was a – like, me and him done everything together, like, this that I just told you, you know, parties and all that, he's always been with me. Us two, we've always been homeboys. [...] Yes, cause it's hot, you know, it's hot with the cops and it's hot with the enemies. You could get either caught slipping by the cops or you could get caught slipping by your enemies.
>
> Man I do went to a funeral a couple of weeks ago. Some homeboy that I was locked up with [...] like, he got shot. Like eight times in the body and one time in the head. They shot him eight times in the body and one in the head. He was standing over him, close range, took'em out, you know, assassinated him. I was a homey and he was cool."

Es ist dieser Teufelskreis von Gewalt und Gegengewalt, an dessen Beginn für Charles, Jeff, Rocio, Richard und Dante „ganz harmlos" ein bisschen Schule schwänzen und „Trouble" standen. Wem aber die Gang zum Familienersatz geworden ist, wer sich ganz und gar der Subkultur der Straße aussetzt, der lebt ein eigenes Leben, gekennzeichnet durch eigene strenge Regeln und eigene selbstdefinierte Ehrbegriffe, die leider allzu oft zu Delinquenz und Kriminalität führen. Rocio, der diese Realität am eigenen Leib erfuhr, ist jedoch in seiner

---

[2] Die „housing projects" sind das US-amerikanische Äquivalent zum sozialen Wohnungsbau in Deutschland.

© 2003 Justus Perthes Verlag Gotha GmbH

Bewegungsfreiheit nicht nur durch den Rollstuhl eingeengt. Teile der Stadt sind für ihn wie auch für RICHARD, die beide eigentlich seine Gang verlassen haben und mit ihrem alten Leben zu brechen versuchen, auch weiterhin „no-go areas". Die mit ihren ehemaligen Gangs verfeindeten Gangs akzeptieren die Ausstiege keineswegs: Feind bleibt Feind. Ein Rest davon bleibt selbst in der als neutrales Gelände geltenden Organisation spürbar, in der ROCIO, JEFF, CHARLES und RICHARD, die teilweise verschiedenen Gangs angehörten, einen Job bekamen.

> "Yes, you're living in this area, you know where to cross. Like, Michigan Street*, like, you can't cross – Like, this is on Johnston Street* divides the projects. There's like Alvarado* and there's other projects. And you cross this Johnston Street here, and you know the enemy – and, so, you know, once a little street divides – Well, the neighborhood, the gangs, the – Like, if I wanted to move down the street? I can't because I have enemies there. So, I guess you have to watch where to move, you know. What if you move and your neighbors are gang members and they are always having a shoot at you, you know, you don't want to live next to them."

RICHARDS Job hier in der Organisation ist es, die Graffiti-Removal-Gruppe vom Büro aus zu unterstützen. Eine Tätigkeit, die ihn sehr direkt mit seinem (früheren) Leben als „Gangster" konfrontiert.

> "Well, probably. I got led on to the gang life, you know. My life was watching my back any street I was going down, you know. Running here and tagging on walls, you know, being shot at. You get used to it, years of experience. [...] Well, yea, that too, you know. See, you're gonna be dead or in jail, pick one."

Nicht zuletzt, um ihn von seinem „hood", seiner Nachbarschaft zu entfernen, ist DANTE wieder bei seiner Mutter aufgenommen worden, die nach der Scheidung weit in den Süden der Stadt gezogen ist. Aber nun wird DANTE doch jeden Morgen von ihr zurück nach Boyle Heights gefahren, weil hier in einem seiner alten Territorien die Strukturen, Netzwerke und Einrichtungen sind, die ihn stützen – aber auch die Menschen, denen er besser nicht mehr begegnen sollte. Eine gefährliche Mischung, die immer noch täglich explodieren kann.

> "So, I don't know, yea, it [Boyle Heights and South Central] had a lot of influence on me but, you know, growing up in those parts, you know, in L. A. But, no, it's mostly my decision, you know, to take that – just go on with the flow, with the crowd, instead of trying to overcome the ghetto, you know, overcome it and become someone good, you know. Like my cousins did, a couple of my cousins, my sister, you know. I got family that came just like, they grew up just like me, they had a lot of stuff, you know. But I stayed behind, you know. I fell in with, you know, the – the ghetto got me, the ghetto got me."

Bei weitem nicht alle Jugendlichen aus dem „Ghetto" geraten jedoch in den Sog der Gangs, wie es CHARLES und den anderen angesichts der permanenten Präsenz der „Gangsters" ergangen ist. Die meisten Jugendlichen, Mädchen wie Jungen, wachsen zwar im Schatten der Gangs auf, werden aber selbst keine Mitglieder. Dass Gangs aber zu einem der jugendrelevanten Themen der US-amerikanischen Städte geworden sind, belegen nicht zuletzt die Statistiken. Mehr als 26 000 Gangs mit mehr als 840 000 Mitgliedern, so der Jahresbericht des Office of Juvenile and Delinquency Prevention 2000–2001, sind in den Staaten bekannt. Los Angeles wird seit Jahren der zweifelhafte Ruhm zuteil, die Hitliste der Stadtregionen mit der höchsten Gangdichte anführen zu dürfen: ca. 8000 Gangs mit ca. 200 000 Gangmitgliedern (KLEIN 1995).

2. Migration

Seit ihrem ersten Auftreten in den Straßen von New York während des 19. Jh. lassen sich deutliche Kausalbeziehungen zwischen der Entstehung von Gangs und Migration nachweisen (Fig. 1). Damals waren es die Kinder der Einwanderer aus Europa, die sich zu Straßengangs zusammenschlossen. Das Grundproblem jedoch war bereits dasselbe. Migration bedeutet im Kern auch immer, zwischen mehreren Kulturen zu leben. In die vorherrschende, in diesem Fall in die US-amerikanische Kultur hineinzuwachsen, mit anderen Worten, den Prozess der Akkulturation zu bewerkstelligen, ist jedoch keine leichte Aufgabe. Die Heranwachsenden müssen auf dem ohnehin schwierigen Weg ins Erwachsenenleben zusätzlich nicht nur einen Balanceakt zwischen verschiedenen Wertemustern, Normen und Verhaltensregeln vollführen, sondern auch zwischen Sprachen und Erwartungen, die aus dem jeweiligen ethnischen Kontext heraus an sie gestellt werden, vermitteln.

Dass irische und andere Gangs heute nicht mehr zur urbanen Realität der USA gehören, hat seine Ursachen im Abebben der Migrationsströme aus Europa sowie der erfolgreichen Integration der europäischen Einwanderer in Gesellschaft und Kultur der USA. Dies trifft für die ethnischen Minderheiten, denen die heutigen „Gangsters" angehören, nicht in gleicher Weise zu. Insofern ist es nicht verwunderlich, dass das Auftreten von Gangs immer noch eine Begleiterscheinung von Migration ist und Ethnizität in dieser adoleszenten Subkultur auch in diversen Ausdrucksformen ausgelebt wird. Aussagen, die in Bezug auf mexikanische Gangs gemacht werden, können daher nicht automatisch auf salvadorianische, chinesische, vietnamesische oder „African-American" Gangs übertragen werden. Einmal etabliert, scheinen in

Fig. 1 Gangmitglieder im 19. Jahrhundert: LOUIE „The Lump" (Quelle: ASHBURY 1927)
Nineteenth Century gang members: LOUIE "The Lump" (Source: ASHBURY 1927)

Fig. 2 Mehrfache Marginalisierung: Einflussfaktoren und ihre Wirkung (nach VIGIL 1988 und VIGIL 2002, S. 7 f.)
Multiple marginality: influences and effects (after VIGIL 1988 and VIGIL 2002, p. 7 f.)

den Gangs jedoch ethnische Aspekte in den Hintergrund zu treten. Die einzelnen Subkulturen der Gangs mischen sich sehr wohl, indem sie Aspekte der jeweils anderen Subkultur integrieren. Dadurch manifestiert sich bis zu einem gewissen Grad eine von verschiedenen ethnischen Gruppen getragene Gangkultur.

Dementsprechend ist die Verteilung der Gangs in der Agglomeration Los Angeles bei weitem nicht gleichmäßig. Während Gangs in den Bereichen der Stadt, in denen vorwiegend die im Census als „white" bezeichnete Bevölkerung wohnt, weitgehend unbekannt sind, scheinen die von ethnischen Minderheiten bewohnten Stadtteile ihr idealer „Nährboden" zu sein. Die Entstehung von Gangs jedoch allein auf die Erfahrung ethnischer Marginalisierung zu reduzieren, greift bei weitem zu kurz. Die Lebensgeschichten von ROCIO, RICHARD, CHARLES, DANTE und JEFF kennzeichnen auffällige biographische Affinitäten, die mehr umfassen als die Beobachtung, dass sich alle fünf zu den Mexican Americans zählen, sie weitestgehend in Boyle Heights aufwuchsen und dort auch bis auf eine Ausnahme zu „Gangsters" wurden. Ihre bereits in Auszügen vorgestellten Lebensgeschichten mögen auf den ersten Blick rein persönliche Schicksale sein. DANTE spricht zwar von individueller „Schuld" und Verantwortung. Angesichts der Umwelt, in der sie ihre Jugendzeit verbrachten, darf dies jedoch angezweifelt werden. Um zu verstehen, warum Straßengangs entstehen und welche Attraktivität sie auf Jugendliche ausüben, sind neben den individuellen Biographien auch Einflussfaktoren der familiären, soziokulturellen, ökonomischen und räumlichen Lebenswelt heranzuziehen. Kurzum, es geht um die Kernfrage, wie und warum das „Ghetto – das heißt Boyle Heights – sie erwischt hat", wie DANTE es so treffend formuliert.

3. Mehrfache Marginalisierung

Häufig sind es gerade die in den „inner cities" der großen US-amerikanischen Metropolen gelegenen Quartiere, in denen sich politische, ökonomische und soziale Fehlentwicklungen bündeln und zu augenscheinlich unüberwindbaren Konfliktflächen herauskristallisieren. Man denke nur an die Bronx der 1970er Jahre oder South Central in Los Angeles. Zwei grundverschiedene Welten treffen in Los Angeles aufeinander. Auf der einen Seite boomen Bereiche der Stadt, die in die globalisierte Wirtschaft einbezogen sind. Revitalisierungs- und innerstädtische Gentrifizierungsprozesse treten mittlerweile auch in der historischen Downtown von Los Angeles auf. Die Schattenseite stellt sich anders dar. Dort häufen sich Prozesse der ethnischen Diskriminierung, der sozialen, politischen und ökonomischen Ausgrenzung zu sich beharrlich verfestigenden Strukturen.

Abgedrängt in die schlechten Viertel der Stadt, sozial am Rand der Gesellschaft lebend, permanent ökonomischen Unsicherheiten ausgesetzt, mit geringem politischem Einfluss versehen, einer ethnischen Minderheit angehörend, ist die Bevölkerung permanenten Belastungen ausgesetzt. Gerade bei der 2. und 3. Einwanderergeneration stellt sich nicht selten ein allumfassendes Gefühl der Perspektivlosigkeit, der Fremdheit und der Ohnmacht ein. Angesichts dieser Entwicklungen wird nachvollziehbar, warum die Jugendlichen ihren Stadtteil selbst als „Ghetto" bezeichnen, auch wenn diese Quartiere nicht als Ghettos im Sinne des Fachterminus gelten können. Doch obwohl viele der so genannten „Ghettos" buchstäblich im Herzen der Stadt liegen, droht in letzter Konsequenz ein dauerhaftes Ausgeschlossensein.

Um die Komplexität und Persistenz dieser räumlich konzentriert und auf mehreren Ebenen gleichzeitig auftretenden Ausgrenzungsprozesse konzeptionell in ihrer Wirkung auf die Herausbildung von Straßengangs zu fassen, prägte DIEGO VIGIL den Terminus mehrfache Marginalität[3] (Fig. 2). Fortdauernde Marginalisierungen unterminieren nicht zuletzt das Sozialgefüge, insbesondere auch basale Sozialisationsinstanzen. Prekäre Familienverhältnisse, der Zusammenbruch etablierter Institutionen der sozialen Kontrolle, eine Überforderung von Schulen, mangelnde Bildungschancen, nicht zuletzt auch Rassismus und kulturelle Repression lassen traditionelle, in Familie und Schule erprobte Sozialisationsformen häufig scheitern. Wenn jedoch Familie und Schule als Schlüsselorte der Sozialisation verloren gehen, wer-

[3] Im Original nach VIGIL (1988) und VIGIL (2002, S. 7 f.) „multiple marginality".

© 2003 Justus Perthes Verlag Gotha GmbH

den Jugendliche wie Dante, Rocio, Jeff, Richard und Charles notwendigerweise auf für sie noch zugängliche Orte und Ersatzinstanzen verwiesen: die Straßen ihres „Ghettos" und die Gang.

4. Boyle Heights

Boyle Heights zählt zu den ältesten Stadtquartieren von Los Angeles. Bereits bei der Gründung 1781 gehörte das hügelige Areal direkt östlich des L. A. River zur Fläche des „El Pueblo de Nuestra Señora la Reina de los

Fig. 3 Lage von Boyle Heights im Los Angeles County (Karte: Neuer & Winkler)
Location of Boyle Heights (Map: Neuer & Winkler)

Fig. 4 First Street in Boyle Heights (Foto: Neuer 2001)
First Street in Boyle Heights (Photo: Neuer 2001)

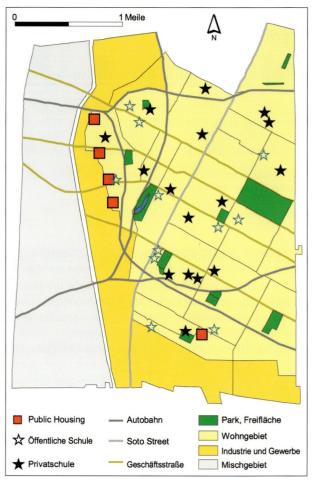

Fig. 5 Flächennutzung von Boyle Heights (Karte: Neuer & Winkler)
Land use of Boyle Heights (Map: Neuer & Winkler)

Angeles de Porciuncula" (Fig. 3). Zu Beginn des vergangenen Jahrhunderts zählte das innenstadtnahe und in direkter Nachbarschaft zur Leichtindustrie und zu den Textilproduktionsstandorten gelegene und zeitweise stark jüdisch geprägte Viertel zu den Einfallstoren für neue Immigranten. In den drei Jahrzehnten nach dem Ersten Weltkrieg war es eines der ethnisch heterogensten Viertel der Stadt. Neben der jüdischen Bevölkerung lebten dort u. a. Mexikaner, Japaner, Russen, African Americans, Armenier, Italiener und Chinesen. Mittlerweile hat Boyle Heights jedoch längst mit East Los Angeles gleichgezogen (Fig 4). Mehr als drei Viertel der Bevölkerung des Barrio Boyle Heights zählen sich heute zur mexikanischen Bevölkerungsgruppe (Census 2000).

Mit seinen ca. 60 Straßengangs erlangte das relativ kleine, stark mexikanisch geprägte Boyle Heights einen zweifelhaften Bekanntheitsgrad, ist diese Zahl doch selbst für

Los Angeles bemerkenswert. Hinsichtlich des „Ghetto-Images" kann Boyle Heights damit durchaus mit South Central, das u.a. wegen der „riots" von 1965 und 1992, Filmen wie „Boyz'n the Hood" oder dem „LA Gangsta Rap" international stärker wahrgenommen wird, in Konkurrenz treten. Während jedoch South Central immer noch als das Zentrum der African Americans und der „black gangs" angesehen wird, gilt Boyle Heights als eines der Stadtquartiere der Latino oder präziser Mexican Gangs.

Das Erscheinungsbild des Stadtquartiers bestätigt allerdings in vielerlei Hinsicht nicht das Image des gefährlichen, von Gangs und Kriminalität regierten „Ghettos". Diese Beobachtung sollte jedoch keinesfalls zu der voreiligen Schlussfolgerung führen, die Bevölkerung des Quartiers lebe durchweg in gesicherten sozioökonomischen Verhältnissen.

Fig. 6 „Housing projects" in Boyle Heights (Foto: Vigil 1995)
„Housing projects" in Boyle Heights (Photo: Vigil 1995)

In Boyle Heights und Downtown Los Angeles erhalten 18 % der Bevölkerung „public assistance", also Sozialleistungen. Im östlich angrenzenden, ebenfalls in weiten Teilen zu über 75 % mexikanisch geprägten East Los Angeles (Allen & Turner 2002, S. 25) beläuft sich dieser Wert auf 12 %. Im gesamten Los Angeles County sind es 7 %. Auch die Wohndichte ist in Boyle Heights und der Downtown höher als im County: 3,4 im Gegensatz zu 2,9 Personen/Haushalt (Auskunft Diego Vigil, Stand 1995). Ein viel schärferes Bild der sozioökonomischen Verhältnisse jedoch – und das führt zu den prominenten Entstehungsorten zahlreicher Gangs – zeichnet sich ab, wenn die Gebiete der „housing projects" von Boyle Heights gesondert betrachtet werden.

In Pico Gardens, einem der fünf „housing projects" des Quartiers, die auffallenderweise alle am Rand der Wohnbebauung und in der Nähe der Industrieareale sowie der das Stadtquartier einrahmenden Autobahnen liegen (Fig. 5), besteht der durchschnittliche Haushalt aus 5,2 Personen. Sozialleistungen erhalten dort 57 % der Haushalte. Der Anteil der Unter-18-Jährigen beläuft sich in Pico Gardens ebenfalls auf 57 %, während dieser Anteil in Boyle Heights und der Downtown bei 28 % und im Los Angeles County bei 26 % liegt (Auskunft Diego Vigil, Stand 1995).

Die während der 1940er Jahre ursprünglich für Kriegsveteranen als Apartmentsiedlungen erbauten „housing projects" (Fig. 6) erweisen sich nicht nur in Boyle Heights als eine Überforderung für die Nachbarschaft. Die in Watts während der 1950er Jahre errichteten „housing projects" haben im Ergebnis die Probleme des Viertels, in dem 1965 „riots" der schwarzen Bevölkerung ausbrachen, zusätzlich gesteigert (Vigil 2002, S. 71). Allgemein sind „housing projects" einer der Kristallisationspunkte für Straßengangs. Die „projects" werden nicht nur von Gangs kontrolliert, wie Rocio es erläutert. Dort ist das Geld, dort haben viele ihre Heimatbasis, das Zentrum ihres Territoriums, welches sie mit alle Mitteln gegen ihre Feinde, d.h. gegen die Mitglieder anderer, nicht befreundeter Gangs, verteidigen.

5. Sozialisationsinstanzen

Im Gegensatz zu Rocio, der im mitnichten außerhalb der Einflusssphäre der Gangs liegenden „ghetto place that [...] surround the projects" aufwuchs und mittlerweile mit seinem Bruder Jeff dort wieder lebt, sind Charles und Richard Kinder der „housing projects". Beide wuchsen ohne Vater auf. Charles lebt bei seiner Großmutter. Über seine Eltern will er nicht sprechen. „My mom moved", ist alles, was er zu sagen bereit ist. Richard hingegen lebt mittlerweile bei seiner Schwester und ihrer Familie. Zu seiner Mutter, die immer noch in den „projects" lebt, konnte er nicht zurück: zu gefährlich. Kinderreich sind die Familien aller meiner Gesprächspartner – Charles z.B. hat 7 Geschwister, Richard glaubt, dass es 5 sind –, und Geld war nicht nur bei den Familien in den „housing projects" knapp.

Armut ist allerdings, wie man weiß, nicht gleich Armut. Besonders gefährdet, Kinder an die Gangs zu verlieren, sind die Ärmsten und allein erziehende Mütter. Gerade diesen Haushalten mangelt es neben einer wirtschaftlichen Grundlage häufig an unterstützenden sozialen, das bedeutet in einem mexikanisch geprägten Umfeld zumeist auch den für diese Kultur so bedeutsamen familiären Netzwerken. Darüber hinaus sehen sich Alleinerziehende dem Problem gegenüber, die alleinige elterliche Bezugsperson für die Kinder zu sein. Die fehlende Identifikationsfigur des Vaters ist insbesondere für die

Jungen ein Thema, kann die allein erziehende Mutter ihnen doch kein positives männliches Rollenmodell vorleben.

Dass ein anwesender Vater aber nicht grundsätzlich positiv zu bewerten ist, zeigt DANTES Lebensgeschichte, der froh ist, dass die Scheidung klare Verhältnisse in der Familie schuf. In vielen Mexican-American-Familien, die von Generation zu Generation Marginalisierungsprozessen ausgesetzt waren, sind zudem die heutigen „Gangsters" häufig Söhne von Vätern, die entweder selbst in einer Straßengang oder kriminell oder beides zusammen waren (bzw. sind). Zur Identifikation bieten diese Väter und Großväter lediglich ein Modell an, das eine stark antisoziale Komponente aufweist (VIGIL 2002, S. 39).

ROCIOS und JEFFS Familie hingegen scheint intakt zu sein. Mit ihren beiden Eltern sowie drei weiteren jüngeren Geschwistern leben sie sogar im eigenen Haus. Allerdings wird an diesem, seit die beiden denken können, unter dem Einsatz der ganzen Familie abbezahlt. Auch weil sie der nachfolgenden Generation ein besseres Leben in einem anderen Stadtteil ermöglichen wollten, arbeiteten ROCIOS und JEFFS Eltern bis an die Grenze ihrer Belastbarkeit. Letztendlich mussten sie aber erkennen, dass sie darüber den Kontakt zu ihren Kindern einbüßten und so den Einfluss auf deren Sozialisation an andere Institutionen verloren.

Zwar ist es Aufgabe der Schule, den Jugendlichen nicht nur Lernstoff zu vermitteln, sondern ihnen auch Wege in die Erwachsenenwelt aufzuzeigen, ihre Hoffnungen und Träume, ihren Narzissmus und ihre Allmachtsphantasien in ein gesellschaftlich konstruktives Erwachsenenleben zu integrieren. Wie so häufig in den personell schlecht ausgestatteten und unterfinanzierten Einrichtungen in marginalisierten Stadtteilen, war die Schule sowohl bei JEFF und ROCIO wie auch den anderen drei damit überfordert, die aus der Familie mitgebrachten sozialisatorischen Defizite zusätzlich auszugleichen.

Es ist ein allgemein zu beobachtendes Phänomen, dass die „Gangsters" größtenteils bis zu einem Alter von 16 Jahren der Schule den Rücken zukehren. Allerdings ist auffällig, dass Schulprobleme dem Weg in die Gang nicht nur vorangehen, sondern Schwierigkeiten in und mit der Schule entscheidend zum Abgleiten der Jugendlichen in die Gangs beitragen (VIGIL 2002, S. 41). Die Ursachen hierfür sind vielschichtig und beeinflussen sich gegenseitig:

1. kulturelle Differenzen,
2. Diskriminierung,
3. schlechte und unterfinanzierte Schulen,
4. bewusste wie unbewusste, den Schulabbruch fördernde Einflüsse durch die Eltern sowie
5. Sprachprobleme, die sich trotz „*E*nglish as a *S*econd *L*anguage Programs" (ESL) einstellen, da die Kinder der Doppelbelastung, zu Hause Spanisch, in der Schule aber Englisch sprechen zu müssen, nicht immer gewachsen sind.

Wenn jedoch Erwartungen und Realität im Laufe der Schulzeit mehr und mehr auseinander fallen, übersetzt sich die Desillusionierung mit der Zeit in Verweigerung. Die Entscheidung, in der Schule nicht gut sein zu wollen, muss als ein Akt des Widerstands interpretiert werden. Zunächst manifestiert sich die Frustration noch im Klassenzimmer oder auf dem Schulhof, später beginnen die Jugendlichen, stunden- oder tageweise nicht mehr in die Schule zu gehen. Dann fehlen sie wochenweise, einen ganzen Monat, bis sie schließlich ganz aufhören, in der Schule zu erscheinen. ROCIO hat diesen schleichenden Ablauf stellvertretend für seine Biographie beschrieben. Er macht dabei auch deutlich, welche nicht unwesentliche Rolle andere, befreundete Jugendliche spielen. Von seinen Freunden wurde auch ein gewisser Druck ausgeübt, sich den Verhaltensformen der Gruppe gegenüber anzupassen und nach und nach die Schule aufzugeben. Lediglich bei CHARLES setzte sich die späte Erkenntnis aus seiner Zeit im Gefängnis durch, das „high school diploma" nachzuholen. Er will mittlerweile sogar abends aufs College und kommt daher nur noch vier Stunden pro Tag zur Arbeit, bevor er dann am Nachmittag auf seinen Sohn aufpasst, damit die Mutter des Jungen auch für ihre eigene Bildung sorgen kann.

Während der Adoleszenzphase müssen Jugendliche lernen, das Familienleben zu verlassen, um sich in die Gesellschaft – oder nennen wir es umfassender: Kultur – einzufinden. Vielen, die zu „Gangsters" wurden, boten aber weder Familien noch Schulen ausreichend Halt, um dieses „zentrale Drama des Adoleszenten" (ERDHEIM 1984, S. 312) zu bewältigen. Wenn aber Schlüsselinstanzen der Sozialisation versagen, geraten die Betroffenen in eine äußerst prekäre Lage. Jugendliche wie RICHARD, CHARLES oder auch ROCIO verloren dadurch elementar wichtige soziale wie räumliche Orte der Adoleszenz. Noch nicht fertig sozialisiert, sahen sie sich der Welt außerhalb von Schule und Familie gnadenlos ausgesetzt. Die Folge war, dass sie erstens nach Orten zu suchen begannen, die ihnen noch offen standen. Zweitens schlossen sie sich einer Ersatzinstitution an, die die entstandene Lücke füllte und für ihre weitere Sozialisation Hilfestellung bot. Für ROCIO und die anderen trat ein, was sich lange vorher abzuzeichnen begann: "They got [him] into the hood." Die Straßengang wurde ihre neue, fiktive Familie, die Orientierung, Geborgenheit, Freundschaft und Schutz bot. Darüber hinaus erfüllte ihnen die Gang weitere Bedürfnisse: die Befriedigung jugendlicher Abenteuerlust, die Möglichkeit, den adoleszenten Narzissmus auszuleben, spontanes Handeln zu gewähren, der alltäglichen Langeweile Abhilfe zu verschaffen, gutes Geld zu verdienen und anderes mehr. Die fünf, die zum Teil sehr früh mit einem Bein im Erwachsenenleben standen und darüber hinaus auf ein stattliches Vorstrafenregister zurückblicken, erlebten in ihrem gerade einmal zwei Jahrzehnte dauernden Leben auch so viel Unangenehmes, dass sie bereits mit Anfang 20 das Gefühl beschleicht, irgendwie bereits älter zu sein.

6. Gang Life

So, wie das allmähliche Hineinwachsen in das Erwachsenenleben unserer individualisierten Gesellschaften von Übergangsriten begleitet wird, setzen auch die Gangs bei der Aufnahme neuer Mitglieder Initiationsriten ein. „Jumping-in" oder „courting-in" wird der Ritus bei den Chicano-Gangs genannt, bei dem sich der Novize mit mindestens drei „Gangsters" der aufnehmenden Gruppe eine Schlägerei liefern muss. Dieser Rückgriff auf klare, strenge, archaisch anmutende Vorgehensweisen wird vor dem Hintergrund bereits negativ verlaufender Sozialisationserfahrungen und der damit ausgelösten starken Verunsicherung leicht erklärbar. Ist die Aufnahmeprozedur vorüber, ist man voll aufgenommen in eine Institution von hoher „street credibility", die insbesondere für die männlichen Jugendlichen einen hohen Identifikationswert haben. Wer möchte denn schon ein braver „schoolboy", sein, wenn diese coolen Typen auf den Straßen des Viertels ein viel aufregenderes Dasein versprechen. Insbesondere, da diese Gemeinschaft zudem von starken zwischenmenschlichen Bindungen und gegenseitigen Verpflichtungen gekennzeichnet und nach klaren Hierarchien sowie deutlich verlässlicheren und den eigenen Bedürfnissen besser entsprechenden Regeln, Werten und Verhaltenskodizes geordnet ist. Zweifellos sind die Gangs wie auch die Rahmenbedingungen und Einflussfaktoren, die zu ihrer Genese führen, kritisch zu beurteilen. Sozialstrukturell betrachtet, gewähren sie den Jugendlichen jedoch wenigstens den Zusammenhalt, der vielen Straßenkindern gänzlich fehlt. Sie, deren Familien und Schulen ebenfalls versagten, müssen weitgehend auf sich allein gestellt leben.

Kultureller Ausdruck der mexikanischen Gangszene ist die „Choloization". Die heutige Bedeutung des Wortes „cholo" kann mit „am Rand und zwischen den Kulturen" übersetzt werden. Die Gangs übernehmen den Begriff, um ihrer an die Straße gebundenen Identität Ausdruck zu verleihen. „Choloization" wird daher zu einem Prozess, der verschiedene Kulturen zu einer neuen, auf der Straße angesiedelten „Chicano-Gang"-Subkultur vermischt, ohne dass jedoch innere Zusammenhänge zwischen den einzelnen kulturellen Manifestationen bestehen müssen. Auf diese Art und Weise entsteht ein Gemisch von Ausdrucksformen, das für zahlreiche, nicht dem ethnisch-mexikanischen Umfeld entspringende Einflüsse offen ist. Den Gangs wird somit ermöglicht, ihre eigene Herkunftskultur zu verarbeiten und zu erweitern (Vigil 2002, S. 44). Mexikanisches Essen und MacDonalds vertragen sich hierbei ebenso gut wie Rap, HipHop und traditioneller Mariachi (Fig. 7).

Fig. 7 Mariachimusiker (Foto: Vigil 1994)
Mariachi musician (Photo: Vigil 1994)

Die Subkultur der Gangs manifestiert sich neben präferierten Musikstilen auch in Aktionen und Verhaltensweisen, die eher der im sozialen Zusammenhalt der Gruppe auslebbaren adoleszenten Abenteuerlust geschuldet sind. Die Grenzen zu anderen adoleszenten Subkulturen sind daher in vielen Bereichen fließend,

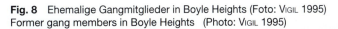

Fig. 8 Ehemalige Gangmitglieder in Boyle Heights (Foto: Vigil 1995)
Former gang members in Boyle Heights (Photo: Vigil 1995)

wie die Lebensgeschichte des „taggers" DANTE zeigte. Autos knacken, um die Mädchen auszufahren, Sprühaktionen oder auch andere Diebereien und Delikte, die hart ausgefochtenen Freund-Feind-Schemata sind feste Bestandteile gerade auch der Gangkultur. Sie führen jedoch letztendlich dazu, dass für viele „Gangsters" das Leben vor allem daraus besteht, ständig auf der Hut vor „dem Feind" sein zu müssen. Wer wirklich tief in das Gangleben eingetaucht ist, hat irgendwann, wie RICHARD es schildert, eigentlich nur zwei Zukunftsperspektiven, „be dead or in jail, pick one".

Ihrer Zugehörigkeit zur Gang verleihen die Jugendlichen bekanntlich durch entsprechende Sprachcodes, Gestus, Kleidung, Haarschnitt oder Tattoos einen deutlichen Ausdruck. Wie ein Brandmal kommuniziert diese zur Schau getragene Manifestation jedem und jeder, wie unverbrüchlich die Bindungen der Individuen an die Gang sind. Diese Tattoos sind gewissermaßen „private" Graffities, die aus dem Namen der Gang und dem Namen des Barrios, dem die Gang zuzuordnen ist, gebildet werden. Meistens beschränken sich die Tätowierungen der Gangmitglieder jedoch nicht auf ein einzelnes Graffiti (Abb. 8). Zum Problem wird ein mit Tattoos überzogener Körper jedoch für die Aussteiger. Da Tattoos bewusst an gut sichtbaren und prominenten Stellen angebracht werden, sind die Jugendlichen als (ehemalige) Gangmitglieder gut zu erkennen. Organisationen wie diejenige, in der CHARLES, JEFF, ROCIO, DANTE und RICHARD einen Job bekamen, halten deshalb im Rahmen ihrer Wiedereingliederungsbemühungen für Ex-„Gangster" ein besonders wichtiges Angebot parat: kostenlose Entfernung der stigmatisierenden Kainsmale durch geschulte Mediziner.

Den Tattoos vergleichbar, werden die im öffentlichen Raum angebrachten Graffities ebenfalls aus dem Gangnamen und dem Barrionamen gebildet. Häufig sind sie jedoch mit zusätzlichen Botschaften – z. B. verbalen Angriffen auf eine befeindete Gang – versehen. An Häuserwände, Zäune oder auch auf Straßenschilder gesprüht, markieren die Graffities die Grenzen des jeweiligen Territoriums, welche sich, passend zum hauptsächlichen Wirkungskreis der Gangs, am Verlauf einzelner Straßen orientieren (Fig. 9 und 10).

Entfernt werden diese Graffities von den sozialarbeiterisch tätigen Organisationen nicht aus ästhetischen Überlegungen heraus. RICHARDS Tätigkeit im Graffiti-Removal-Program zielt vor allem darauf ab, den Gangs zu vermitteln, dass ihr Territorialverhalten und ihre Bandenkriege nicht erwünscht sind. Jedoch ist die Eliminierung der Graffities für diejenigen, die die Arbeit ausführen,

Fig. 9 Gang-Graffiti (Foto: NEUER 1994)
Gang-Graffiti (Photo: NEUER 1994)

Fig. 10 Ein junger Mexican American zeigt auf gangbezogene Graffiti (Foto: VIGIL 1994)
Young Mexican-American showing gang-related graffiti (Photo: VIGIL 1994)

nicht ganz ungefährlich. Die Gangs schätzen es nicht besonders, wenn ihre Reviermarken entfernt werden. Noch weniger jedoch tolerieren sie in ihrem Territorium Mitglieder feindlicher Gangs, „enemies" oder „taggers", die ihre bunten Zeichnungen eigentlich nur sprühen, um Aufmerksamkeit zu erregen.

In Boyle Heights hat die Stadtentwicklungspolitik das Gangproblem in den vergangenen Jahren zusätzlich verschärft, da einige der „housing projects" abgerissen wurden, um neu und heutigen Standards entsprechend errichtet zu werden. Dieses zwar grundsätzlich zu begrüßende Vorhaben hatte jedoch zur Folge, dass zahlreiche Gangs, ihres Territoriums entledigt, auf der Suche nach Ersatz in der Nachbarschaft zwangsläufig mit anderen Gangs in Konflikt gerieten. Ein regelrechter Bandenkrieg, geführt um die neue Aufteilung und Kontrolle der Gangbezirke, erschütterte Boyle Heights und produzierte nicht nur viele Verletzte, sondern kostete auch zahlreiche Menschenleben, vor allem adoleszenter Gangmitglieder.

Fig. 11 Gebäude für Jugendarbeit in Boyle Heights (Foto: Vigil 1995)
Building for youths in Boyle Heights (Photo: Vigil 1995)

7. Lokale Geographien

Die Ernsthaftigkeit, mit der die Gangs ihr Territorium nicht nur durch Graffitis öffentlich sichtbar kennzeichnen, sondern auch im Zweifelsfall mit aller Gewalt verteidigen, hat viele sich gegenseitig beeinflussende Ursachen. Sie beruht nicht zuletzt auf der beschriebenen Verlagerung von adoleszenten Prozessen der Selbstfindung und Selbstpositionierung auf die Straße. Zu den identitätsstiftenden Verhaltensmustern, Ehrbegriffen, sozialen und subkulturellen Verhaltensweisen der „Gangsters" gehören auch die bekanntlich sehr klar geregelten zwischenmenschlichen Verpflichtungen. Freunde, denen „vom Feind" etwas angetan wird, müssen gerächt werden. Die Folge ist, dass daraus leicht der von Rocio beschriebene Teufelskreis aus Gewalt und Gegengewalt entsteht, der auch über die von den Gangs kontrollierten Territorien ausgelebt wird, indem regelrechte Durchgangs- und Aufenthaltsverbote für die Mitglieder der feindlichen Gangs ausgesprochen werden. Eine derartige Verknüpfung von Sozialem und Räumlichem macht jedoch bereits das Betreten einer bestimmten Straße zum folgenschweren Tabubruch.

Die starke identifikatorische Bindung der „Gangsters" an das Territorium und das „Ghetto" ist, wie die Entstehungsgeschichte des Rap deutlich machte, zudem als aktive, subkulturelle Antwort auf diverse, darunter auch räumliche Marginalisierungen zu verstehen (Fig. 11). In New York schufen die Jugendlichen und „Gangsters" der Bronx, als Ventil für ihre Stadterfahrung – oder besser „Ghettoerfahrung" – eine damals neue Musikkultur, die eigene Wege der Selbstbestimmung aufzeigte. Da es den meisten Jugendlichen, die in Quartieren wie der Bronx, South Central oder Boyle Heights aufwuchsen, nur unter den größten Anstrengungen möglich ist, dem „Ghetto" räumlich wie lebensbiographisch zu entkommen, entwickeln sie häufig eine eigenwillige Verbundenheit zu ihrem Stadtteil. Letztere kann sich in einem ausgesprochenen Verantwortungsgefühl gegenüber dem jeweiligen Stadtviertel manifestieren, ebenso jedoch, wie beim LA Gangsta Rap nicht unüblich, in einer Verherrlichung der Geographie des „Ghettos".

Schließlich verbergen sich hinter den Grenzverläufen zwischen den einzelnen Territorien sehr handfeste Gründe. Der äußerst lukrative Drogenhandel ist häufig über räumlich abgegrenzte Einflusssphären der Handelskontrolle, d.h. die einzelnen Gangterritorien, organisiert. Obwohl der Drogenhandel zwar vor allem den African-American-Gangs verbunden ist, spielen Drogenkonsum und Drogenhandel auch bei den „Latino-Gangs" durchaus eine Rolle. Während der Drogenkonsum zum Lifestyle zahlreicher adoleszenter Subkulturen gehört, resultiert die Attraktivität des Handels mit Drogen für die Gangs auch aus einer ökonomischen Notwendigkeit. Drogen zu verkaufen ist häufig der einzige, wenn auch sehr verlockende Verdienst, der sich den Jugendlichen aus ihrer Perspektive heraus anbietet.

Die bedeutende Rolle, welche die Straße und das Territorium für die Gangs spielen, die Entwicklungen, die zur Entstehung des Rap führten, oder auch die Biographien der fünf vorgestellten Mexican Americans lassen deutlich erkennen, wie unmittelbar und untrennbar sowohl die soziale Situation der Gangs wie auch ihre Subkultur mit den räumlichen Verhältnissen in der jeweiligen Stadt verwoben sind. Der Einfluss, den die Begleiterscheinungen der Globalisierung auf den Verlauf der Adoleszenzphase nehmen, mag unbestritten sein. Der eigentliche Prozess des Erwachsenwerdens jedoch wird (immer noch) entscheidend von der lokalen Geographie gestaltet. Ressourcen, aber auch Restriktionen der Sozialisation werden letztendlich über die Mitgliedschaft in Gruppen festgelegt und zwischen Individuen ausgehandelt. Kinder streiten mit ihren Eltern, Adoleszente diskutieren mit den Lehrern über Regeln, die sie befolgen sollen. Weil den Eltern das Geld fehlt, ist Jugendlichen aus den armen Familien des „Ghettos" auch der Zugang zu Sportvereinen, wo sie Menschen treffen, die ihnen ebenfalls Orientierungen und Reibungsflächen bieten könnten, verwehrt. Die „Gangster" auf der Straße wiederum erweisen sich in letzter Konsequenz als wenig hilfreich, um die Jugendphase erfolgreich zu bewerkstelligen. Je nachdem, in welchem Stadtteil von Los Angeles Jugendliche aufwachsen, welche Erfahrungen sie angesichts ihrer familiären und ethnischen Herkunft erworben haben und welche sozialen, politischen und ökonomischen Rahmenbedingungen das Quartier prägen, wird das Schicksal der dort verlebten Adoleszenz ein anderes sein (AITKEN 2001, S. 135 ff.). Weder an jedem sozialen Ort noch an jedem geographischen Ort ist es daher gleich „leicht", Taten zu unterlassen, welche die Gesellschaft als schädlich einstuft (BERNFELD 1969, S. 658).

8. Chicana Gang Members

Obwohl der geographische Ort der Adoleszenz für die Mädchen von Boyle Heights vordergründig dieselben Restriktionen und Ressourcen bereithält, sie den gleichen zerrütteten Familien, demselben Schulfrust, den gleichen ökonomischen Barrieren ausgesetzt sind, verweist die geringe Anzahl an weiblichen „Gangsters" darauf, dass nicht nur Ethnizität oder soziale wie ökonomische Bedingungen eine wichtige Rolle spielen, sondern auch Genderfragen. Da Gangs und ihre Kultur eine Männerwelt sind, sind Gangs für Mädchen eigentlich auch keine sich anbietende Sozialisationsinstanz, der sie sich im gleichen Maße anvertrauen wie die männlichen Jugendlichen. Als Freundinnen, Frauen, Lebensgefährtinnen oder Schwestern der Gangmitglieder jedoch treten die Chicanas zum Teil in sehr engen Kontakt zu diesen Männerbünden und sind zu einem nicht geringen Grad von den Auswirkungen des Ganglebens auf Individuen und Gruppen betroffen.

Die Mädchen und jungen Frauen sehen sich nicht nur den gleichen Marginalisierungsprozessen ausgesetzt wie die Jungen und Männer des „Ghettos", vielmehr erfahren sie zusätzlichen Stress. "They are abused twice", formulierte es ein Sozialarbeiter aus Boyle Heights kurz, aber treffend. Denn im Hinblick auf die dominante Kultur sind sie zwar wie die männlichen Mexican Americans ethnischen Benachteiligungen ausgesetzt. Innerhalb ihrer eigenen Subkultur jedoch haben Frauen mit der traditionell starken Position der Männer zu kämpfen. Den weiblichen Mitgliedern dieser Bevölkerungsgruppe werden deutlich stärkere Beschränkungen und striktere Rollenerwartungen auferlegt. Darüber hinaus kollidiert ihre Lage augenfällig mit der deutlich besseren Positionierung der Frauen in der US-amerikanischen Mehrheitskultur.

Wählen Mädchen und junge Frauen dennoch den Weg in die Gang, scheint es ihnen nicht schwer zu fallen, ebenso aggressiv und brutal zu sein wie die „homeboys". Im Gegenteil, die allgemeine Beobachtung geht dahin, dass die „homegirls" die Männer an Härte und Konsequenz zu übertreffen versuchen. Ein emanzipatorischer Befreiungsschlag ist der Eintritt in die Gang für die Frauen jedoch nicht. In scheinbar gelebter Gleichberechtigung müssen die Novizinnen dieselben Initiationsriten über sich ergehen lassen wie ihre männlichen Bundesgenossen. Ergänzt wird dieser Ritus jedoch durch eine Anforderung, die archaischer nicht sein könnte. Voraussetzung für eine endgültige Aufnahme ist Sex mit einem oder mehreren Mitgliedern der Gang. Die Botschaft, die hier vermittelt wird, ist eindeutig: Frauen haben sich unterzuordnen, und bis auf wenige Ausnahmen tun sie das sogar.

Doppelt belastet sind die „homegirls" des Weiteren in familiärer Hinsicht. Sie bekommen häufig sehr früh Kinder, die sie allerdings nicht selten nach einiger Zeit ohne Vater großziehen müssen. Selbst möglicherweise ein ehemaliges Gangmitglied, mit mehreren Kindern als Alleinerziehende in den „projects" lebend, in denen sie vielleicht sogar selbst aufgewachsen sind, kämpfen viele dieser Frauen dagegen an, dass unter den sich kaum verändernden Rahmenbedingungen die Gang kein sich vererbender „Fluch" der Familientradition wird. Manche sind erfolgreicher, als es angesichts dessen, was diese Frauen bereits erlebten, zu erwarten wäre.

NURIA* ist knapp über 20 Jahre alt und kommt aus einer regelrechten „Gangdynastie". Ihr Bruder, ihr Vater, ihr Großvater sowie drei ihrer Onkel waren Mitglieder einer Gang. Als „hardcore Chicana gang member" hat NURIA es zu einem stattlichen Vorstrafenregister, einigen Jahren Gefängnis und diversen, ihr bis heute Sorge bereitenden körperlichen Verletzungen gebracht, von psychischen Verletzungen ganz zu schweigen. Mittlerweile lebt sie allein, da sie versucht, den Kontakt zu ehemaligen Freunden aus der Gang komplett zu vermeiden. Sich neue Freunde zu suchen, dazu fehlt ihr noch die Kraft. Meistens ist sie froh, wenn sie einfach in Ruhe gelassen wird.

Sie hat Kontakt zu ihrer Familie, ist aber größtenteils bei der Großmutter aufgewachsen. Soweit es ihr irgend möglich ist, konzentriert sie sich auf ihre Kinder und die Arbeit in der Organisation, in der ich NURIA gemeinsam mit den fünf vorgestellten, ehemaligen „Chicano gang members" kennen lernte.

> *"I live by myself. I have 4 children, but I do not have custody of my children. My 3 girls, I have 3 older girls and my son who's a baby. My 2 older girls got*

> *put up for adoption and then my other daughter, her father has custody of her and I'm still trying to fight for custody of my son. I see my son on the weekends, so, that's what I basically do on the weekend."*

Sie arbeitet am „tattoo removal program" mit. Für die Organisation geht sie zudem in Schulen, um dort über ihr Schicksal zu sprechen und über das Leben in der Gang zu berichten. Ihr Job ist ihr ungemein wichtig, nicht nur, weil sie dadurch lernt, ein geregeltes Leben zu führen, und sie ihr eigenes, wenn auch bescheidenes Gehalt verdient. Mit den Schulbesuchen wurde ihr eine Aufgabe übertragen, die sie permanent mit ihrem ehemaligen, noch nicht wirklich überwundenen Leben konfrontiert. Das Sprechen über diese Zeit aber ist, neben dem guten Gefühl, etwas wirklich Sinnvolles zu tun, wie eine Therapie für Nuria.

> *"Also, one of the other things that I do here, I don' do it here in the office but, my boss sends me to schools, like general high schools mostly to talk to the kids about –, because I am a gang member who's trying to reform. Can't say I'm reformed. What I do is talk to the kids about the consequences of gang banging, teenage pregnancy, drugs, alcohol, about rape. I don't want to preach to them, all I do is tell them my experiences. What I went through and you know I did go through a lot so it opens up their eyes to a little bit of the other side, the bad side."*

Leider, so Nuria, erreicht sie mit ihren Erzählungen nicht alle Kinder der besuchten Schulklassen. Aber, "as long as you reach one person in that group, that's all that matters". Für sie, die sich selbst noch nicht wirklich gefangen hat, ist es ungemein wichtig, sich auch an den Erfolgen anderer orientieren zu können, auch wenn sie die allgemeine Situation in Boyle Heights vielleicht etwas zu optimistisch betrachtet.

> *"There's a lot of the younger at-risk youth that are here in Boyle Heights that, they have made a difference. They broke the cycle. [...] You know, I mean, you never know. I mean, but other than that, I see a lot of hope in the youth now."*

Momentan jedoch, da Nuria einerseits noch mit sich kämpft, sie zudem weiß, dass sie andererseits noch genügend Feinde hat, die ihr vieles nicht verziehen haben, versucht sie, nicht den Fehler zu machen, über ihre eigenen, mühsam erworbenen Fortschritte in Euphorie zu geraten. Die hochfahrenden Träume der Adoleszenz hat sie hinter sich gelassen, und ihr vorrangiges Ziel ist es, nicht wieder in den Sog der Gang zu geraten. Sie will einfach nur am Leben bleiben, den 30. Geburtstag feiern können. Das ist keine Koketterie, sondern bittere Realität. Aber wenn Nuria den eingeschlagenen Weg weiter verfolgt, kann sie mit Zuversicht darauf bauen, in 10 Jahren sagen zu können, dass sie dem Drama der Adoleszenz am Ende doch erfolgreich begegnete.

Literatur

Aitken, S. (2001): Geographies of Young People. The Morally Contested Spaces of Identity. London, New York.

Allen, J., & E. Turner (2002): Changing Faces, Changing Places. Mapping Southern Californians. Northridge.

Ashbury, H. (1927): Gangs of New York. An Informal History of the Underworld. New York.

Bernfeld, S. (1969): Autoritäre Erziehung und Psychoanalyse. Ausgewählte Schriften, Band 2. Darmstadt.

Erdheim, M. (1984): Die gesellschaftliche Produktion von Unbewußtheit. Eine Einführung in den ethnopsychoanalytischen Prozeß. Frankfurt.

Fremon, C. (2001): Miracles and Pain. The life and death of Roman Gonzalez. LA weekly, July 27– Aug. 2.

Klein, M, (1995): Deference to Gangs makes Them Kings of the Roost. Los Angeles Times, Sept. 19.

Vigil, D. (1988): Barrio Gangs. Street Life and Identity in Southern California. Austin.

Vigil, D. (2002): A Rainbow of Gangs. Street Cultures in the Mega-City. Austin.

Vigil, D. (forthcoming): "The Project": Gang and Non-Gang Families in a Housing Development in East Los Angeles. Austin.

Vigil, D., & S.C. Yun (1998): Vietnamese Youth Gangs in the Context of Multiple Marginality and the Los Angeles Youth Gang Phenomenon. In: Hazlehurst, K., & C. Hazlehurst (Eds.): Gangs and Youth Subcultures. International Explorations. New Brunswick: 117–139.

Manuskriptannahme: 30. Januar 2003

Dr. Birgit S. Neuer, Universität zu Köln, Seminar für Geographie und ihre Didaktik, Gronewaldstraße 2, 50931 Köln
E-Mail: b.neuer@uni-koeln.de

PGM Literatur

Literaturempfehlungen: Neue Kulturgeographie

Zur neuen Kulturgeographie gibt es bislang nur vereinzelte Aufsätze und Beiträge aus dem deutschsprachigen Bereich. Deshalb sollen die Empfehlungen diesmal nur auf englischsprachige Publikationen konzentriert werden. Aus zahlreichen Monographien und Sammelbänden wurde eine Auswahl getroffen, die den Schwerpunkt auf einführende Studienbücher und Überblicksdarstellungen legt.

Einführungen und Studienbücher

Das als erstes vorgestellte Studienbuch zur neuen Kulturgeographie und gleich eines, dessen Qualitäten allgemein gerühmt wurden, ist 1989 von Peter Jackson vorgelegt worden. Auch wenn das Buch als „Einführung" bezeichnet wird, entwickelt es neue Ideen zur Umgestaltung der Kulturgeographie, die auf den Cultural Studies und sozialtheoretischen Konzepten aufbauen. Grundlegend ist der Ansatz des „kulturellen Materialismus" von Raymond Williams. Hauptkapitel widmen sich der Populärkultur, Gender-Fragen, der Konstruktion von „Rassen" und der Sprachenpolitik, während die neuen Landschaftsschulen nur wenig Berücksichtigung finden. Kultur wird als Medium angesehen, durch das Bedeutung ausgedrückt wird – daher auch der Titel „Maps of Meaning" –, es wird aber herausgestellt, dass soziale Praktiken nicht vernachlässigt werden dürfen. Deshalb sind poststrukturalistische Ansätze nur wenig vertreten.

Im Gegensatz dazu entwickeln Pamela Shurmer-Smith und Kevin Hannam (1994) eine kulturgeographische Perspektive, die sich vor allem auf poststrukturalistische und dekonstruktivistische Ansätze französischer Provenienz stützt. Solche Ansätze und Konzepte werden anhand von konkreten Beispielen relativ ausführlich dargestellt. Die Beispiele beziehen sich zwar oft auf Orte und Räume, entstammen aber nicht nur der geographischen, sondern auch kultur- und sozialwissenschaftlicher Literatur. Nach Ansicht der Autoren spielt in postindustriellen Gesellschaften neben Grundbedürfnissen und Konsumwünschen das Begehren *(desire)* eine wachsende Rolle, das z. B. mit psychoanalytischen Theorieansätzen untersucht wird. Das Buch argumentiert zwar – ungewöhnlich für ein Studienbuch – häufig aus subjektiver und persönlicher Perspektive, gibt aber auch hilfreiche Tipps für das Studium, etwa im letzten Kapitel zur Themenwahl einer Abschlussarbeit.

Jackson, P. (1989): Maps of Meaning. An introduction to cultural geography. London (Unwin Hyman), XVIII & 213 S. [ISBN 0-415-09088-1].

Shurmer-Smith, P., & K. Hannam (1994): Worlds of Desire, Realms of Power. A cultural geography. London etc. (Edward Arnold), 250 S. [ISBN 0-340-59217-6].

Einen guten Überblick über bislang in der neuen Kulturgeographie behandelte Themenbereiche hat Mike Crang (1998) gegeben. Er geht sowohl auf Landschaftsstudien wie auf Identitätsbildung, auf Populärkulturen wie auf kulturelle Fragen von Konsum und Produktion, auf hybride Kulturen wie auf Zusammenhänge von Kultur und Wissen ein. Auch ältere Ansätze werden integriert, vor allem aus der *humanistic geography.* Diese Themenvielfalt wird jedoch auf recht beschränktem Platz dargeboten, so dass die Argumentationen bisweilen zu knapp ausfallen. Zur Vertiefung wird nach jedem Kapitel ausgewählte Literatur empfohlen; in einem relativ aus-

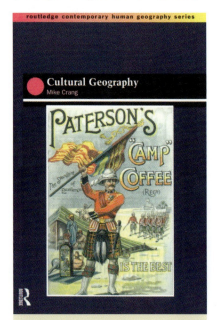

Crang, M. (1998): Cultural Geography. London & New York (Routledge), VIII & 215 S. = Routledge contemporary human geography series [ISBN 0-415-14083-8].

Literatur

Überblicksdarstellungen in Sammelbänden

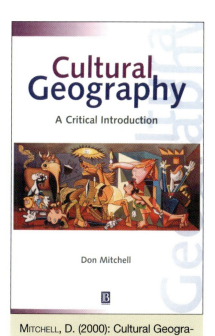

MITCHELL, D. (2000): Cultural Geography. A critical introduction. Oxford & Malden (Blackwell), 325 S. [ISBN 1-55786-892-1].

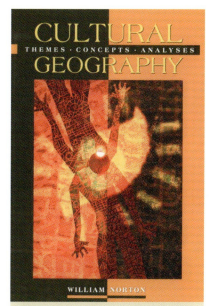

NORTON, W. (2000): Cultural Geography. Themes, concepts, analyses. Oxford etc. (Oxford University Press), X & 379 S. [ISBN 0-19-541307-5].

Aufgrund der breiten und eklektizistischen Theorierezeption, der Vielfalt der Themen und der intensiven inhaltlichen Diskussionen sind in der neuen Kulturgeographie Sammelbände gut geeignet, einen pluralen Einblick in dieses humangeographische Teilgebiet zu geben. Dies betrifft den von K. E. FOOTE et al. herausgegebenen Sammelband „Rereading Cultural Geography" (1994), der für Studium und Lehre interessante Aufsätze aus der traditionellen und der neuen Kulturgeographie zusammenstellt. Neben den wieder abgedruckten Beiträgen sind auch eine Reihe von Artikeln für dieses Buch neu geschrieben worden, so zur Zukunft der Kulturgeographie. Hinsichtlich der Autoren und Themen dominiert eine amerikanische Perspektive. Der Band sieht sich in Kontinuität zu dem von P. WAGNER und M. MIKESELL herausgegebenen „Klassiker" „Readings in cultural geography" von 1962. Beide Autoren aus der Berkely-Schule sind in einem Vor- und Nachwort an dem neuen Band beteiligt und haben insofern ihren Segen zu dem neuen Vorhaben gegeben.

FOOTE, K. E., HUGILL, P. J., MATHEWSON, K., & J. M. SMITH [Eds.] (1994): Rereading Cultural Geography. Austin (University of Texas Press), 494 S. [ISBN 0-292-72484-5].

Der von JAMES DUNCAN und DAVID LEY editierte Sammelband „Place/culture/representation" (1993) ist ganz auf Fragestellungen der neuen Kulturgeographie abgestimmt. Etwa die Hälfte der 15 Beiträge, die durch eine Einleitung und einen Epilog der Herausgeber vervollständigt sind, wurden zuerst auf einem Symposium vorgetragen, das 1989 an der Universität Syracuse, einem der kulturgeographischen Zentren in den USA, unter dem Titel „New directions in cultural geography" stattgefunden hat. Grundlage ist der Begriff der „Repräsentation" von Orten und Landschaften, die als Konstrukte verstanden werden, welche

führlichen Glossar werden grundlegende Begriffe erläutert.

Von besonderer Qualität ist zweifellos das Einführungsbuch in die Kulturgeographie von DON MITCHELL (2000). Ähnlich wie bei „Maps of Meaning" von JACKSON handelt es sich hier um die programmatische Ausarbeitung einer eigenständigen Konzeption von Kulturgeographie, die als „kritische Kulturgeographie" oder „politische Ökonomie der Kultur" gekennzeichnet wird. Zur durchgehenden Strukturierung nach dieser Konzeption hat MITCHELL den Begriff „Kulturkriege" gewählt. Auseinandersetzungen um Kultur seien immer gleichzeitig politische oder ökonomische Kämpfe, so dass man den Kulturbereich nicht von solchen Kämpfen trennen dürfe. Die oft zugespitzten Argumentationen von MITCHELL sind auch innerhalb der neuen Kulturgeographie umstritten, wie die Beiträge eines „Review symposium" in der Zeitschrift „Antipode" (Jahrgang 2002, Heft 2) gezeigt haben. Durchgehend wird aber herausgestellt, dass die Lektüre des Bandes sehr lohnend ist, weil kenntnisreich und in gut lesbarer Vertiefung auf wichtige kulturgeographische Fragestellungen eingegangen wird. Das betrifft auch das Kapitel über die traditionelle Kulturgeographie der Berkeley-Schule, das deren Vertretern bei aller Kritik durchaus gerecht wird. Relativ unterbelichtet sind reine Textanalysen und dekonstruktivistische Ansätze.

In mancherlei Hinsicht einen Gegenentwurf zu MITCHELL hat WILLIAM NORTON in seinem Studienbuch zur Kulturgeographie (2000) vorgelegt. Statt einer klaren „Tendenz" herrscht hier eine überaus pluralistische Vorgehensweise. NORTON versucht, bis heute gültige Ansätze der traditionellen, nordamerikanischen Kulturgeographie mit Problemstellungen der neuen Kulturgeographie zusammenzufügen. Daher gibt es recht ausführliche Abschnitte über kulturelle Diffusion, Kulturregionen, Perzeption, symbolische Landschaften, Natur-Kultur-Relationen, soziokulturelle Kategorien und Identitätsbildungen, Textanalysen und poststrukturalistische Ansätze. Kein anderes Studienbuch bietet so viel! Die Vielfalt wird jedoch erkauft mit einer oft additiven Behandlung und zu wenig eingehenden, bisweilen auch oberflächlichen Argumentationen. Vielleicht ist es kein Zufall, dass dieser Band aus der Feder eines kanadischen Geographen stammt, der sowohl die US-amerikanische wie auch die britische Kulturgeographie gut kennt.

Literatur

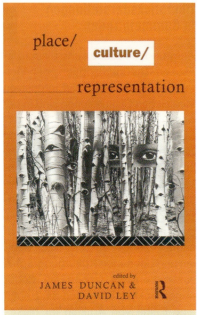

Duncan, J., & D. Ley [Eds.] (1993): Place/culture/representation. London & New York (Routledge), X & 341 S. [ISBN 0-415-09451-8].

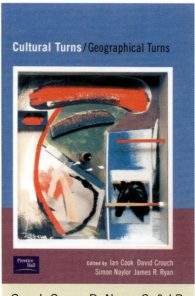

Cook, I., Crouch, D., Naylor, S., & J.R. Ryan [Eds.] (2000): Cultural Turns/Geographical Turns: perspectives on cultural geography. Harlow etc. (Prentice Hall), XII & 392 S. [ISBN 0-582-36887-1].

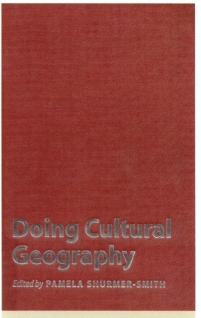

Shurmer-Smith, P. [Ed.] (2002): Doing Cultural Geography. London, Thousand Oaks, New Delhi (Sage), VIII & 248 S. [ISBN 0-7619-6564-5].

nie direkt die Realität abbilden, sondern nur partiell und unvollständig sein können. Im Einzelnen beschäftigen sich die Essays mit landschaftlichen Metaphern, der Symbolik von Wohngebieten, -formen und Freizeitorten, dem Multikulturalismus u. a., in der Regel in ausgesprochen reflexiver und theoriebezogener Form. Weiterhin wird nach den Möglichkeiten und Grenzen der Darstellung in Texten vor dem Hintergrund der „Krise der Repräsentation" gefragt, wie sie in der neueren Ethnologie diagnostiziert wird. Diese Krise hat auch in der Humangeographie zu Versuchen geführt, neue Formen der Darstellung zu finden. Als eine der ersten bedeutsamen Arbeiten gilt das Buch von Gunnar Olsson „Birds in egg/Eggs in bird" (1980). Bei den meisten Beiträgen des Sammelbandes wird die Herkunft aus der amerikanischen humanistischen Geographie mit einem Schwergewicht auf hermeneutischer Methodologie sichtbar. Im Unterschied zu mehr sozialgeographisch orientierten Fragestellungen britischer Kulturgeographen stehen Kulturlandschaften und Orte im Vordergrund.

Dagegen kennzeichnet die britische Perspektive der neuen Kulturgeographie den Sammelband „Cultural Turns/Geographical Turns" (2000), herausgegeben von I. Cook et al. Seine Beiträge beruhen auf einer Konferenz in Oxford (1997), welche die Konferenz in Edinburgh von 1991, die zum Durchbruch der neuen Kulturgeographie führte, fortsetzen sollte. Daher bemühen sich eine Reihe von Autoren um eine Bilanz der jüngeren Entwicklungen, andere behandeln allerdings abgeschlossene Spezialthemen. Neben einem 1. Teil, der sich mit den „turns" beschäftigt, ist Teil 2 Themen der Populärkulturen und von kulturellen Texten gewidmet. Teil 3 behandelt Zusammenhänge zwischen Kultur und politischer Ökonomie, Teil 4 Beziehungen zwischen Natur und Gesellschaft und Teil 5 subjektive Geographien.

Einen eher praktischen Bezug hat der von Pamela Shurmer-Smith herausgegebene und unter ihrer Leitung von einer Arbeitsgruppe am Geographischen Institut der Universität Portsmouth geschriebene Sammelband „Doing Cultural Geography" (2002). Die Gruppe, an die sich der Band vor allem wendet, sind Studierende an britischen Universitäten, die eine kulturgeographische Abschlussarbeit schreiben wollen. Entsprechend werden Hinweise gegeben für die Auswahl einer Fragestellung, über Methoden wie teilnehmende Beobachtung, Interviews von Fokusgruppen, Auswertung von Sekundärdaten, über Archivnutzung und Textinterpretation, über feministische Methodologie, die Anfertigung von Fallstudien und eigenen Texten. Die Ausführungen sind bewusst knapp gefasst und enthalten herausgehobene Zitate aus der Literatur sowie Aufgabenstellungen, die zur methodischen Reflexion anleiten wollen. Ein erster Hauptteil zeichnet die Hauptphasen der neuen Kulturgeographie nach, einschließlich feministischer und postkolonialer Studien. Ob allerdings eine halbe Seite Foucault oder eine drittel Seite Derrida ein tieferes Verständnis befördern kann, lässt sich bezweifeln.

Geographen aus dem gesamten angelsächsischen Raum sind als Autoren an dem neuen, von K. Anderson et al. herausgegebenen „Handbook of Cultural Geography" (2003) beteiligt, das den bislang ausführlichsten Überblick zu kulturgeographischen Themen und Fragestellungen bietet. Im Gegensatz zu den Studienbüchern geht es hier aber nicht um eine Subdisziplin Kulturgeographie, sondern um die kulturgeographische Blickweise als neuen „Denk-

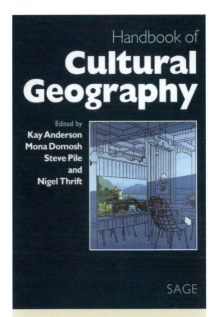

ANDERSON, K., DOMOSH, M., PILE, S., & N. THRIFT [Eds.] (2003): Handbook of Cultural Geography. London, Thousand Oaks, New Delhi (Sage), 580 S. [ISBN 0-7619-6925-X].

stil" in der Humangeographie oder als „umstrittenen Bereich von Debatten", wie es die Herausgeber in ihrer Einleitung (S. 2) bezeichnen. Daher findet man eigene, längere Abschnitte über kulturgeographische Fragestellungen in der Sozialgeographie, der Wirtschaftsgeographie, der Politischen Geographie, einer neuen „Wissensgeographie" sowie in postkolonialen und Entwicklungsstudien.

Studien zur Kulturlandschaft

Einer der Schwerpunkte der neuen Kulturgeographie ist weiterhin die Erforschung der Kulturlandschaft, die sich aber von den Kulturlandschaftsschulen der traditionellen Kulturgeographie sehr deutlich unterscheidet. Einen guten Überblick in die dabei verfolgten Fragestellungen können folgende drei Monographien bieten.

Einer der „Gründungstexte" der neuen Landschaftsschule in der Kulturgeographie ist die Studie von JAMES S. DUNCAN (1990) über eine Landschaftsinterpretation im Königreich Kandy in Sri Lanka. Gewählt wurden ein spezifischer Ort und eine spezifische Zeit, der Anfang des 19. Jh., als der letzte singhalesische König in einem großen Umbauprogramm Palast und Stadt neu errichten ließ. An diesem Beispiel wird eine neue Methodologie zur Interpretation von Kulturlandschaften entwickelt, die textorientiert ist und vor allem linguistische und semiotische Konzepte benutzt. Neben schriftlichen Texten, aus denen sich Diskurse und Narrative ableiten lassen, werden materielle Kennzeichen von Palast, Stadt und Umgebung den Narrativen zugeordnet. Da das Bauprogramm des Königs stark umstritten war, konnten Gegendiskurse einer Adelsfraktion und von Bauern identifiziert werden. Eine Verknüpfung mit landschaftsbezogenen sozialen Praktiken wurde jedoch nicht unternommen.

DUNCAN, J. (1990): The city as text: the politics of landscape interpretation in the Kandyan Kingdom. Cambridge etc. (Cambridge University Press), XIV & 229 S. [ISBN 0-521-35305].

In seinem Buch über die palladianische Landschaft hat sich der britische Kulturgeograph DENIS COSGROVE (1993) mit der Transformation der Landschaft in Venedig und im Veneto während des 16. Jh. beschäftigt, wobei der Ausgangspunkt die Bauten und Pläne PALLADIOS sind. Kulturlandschaft wird nicht nur als materielles Substrat gesehen, von gleicher Bedeutung sind die Repräsentationen durch Karten, Gemälde oder architektonische Skizzen. Die Studie ist sehr anregend, weil sie Verbindungen herstellt zwischen Ästhetik und Sozialstruktur, kosmologischen Idealvorstellungen und konkreter Praxis, z. B. in Form von angewandter Hydrologie, zwischen Stadt (Venedig) und Land (Villen). Besonders ausgearbeitet wird die Metapher der „Landschaft als Theater", die man auch gut für aktuelle Entwicklungen und Planungen in Städten heranziehen kann.

COSGROVE, D. (1993): The Palladian landscape. Geographical change and its cultural representations in sixteenth-century Italy. Leicester & London (Leicester University Press), XV & 270 S. [ISBN 0-7185-1437-8].

Mit Entwicklungen im 20. Jh., genauer in dessen erster Hälfte, hat sich DAVID MATLESS (1998) in seiner Untersuchung über englische Kulturlandschaften beschäftigt. Besonders interessieren ihn dabei Konstruktionen von Landschaften zur Repräsentation einer „englischen Identität". Dabei zeigt sich, dass es nicht nur konservative, antimoderne Vorstellungen von der Erhaltung traditioneller englischer Kulturlandschaften gab, sondern dass gerade in den 1920er und 1930er Jahren durch Planer und Landschaftsschützer versucht wurde, Tradition und Moderne zu verbinden und Visionen einer geordneten Raumstruktur von Städten, suburbanen und ländlichen Räumen umzusetzen. Dagegen stehen Vorstellungen eines „organischen", ländlichen Lebens, das von der industriellen Moderne bedroht ist. MATLESS stellt dar, wie die Diskurse zu anderen Zeiten, z. B. in einer Rekonstruktionsphase nach dem Zweiten Weltkrieg, aufgegriffen werden und welche Beziehungen zu regionaler oder nationaler Identitätsbildung und Formen von *„citizenship"* bestehen.

MATLESS, D. (1998): Landscape and Englishness. London (Reaktion Books), 367 S. [ISBN 1-86189-022-2].

FRANZ-JOSEF KEMPER, Berlin

Robert Pütz

Kultur und unternehmerisches Handeln – Perspektiven der „Transkulturalität als Praxis"

Culture and Entrepreneurial Action – Perspectives of "Transculturality in Practice"
Abstract: With an increasing number of businesses being run by entrepreneurs of Turkish origin the issue of "Immigrant Business" gets more and more attention in Germany. Following the lines of Anglo-American research two explanatory approaches prevail: the one looking for reasons of entrepreneurship in the field of the opportunities provided by the host country, the other assuming a particular ethnic "culture" of the entrepreneurs. The latter approach needs to be critically reflected. An approach of "practiced transculturality" is developed, based on using the term culture in a meaning- and symbol-oriented way, by which the pitfalls of essentialistic concepts of culture may be avoided. The suitability of the concept has been tested in interviews with entrepreneurs of Turkish origin in Berlin.
Keywords: Culture, entrepreneurship, self-employment, action, immigrant business, ethnic business, Turks, Germany, migration

Zusammenfassung: Mit der zunehmenden unternehmerischen Selbständigkeit von Menschen türkischer Herkunft erfährt das Themenfeld „Immigrant Business" in Deutschland zunehmende Aufmerksamkeit. Angelehnt an Forschungen aus dem anglo-amerikanischen Sprachraum, dominieren dabei zwei Erklärungsansätze: solche, die Selbständigkeit von „Migranten" mit den Handlungsbedingungen erklären, welche die Aufnahmegesellschaft bietet, und solche, die hierfür mit einer spezifischen „Kultur" der Unternehmer argumentieren, die mit ihrer Herkunft zusammenhänge. Dem zweiten Erklärungsansatz wird kritisch nachgegangen. Mit „Transkulturalität als Praxis" wird dabei eine Perspektive entwickelt, die einen bedeutungs- und symbolorientierten Kulturbegriff zugrunde legt und den Fallstricken essentialistischer Kulturkonzepte entgehen will. Am Beispiel von Interviews mit Berliner Unternehmern türkischer Herkunft wird diese Perspektive empirisch nachvollzogen.
Schlüsselwörter: Kultur, Unternehmertum, Selbständigkeit, Handeln, Transkulturalität, Türken, Deutschland, Migration

1. Einleitung

„Der Türke ist fleißig und umtriebig und verfügt über einen ausgeprägten Unternehmergeist. Und er ist uns fremd, denn er kommt von weit her." So oder so ähnlich dürften die Konnotationen lauten, die der Titel „Der fleißige Mann vom Bosporus" aus der „Berliner Zeitung" in Anlehnung an eine historische Redewendung transportierte.[1] Der Artikel beschreibt das Phänomen, dass sich vor allem in den 1990er Jahren immer mehr Menschen türkischer Herkunft in Deutschland selbständig machen und dass sich dadurch die Erwerbsstruktur dieser im öffentlichen Diskurs noch häufig als „Migranten" wahrgenommenen und bezeichneten Gruppe – von denen mittlerweile mehr als jeder Dritte in Deutschland geboren ist und fast jeder Fünfte die deutsche Staatsbürgerschaft besitzt – maßgeblich wandelt. Er reiht sich ein in zahlreiche Beiträge ähnlicher Botschaft: Mit „türkischer Ruck" überschrieb z. B. „Die Woche" einen Artikel zum gleichen Thema.[2] Damit zeichnet sich ein Mediendiskurs ab, den man plakativ mit „die multikulturelle Gesellschaft entdeckt die Ökonomien ihrer Kulturen" umschreiben kann.

Die Zunahme an Betrieben – das Zentrum für Türkeistudien (ZfT 2001, S. 7) schätzt, dass sich ihre Zahl zwischen 1985 (22 000) und 2000 (60 000) annähernd verdreifacht hat – erweckte nicht nur die Aufmerksamkeit der Medien, sondern es stieg auch das wissenschaftliche Interesse an Unternehmern türkischer Herkunft. Konzeptionell werden dabei meist Impulse aus dem anglo-amerikanischen Raum aufgenommen, wo Arbeiten unter dem Schlagwort „Immigrant Business" bzw. „Ethnic Business" bereits seit längerer Zeit im Blickpunkt der sozialwissenschaftlichen Forschung stehen.[3] Vereinfacht

---
[1] Artikel vom 6.7.2002. Der „kranke Mann vom Bosporus" bezeichnete um die Jahrhundertwende das geschwächte Osmanische Reich.
[2] Artikel vom 18.12.1998.
[3] In Deutschland stammten die ersten und meisten Arbeiten zu diesem Themenkomplex vom Zentrum für Türkeistudien (v. a. ZfT 1989, SEN 1997, GOLDBERG & SEN 1997, GOLDBERG et al. 1999). Daneben fokussieren Arbeiten im deutschsprachigen Raum auf die Themen Existenzgründungen von Frauen (KONTOS 1997), Beschäftigungsverhältnisse in „ethnischen Ökonomien" (WILPERT 1998, HILLMANN 2002), arbeitsmarktpolitischer Kontext der Selbständigkeit von Ausländern (LOEFFELHOLZ, GIESECK & BUCH 1994) und Integrationswirkungen von Selbständigkeit (BUKOW 1993, ÖZCAN & SEIFERT 2000). Daneben existieren Studien zu ausländischen Unternehmern am Fallbeispiel Berlin (RUDOLPH & HILLMANN 1997, PÉCOUD 2001 sowie Arbeitsgruppe um SCHOLZ mit Publikationen in „Occasional Paper" Geographie der FU Berlin).

dargestellt, wird das unternehmerische Handeln von Migranten dabei vornehmlich aus einer strukturalistischen Perspektive betrachtet, wobei der Strukturbegriff unterschiedlich ausgefüllt wird (WALDINGER, ALDRICH & WARD 1990; vgl. zum Überblick auch die Beiträge in PORTES 1995 und RATH 2000): Auf der einen Seite stehen so genannte „Opportunitäten", die die Aufnahmegesellschaft bietet, auf der anderen Seite „Ressourcen" der Migrantengruppen. Während im ersten Fall also strukturelle Rahmenbedingungen thematisiert werden, die der jeweilige Arbeitsmarkt, der rechtlich-institutionelle Rahmen der Selbständigkeit und des Absatzmarktes bieten (vgl. detaillierter PÜTZ 2003), sind es im zweiten Fall eines eher kulturalistischen Verständnisses von Struktur vermeintlich gemeinsame Eigenschaften von Menschen gleicher regionaler Herkunft. Zwar sind Zuschreibungen wie „arbeiten härter" oder „sparen mehr" in solch expliziten Formulierungen mittlerweile weitgehend aus der Diskussion verschwunden, implizit prägen sie aber immer noch das Grundverständnis zahlreicher Argumentationslinien – als „kulturelle" oder „ethnische Ressourcen", die Unternehmertum bestimmter Gruppen förderten oder einschränkten.

2. Kultur und unternehmerisches Handeln

Mit solchen Vorstellungen von kulturellen „Ressourcen" zeigt sich eine Verbindung zum einleitend angerissenen Mediendiskurs. Es stellt sich nämlich die Frage, was man unter der Perspektive „Kultur und unternehmerisches Handeln" mit einer Studie über Unternehmer türkischer Herkunft lernen kann. Etwas über „die Türken" und die Art, wie sie Unternehmen führen? Oder etwas über die Besonderheit einer „türkischen" Wirtschaftsweise oder über einen „türkischen Unternehmergeist"? Der einleitend zugespitzt dargestellte Mediendiskurs vom „fleißigen Mann vom Bosporus" suggeriert genau das. „Bei den türkischen Unternehmern ist irgendetwas anders. Finde heraus, was es ist!" Und der Diskurs erweist sich als machtvoll, was sich unter anderem darin zeigt, dass auch manche wissenschaftliche Untersuchung ähnlichen Forschungsfragen folgt.

Solchen Fragestellungen liegen Vorstellungen eines Neben- oder Miteinanders von Kulturen als jeweils klar begrenzte, homogene Einheiten zugrunde. Kultur wird konzeptionell an abgrenzbare soziale Kollektive gebunden, was häufig einschließt, sie territorial zu verorten bzw. auf einen territorial verortbaren Ursprung zurückzuführen („türkische Kultur", „Regionalkultur"). Theoretisch-konzeptionell ist dies jedoch nicht haltbar. Selbst wenn es jemals homogene Kulturen gegeben haben sollte, könnten sie spätestens im Zeitalter der Globalisierung und weltweiten Migrationsbewegungen nicht mehr identifiziert werden. Es gibt „keine ausschließlich regional verankerten Wissensbestände mehr und konsequenterweise auch keine durchgehend regional definierbare sozial-kulturelle Welten" (WERLEN 1997, S. 379). Ebenso müssen aus gesellschaftspolitischer Sicht Bedenken an solch essentialistischen Kulturkonzeptionen angemeldet werden. Denn Forschung, die nach vermeintlichen „Eigenschaften", dem „Besonderen einer Kultur" fragt, stellt immer Differenz her und läuft Gefahr, durch die Konstruktion des Anderen auch Ausgrenzung und Diskriminierung zu befördern.

Gegenwärtige Kulturtheorien verstehen unter Kultur allgemeiner die Wissensbestände, symbolischen Ordnungen oder Deutungsschemata, über die Menschen notwendigerweise verfügen, um sich Gegenstände und Handlungen, „Welt", als sinnhaft erschließen zu können (vgl. RECKWITZ 2000). Über „Signifikationsstrukturen" (GIDDENS 1997) wird Welt erst verstehbar, und damit sind sie Bedingung jeglicher sozialer Praxis. Solche Deutungsschemata, die z. B. einen gehobenen Arm zur „Begrüßung" oder ein Drehen des Kopfes zur „Verneinung" werden lassen, sind notwendigerweise kollektiv geteilt. Ein Fehlschluss wäre es aber, daraus abzuleiten, dass Kultur als Verweisungszusammenhang von Symbolen in sich geschlossen sei und gebunden an ein definierbares Kollektiv.

Damit besteht jedoch ein Widerspruch zwischen der theoretischen Position der Nichtexistenz von homogenen Kulturen und der alltäglichen sozialen Praxis, in der genau solche Essentialisierungen permanent (re-)produziert werden. Denn das, was als Kultur definiert wurde – Wissensordnungen, Deutungsmuster –, ist in sich immer auch durch Klassifikationsschemata differenziert, die dem Handelnden die Einordnung der Dinge und ihre Verstehbarkeit erleichtern und Komplexität reduzieren. Sinnbildung ist auf der Ebene des Handelnden untrennbar verbunden mit Klassifikation. Dies bedeutet, dass an bestimmten Symbolen wie Sprache, Herkunft und Kleidung permanent Ausschluss und Zugehörigkeit markiert und Differenz hergestellt werden. Es werden also laufend kulturelle Grenzen gezogen, die symbolisieren, dass „auf der anderen Seite" andere Deutungsschemata herrschten, die mit den eigenen nicht übereinstimmten. Das Bild des „fleißigen Mannes vom Bosporus" reproduziert eine solche Grenzziehung, die das Fremde vom Eigenen trennt und hierzu mit dem entfernten Ort „Bosporus" als Bedeutungsträger eine – mit WERLEN (1997, S. 387) – räumlich relationierte Symbolik einsetzt.

Vermeintliche „Merkmale einer Kultur" sind demnach diskursiv vermittelte Konstruktionen, die aber auf das Handeln und in den Handlungsfolgen konkrete Wirkung entfalten. Dies gilt für jegliches Handeln. Auch mutmaßlich rein „ökonomische" Interaktionssituationen kommen nicht ohne Rückgriff auf geteilte symbolische Ordnungen aus und können konzeptionell nicht ohne Bezug zu Deutungsschemata, Kultur, gedacht werden. So lässt sich z. B. in einer geschäftlichen Vereinbarung zwischen zwei Unternehmern nur dann ein für beide befriedigendes Ergebnis erzielen, wenn bezüglich der Einschätzung dessen, wie Absprachen besiegelt werden und wie verbindlich sie sind, zwischen den Geschäftspartnern Bedeutungsgleichheit besteht. In diesem Sinne ist jegliches ökonomisches Handeln immer auch kulturelles Handeln.

Wie kann das Verhältnis von Kultur und unternehmerischem Handeln konzeptualisiert werden, ohne in die „essentialistische Falle" zu tappen? Fruchtbar erscheint hier das Konzept der Transkulturalität, das WELSCH (1992) entwickelt hat. WELSCH geht mit Hinweis auf die Globalisierungsdebatten zunächst davon aus, dass territorial verortbare homogene Kulturen aufgrund vielfältiger Verflechtungszusammenhänge nicht mehr angenommen werden könnten. Transkulturalität impliziert also die Aufhebung der Kongruenz von Territorium und Kultur. Gleichzeitig verschiebt WELSCH die theoretische Lage kultureller Grenzen von einer interpersonalen auf eine intrapersonale Ebene, d.h., die mit jeder Grenze verbundene Innen-Außen-Differenz wird konzeptionell auf die Ebene einzelner Subjekte verschoben. Diese seien ebenfalls durch Transkulturalität gekennzeichnet und verfügten somit über unterschiedliche kulturelle Bezugssysteme. Damit wird auch die Vorstellung von Kultur als einem geschlossenen Verweisungszusammenhang von Symbolen obsolet. Gleichzeitig bleiben aber „kulturelle Differenzen" denkbar: als Konstruktionen entlang Zugehörigkeit und Ausschluss markierender Symbole.

Auf der Basis dieser Überlegungen lässt sich Kultur für eine handlungsorientierte empirische Forschungspraxis konzeptualisieren, indem der Blick weg von Fragen nach der Ausprägung vermeintlich homogen existierender Kulturen gelenkt wird und hin zur Frage nach der Praxis der Grenzziehungen, die Akteure kontinuierlich vornehmen; „kulturelle", da Bedeutung schaffende Grenzziehungen, anhand derer das vertraute, dazugehörende „Innen" vom unvertrauten, nicht dazugehörenden „Außen" geschieden wird. Diese Perspektive der „Transkulturalität als Praxis" (PÜTZ 2002)[4] ist aber nicht nur als Analysekonzept zu verstehen. Gleichermaßen kann sie als konkrete Handlungspraxis konkreter Subjekte gelesen werden. Denn durch die Verschiebung der Innen-Außen-Differenzen bei der Herstellung kultureller Grenzen auf die Ebene des Subjektes werden Mehrfachzugehörigkeiten von Individuen sowohl konzeptionell akzeptiert als auch empirisch greifbar. Daraus lässt sich ableiten, dass Menschen über Handlungsroutinen verfügen, mit denen sie sich in Form einer „alltäglichen Transkulturalität" in unterschiedlichen Deutungsschemata verorten können, um z.B. in ökonomischen Interaktionssituationen Bedeutungsgleichheit mit Geschäftspartnern herzustellen. Sind dem Akteur solche Deutungsschemata reflexiv zugänglich und damit absichtsvoll einsetzbar, kann „alltägliche Transkulturalität" zur „strategischen Transkulturalität" werden – als Fähigkeit, sich reflexiv in unterschiedlichen Symbolsystemen orientieren und in ihnen operieren zu können. Kulturelle Deutungsschemata können damit als für die soziale Praxis sinngebend und handlungsleitend aufgefasst werden, aber als Repertoire, das verschiedene Handlungsoptionen bereithält und zu dem Individuen einen reflexiven Zugang haben können.

Am Beispiel einer inhaltsanalytischen Auswertung von biographischen Interviews, die im Rahmen eines DFG-Projektes mit Unternehmern und Unternehmerinnen türkischer Herkunft geführt worden sind, soll im Folgenden an zwei Beispielen die Praxis kultureller Grenzziehungen empirisch nachvollzogen werden. Im ersten Beispiel steht die Konstruktion „türkischer" sozialer Ressourcen durch Grenzziehungen im Vordergrund. Anschließend wird anhand eines Ausschnitts einer biographischen Analyse die Perspektive der „strategischen Transkulturalität" nachvollzogen.

3. Die Konstruktion „türkischer" sozialer Ressourcen

Die Annahme, dass Migranten oder ihre Nachkommen über spezifische Eigenschaften verfügten, die als „ethnische Ressourcen" unmittelbar mit ihrer Abstammung und Herkunft zusammenhängen, ist eine Kernaussage zahlreicher Arbeiten zum Themenfeld „Immigrant Business". LIGHT & ROSENSTEIN (1995, S. 171) definieren sie wie folgt: "Ethnic resources include an ethnic culture, structural and relational embeddedness, social capital, and multiplex social networks that connect the entire group. Ethnic resources characterize a whole group." Die hier angeführten Basiskonzepte „Embeddedness" (GRANOVETTER 1985) und „soziales Kapital" (zumeist mit Rückgriff auf BOURDIEU 1983 oder COLEMAN 1988) haben in ihrem Ursprung zunächst nichts mit der Herkunft eines Unternehmers zu tun. Sie wurden in den vergangenen Jahren vornehmlich von Seiten der Wirtschaftssoziologie entwickelt und haben mittlerweile auch breiten Raum in der wirtschaftsgeographischen Debatte eingenommen (z.B. GLÜCKLER 2001, BATHELT & GLÜCKLER 2002). Wesentlich daran ist, dass ökonomisches Handeln als grundsätzlich immer auch soziales Handeln aufgefasst wird und dass damit der Kontext sozialer Beziehungen als relevant für jegliche ökonomische Interaktion in den Mittelpunkt der Betrachtung rückte. Das Denkmodell „ethnischer" Ressourcen dreht die Argumentationslogik jedoch um. Hier werden – da Ethnien als *a priori* existent und voneinander unterschiedlich wahrgenommen werden – soziale Ressourcen zu „ethnischen", d.h., dem Unternehmer wird als ethnisch prädisponiertem Wesen eine spezifische Art an Embeddedness, sozialem Kapital etc. zugesprochen, die sich aus seiner Abstammung ergibt.

Anknüpfend an die einführenden Bemerkungen, sollte bei der Betrachtung sozialer Beziehungen zwischen Unternehmern mit ähnlichem Migrationshintergrund ein Perspektivenwechsel vorgenommen werden. Weniger als die Frage nach vermeintlich wesenhaften Eigenschaften einer gegebenen Gruppe sollte die Frage in den Vordergrund rücken, wie Innen-Außen-Differenzen entlang von Symbolen wie der national etikettierten Herkunft hergestellt werden und welche Funktion diese Grenzziehungen z.B. für die Akkumulation sozialen Ka-

---

[4] Einer ähnlichen Idee folgt auch BOECKLER (1999) bei seiner Konzeptualisierung von „Kultur als diakritische Praxis", als fortwährendes Einfügen von kontingenten Unterscheidungen in die prinzipiell nicht getrennte Welt.

pitals haben. Dies kann im Folgenden durch die Schilderung von Unternehmern türkischer Herkunft zur Beschaffung von Informationen bzw. zur Auswahl von Geschäftspartnern nachvollzogen werden.

KAYA und ALI, so lauten ihre Codenamen, sind Lebensmittelgroßhändler mit jeweils rund zehn Angestellten. KAYA beschreibt primär eine dyadische Beziehung zu einem freundschaftlich verbundenen Wettbewerber (relationale Embeddedness), dem er günstige Bezugsquellen nennt, wobei er von dieser Art Vertrauensvorschuss später einmal Gegenleistungen erwartet (Reziprozität). Die Rolle sozialer Beziehungen für ökonomische Transaktionen drückt er dadurch aus, dass er sie nur mit „sehr guten Leuten" tätige:

> „Wenn ich jetzt, sagen wir mal, mit einem Lieferanten aus Westdeutschland telefoniere, grüne Linsen zum Beispiel, sagt: ,Ich habe was für 1,50 für Dich.' Dann bin ich auch so fair und andere Großhändler – also Freunde, die ich eben vom Fruchthof kenne, mit denen ich jahrelang zusammengearbeitet habe, sagen wir mal – rufe ich an und sage: ,Guck mal, wo kaufst Du Deine grünen Linsen?' Sagt der mir: ,Da und da für 1,95.' Sag ich: ,Ich hab was rausbekommen. Ruf mal da und da an, sagst Du meinen Namen und dann ist gut.' Und das machen die denn auch. [...] Weil, eine Hand wäscht die andere. Und wenn irgendwann mal ihm was auffällt, ist egal was, was mir behilflich sein kann, dann sagt er mir's auch. [...] Der muss mir ja nicht nur geschäftlich helfen, das kann ja auch privat sein oder was. [...] Aber das macht nicht jeder mit jedem, das machen eben nur sehr, sehr gute Leute."

ALI beschreibt ebenfalls den Aufbau eines Vertrauensverhältnisses in einer dyadischen Beziehung, schildert anschließend aber eine Situation, in der ein „Unternehmen X" Ansehen und Reputation verliert, weil ein von ihm geschädigter Unternehmer über geschlossene Netzwerke mit anderen Unternehmern verbunden ist (strukturelle Embeddedness). Auch ALI hebt darauf ab, dass er vertrauliche Informationen nur in einem engen Kreis „guter Kontakte" weiterreiche:

> „Ich muss erstmal anschauen, wie die Geschäft von dem. Geschäft geht gut oder nicht gut. Kann er, kann er diese Rechnung jederzeit bezahlen, oder kann er nicht bezahlen und so weiter. Wenn der jetzt seit so lange da macht Geschäft, äh Jahre oder Jahre, er ist bisher immer gut gearbeitet. Mit den anderen Firma auch. Denn wenn eine Geschäftsmann macht Fehler, äh, es geht sehr schnell, der andere Leute hört, diese Geschäftsmann hat Fehler gemacht. Zum Beispiel wir sind drei Geschäftsmann, unterhalten uns zwischen, er sagt zu mir: ,ALI, Mensch, scheiße, zum Beispiel X, Firma X hat zu mir Scheck gegeben und diese Scheck geplatzt.' Oder ich sag: ,Mensch, Firma X, andere X Firma haben sie geschäftliche Kontakte?' Wenn sagt: ,Ja', ich sag ihnen: ,Bitte aufpassen. Der hat von mir drei offene Rechnungen und der will nicht Geld zahlen.' Oder zu schwierig, Zahlungsziel." PÜTZ: „Machen Sie das mit allen Geschäftspartnern, solche Informationen austauschen?" ALI: „Ja, zu guten Kontakten."

Die beiden Schilderungen KAYAS und ALIS bestätigen die Perspektive ökonomischen Handelns als grundsätzlich soziales Handeln. Gleichzeitig würde wohl jeder Beobachter die Schilderungen als „alltäglich" beschreiben. Die beiden Interaktionssituationen und sozialen Beziehungen sowie ihre Wirkungen sind jedem aus seinem eigenen Alltagshandeln vertraut, und sie sind nicht ursächlich verbunden mit Herkunft oder „Türkisch-Sein", auch wenn dieses Bild mit der Denkfigur einer „ethnischen Ökonomie" häufig reproduziert wird. Bei der Betrachtung, wie die beiden Unternehmer ihre jeweiligen Aussagen unmittelbar eingeleitet haben, verkehrt sich dieser Eindruck aber ins Gegenteil:

> KAYA: „Also, der Türke, der ist überall. Der weiß seine ganzen Informationen. Die helfen sich untereinander. Ich weiß nicht, ob die Deutschen das untereinander machen, glaube ich nicht. Und das machen die Türken [...]."

> ALI: „Hm, ja. Das ist so, erstmal natürlich Vertrauen zu Türken [...]."

Die Zugehörigkeit zu einer imaginären „Gemeinschaft der Türken" avanciert hier plötzlich zur entscheidenden Voraussetzung dafür, an entsprechenden Netzwerken zu partizipieren und von „gegenseitiger Hilfe" und von „gegenseitigem Vertrauen" profitieren zu können. Die Konstruktion einer national etikettierten Kultur als – mit WERLEN (1997) – „signifikative Regionalisierung" erweist sich also als ein ökonomisch probates Mittel, an dem sich Ein- oder Ausschluss aus sozialen Beziehungen festmacht. Diese Grenzziehung ist verbunden mit einem Diskurs vom „türkischen Unternehmer", der auf den zentralen Kategorien Ehre, Vertrauen und Solidarität aufbaut und der sie gleichzeitig als soziales Kapital ökonomisch verfügbar macht.

4. Destabilisierung national etikettierter Grenzen

Zugehörigkeitsdiskurse entfalten große Handlungsrelevanz und erweisen sich über Ein- oder Ausschluss aus sozialen Beziehungen als wichtig für unternehmerischen Erfolg. Mit GIDDENS werden solche Deutungsschemata durch ihre Anwendung rekonstituiert und stabilisiert. Gleichzeitig aber unterliegen sie durch die permanente Neuverhandlung in der Handlungssituation immer auch prozesshaftem Wandel. Diesen Aspekt der Destabilisierung räumlich-national etikettierter Grenzen verdeutlicht ein zweites Beispiel: ULVI, der Inhaber einer Werbeagentur, berichtet von kulturellen Grenzziehungen aus der Perspektive eines Ausgegrenzten. Er sieht sich in seinen Anfängen als Unternehmer mit einer Situation konfrontiert, in der Sprache herangezogen wird, um symbolisch Differenz zu markieren, und zwar zwischen einer Gemeinschaft „echter Türken" und „unechten Türken". ULVIS Sprache lässt keine eindeutige Zuordnung zu. Ihm wird daher mit Misstrauen begegnet, was seine unternehmerische Karriere gefährdet. Er ist davon bedroht, seine geschäftliche Verbindung aufgrund dieser Grenzmarkierung zu verlieren:

> „Ähm, mein Partner damals hatte, äh, irgendwas gegen mich. Ich habe es gar nicht so gemerkt von ihm, weil er war immer noch so nett und höflich. Aber intern weiß ich, dass er seinem Vater, mit dem ich die Geschäftsbeziehung hatte, äh, gesagt hat: ‚Oh Mann, er ist ein Idiot, das ist doch so ein deutsch gewordener Türke' und ‚lass uns mal jemanden anderes nehmen' und so. [lacht] Genau die Situation gab es. Und auch so, äh, der Rest der Familie, äh, von meinem Partner, äh, die hatten auch so einen komischen Blick auf mich, weil ich, weil mein Türkisch so ein seltsames Türkisch war. Es war nicht so das normale Türkisch, was die Türken geredet haben, sondern dadurch, dass ich sehr viel im deutschen Kreis war, war mein Türkisch eher so eine Halbübersetzung, Zum-Teil-Übersetzung aus dem Deutschen. Ich, meine Sätze waren seltsam konstruiert, es waren im Grunde deutsche Sätze, mit türkischen, äh, Worten."

National oder sprachlich etikettierte kulturelle Identität schafft ein „Wir" und ein „Anderes" und dient in einem ersten Schritt dazu, die Auswahl von Geschäftspartnern zu vereinfachen. Menschen wie ULVI passen nicht in solche dichotomen Zuschreibungsdiskurse. Sie verunsichern und irritieren, indem sie Orientierung bietende Selbst- und Fremdzuschreibungen durch ihre Existenz in Frage stellen. IBRAHIM, Vorstandsmitglied eines türkischen Unternehmerverbandes, äußert sehr eindrücklich, wie ihm das Zurückgreifen auf binational aufgebaute Identitätskonstruktionen Sicherheit im alltäglichen sozialen (und unternehmerischen) Handeln vermittelt und welche Wirkung Menschen wie ULVI auf ihn haben, die solchen Konstruktionen nicht entsprechen:

> „Der Hauptproblem, wenn man sich zurückblickt: Erste, zweite, dritte Generation. [...] Manchmal hat man selber Angst, was für ein Menschen das überhaupt sind, weil die sind, äh, viel, äh, fremd zu eigene Kultur geworden. Und die ihre eigene Persönlichkeiten verloren haben. Und dadurch geben sie keine gute Bild, und das stört eigentlich einmal die Einheimischen und auch mal die, äh, eigene Seite. Man kann die nicht richtig zuordnen. [...] Und ich habe schreckliche Angst, wie die Türken dann überhaupt aussehen. Ich bin mit meine eigene Kultur und meine eigene Glauben, meine eigene Werten im Lande viel besser, kann besser die Deutschen verstehen, die Deutschen können mich auch als ein Türke besser verstehen."

Menschen wie ULVI kann man „nicht richtig zuordnen". Sie passen nicht in das Schema und gefährden damit die auf Differenzen basierende Koexistenz zu Deutschen. Denn Deutsche können Türken dann nicht mehr „als Türke verstehen", weil die dem „Türkisch-Sein" zugeordneten Deutungsschemata nicht mehr greifen. Sie stellen damit für viele eine Bedrohung dar. Sie gefährden die Aufrechterhaltung von national etikettierten Kulturen, und sie stellen nicht nur die zugrunde liegenden Oppositionen in Frage, sondern darüber hinaus das „Prinzip der Opposition selbst, die Plausibilität der Dichotomie" (deutsch – türkisch), „die es suggeriert, und die Möglichkeit der Trennung, die es fordert" (BAUMAN 1995, S. 80).

Beide Beispiele zeigen, dass die Annahme vermeintlich gegebener kultureller Grenzen nicht haltbar ist und dass „Kultur" gleichermaßen als Zustand wie auch als Prozess konzeptualisiert werden muss (SCHIFFAUER 1997). So geht der Deutsch-Türkisch-Diskurs einher mit Konstruktionen über Ehre oder gegenseitige Hilfe. Dadurch kann er in entsprechenden Handlungskontexten aktiviert und zu einer wichtigen Quelle der Akkumulation sozialen Kapitals werden. Indem Unternehmer in ökonomischen Interaktionen auf ihn rekurrieren, tragen sie auch zu seiner Stabilisierung bei. Andererseits aber werden kulturelle Symbole durch ihre kontinuierliche Interpretation und ihren Gebrauch immer neu konstruiert, und vermeintlich stabile Klassifikationsschemata verlieren durch Unternehmer wie ULVI an Wirkungsmacht, weil es Menschen sind, die prozesshafte Veränderung implizit in sich tragen und kulturelle Konstruktionen destabilisieren.

5. Strategische Transkulturalität

Wenn kulturelle Grenzen nicht natürlich existent, sondern diskursiv hergestellt und damit auch veränderbar sind, sind sie dem einzelnen Akteur prinzipiell auch verfügbar. Die eingangs aufgestellte „Transkulturalität als Praxis" wäre dann nicht nur als Analysekonzept zu lesen, sondern als konkrete Handlungspraxis konkreter Akteure. Dies soll im Folgenden am Ausschnitt aus einer biographischen Analyse nachvollzogen werden.

KEVSAN, dies ihr Codename, wird 1968 in einem Bergdorf in der Provinz Sivas geboren und kommt im Alter von drei Jahren mit ihren Eltern nach Deutschland. Nach Beendigung der Hauptschule und einer Ausbildung als Krankenschwester arbeitet sie ab 1989 im Pflegebereich und holt nebenbei ihr Abitur nach. 1993 bewirbt sie sich erfolgreich um einen Studienplatz und studiert bis 1997 Erziehungswissenschaften. Während ihrer anschließenden Tätigkeit auf einer Sozialstation erwächst die Idee, sich im sozialen Bereich selbständig zu machen. Diese setzt sie 1999 um. 2001 beschäftigt sie bereits mehr als 40 Mitarbeiter und erwirtschaftet einen Jahresumsatz von mehr als 1 Mio. Euro.

KEVSANS Urgroßmutter ist Überlebende von Massakern an Aleviten in den 1930er Jahren, und in den 1970er Jahren wurden Verwandte aufgrund ihrer Konfession und prokurdischen politischen Aktivitäten verfolgt und ermordet. Dadurch ist die Aufrechterhaltung einer kollektiven Identität bei gleichzeitiger Verbergung nach außen ein bedeutendes und im Alltag permanent präsentes Thema in der Familie. Die Anforderung, sich reflexiv mit der Zugehörigkeit zu imaginären Gemeinschaften auseinander zu setzen, ist somit bereits in KEVSANS Familienkonstellation angelegt. Sie setzt sich bis in ihr gegenwärtiges unternehmerisches Handeln fort. Dabei dominieren drei Konfliktlinien: an der Sprache markierte Ethnisierungen *kurdisch–türkisch,* an der religiösen Orientierung aufgehängte Zuschreibungen *alevitisch–sunnitisch* und am Geschlecht festgemachte Zuschreibungen zur Rolle *Frau–Mann*. Alle drei Diskursfelder entfalten in ihrer Biographie eine große Dynamik zwischen Aneignung und Ablehnung der entsprechenden ihr zugeschriebenen Identitäten.

KEVSAN erfährt erst nach der Migration nach Deutschland durch die Begegnung mit türkisch sprechenden Mitschülern, dass die sprachliche (kurdisch) und religiöse (alevitisch) Verankerung ihrer Familie in der Türkei Ziel von Verfolgungen ist. Es zeigt sich, dass der in der Türkei hegemoniale Diskurs auch in Deutschland sehr machtvoll ist: In Berlin lernt KEVSAN Deutsch und Türkisch, wird durch ihren kurdischen Akzent in der Schule aber „als Kurdin" identifiziert und auf „Kurdisch-Sein" festgelegt. Sie ist so einer doppelten Ethnisierung als „Ausländerin in Deutschland" und als „Kurdin unter Türken" ausgesetzt. Letztere Diskriminierungen erfährt sie auch über institutionalisierte Machtasymmetrien von ihrer türkischen Grundschullehrerin. Sie begegnet ihnen durch die Entwicklung zweier Handlungsstrategien, die sie bis in die Gegenwart begleiten: einerseits durch Aneignung von Wissen und damit verbundene Anerkennung, andererseits durch Veränderung ihrer Aussprache des Türkischen, was eine Codierung über Sprache unmöglich macht.

Auch die Zuschreibungen, als Angehörige einer alevitischen Familie einer „schlimmen, unreinen" Gruppe anzugehören, werden KEVSAN bereits als Kind latent vermittelt, aufgrund der Tabuisierung des Themas durch die Familie aber zunächst nicht öffentlich. Ein offensives „Bekenntnis zum Alevitentum" in ihrer Pubertät wirkt wie ein Mittel der Befreiung von dominanten Zuschreibungspraktiken und ist für ihre Subjektbildung zunächst auch „erfolgreich". Es führt allerdings zu Ausgrenzungen von sunnitischen Mitschülern, die sich im Privatleben fortsetzen: Der religiöse Hintergrund ihrer Familie ist Anlass, dass mehrere Partnerschaften beendet werden. Sie begegnet dem unter anderem dadurch, dass sie sich in ihrer Diplomarbeit mit „Frauenbildern bei Aleviten und Sunniten" intellektuell auseinander setzt und erneut durch Wissensaneignung reagiert. Hierdurch bringt sie sich in eine Position, die ihr einen reflexiven Zugang zu unterschiedlichen Konfessionen und damit verbundenen sozialen Praktiken und Diskursen verschafft. Das kann als eine entscheidende Voraussetzung für die Entwicklung der Fähigkeit zur „strategischen Transkulturalität" betrachtet werden, die sie in ihrer späteren unternehmerischen Praxis in Wert setzt.

So lässt KEVSAN in ihren gegenwärtigen Kundenkontakten durch die Wahl ihrer äußeren Erscheinung – formaler Businesslook in Kleidung und Make-up – eine Zuordnung zu einer ethnischen oder konfessionellen Gruppe entlang äußerer Kennzeichen nicht zu. Sie gibt sich über diese Distinktionsmerkmale vielmehr als Geschäftsfrau zu erkennen und verschafft sich dadurch zunächst Respekt und Distanz. Auch sprachlich ist sie nicht festzulegen. Gleichzeitig – und das ist entscheidend – hat sie durch die praktische wie reflexive Auseinandersetzung mit machtvollen Zuschreibungen und in der Dynamik zwischen Aneignung und Ablehnung solcher extern an sie herangetragenen Identitätspositionen die Fähigkeit entwickelt, mit kulturellen Codierungen flexibel umzugehen und sie situativ einzusetzen. Diese hier als „strategische Transkulturalität" bezeichnete Fähigkeit, die nur vor dem Hintergrund ihrer Familienkonstellation und ihrer Biographie bzw. den darin erworbenen biographischen Ressourcen verstanden werden kann, trägt wesentlich zu KEVSANS ökonomischem Erfolg bei. Das zeigt sich exemplarisch in einer Interaktionssituation mit einem Kunden:

> *„Ich gehe hin, stelle mich vor. [Der Kunde] ist jünger als ich, guckt mich an und sagt: ‚Guten Tag, nehmen Sie Platz.' Ich habe Platz genommen, da habe ich gesagt: ‚Auf was warten wir denn?' Da meint er: ‚Auf Ihren Chef.' Da habe ich gesagt: ‚Wie bitte? Ich habe keinen Chef.' Da meint er: ‚Die Firma hat doch einen Chef.' Da habe ich gesagt: ‚Die Firma hat eine Chefin, und das bin ich.' Guckt er mich an, wirklich so hier: ‚Sie?' Und der ist ja so groß, und dann stand ich, und da macht er mit dem Finger: ‚Sie sind die Chefin? Nee, dann wollen wir Sie nicht haben.' Da habe ich gesagt: ‚Warum wollen Sie mich nicht haben?' ‚Nee, die Firma wird von einer Frau geführt [...].' Ich stand da, und die Frau kam, hat mich so mit einem Kopfnicken gegrüßt, war vermummt."*

Bei einem Gespräch, in dem es sich, rein geschäftlich betrachtet, um die Verhandlung eines Auftrages und eine Kundenakquisition handelt, findet sich KEVSAN in einer Situation wieder, die zunächst nicht von ökonomischen Parametern wie Kosten und Qualität, sondern von anderen Bedeutungszuschreibungen bestimmt wird. Sie sieht sich mit traditionellen geschlechtsspezifischen Rollenvorstellungen konfrontiert. Weder ihre hervorragenden fachlichen Referenzen, die sie ansonsten als ein probates Mittel zur Auftragsakquisition einsetzen kann, noch die äußeren Kennzeichen ihres Auftretens als Geschäftsfrau werden als Symbole für berufliche Qualifikation akzeptiert. Sie muss die in der Verhandlungssituation geltenden Deutungsschemata redefinieren und stellt sich darauf anhand zweier Symbole ein: Einerseits greift sie die herabsetzenden Äußerungen des Familienvaters und seine Rekurrierung auf einen entsprechend traditionellen Diskurs über die Rolle der Frau auf, andererseits das äußerliche Kennzeichen der „Vermummung" seiner Ehefrau. Sie zieht daraufhin andere Codierregeln heran:

> „Da meint er: ‚Ja, wenn eine Firma von einer Frau geleitet wird. Außerdem ist Ihre Firma ja ganz neu. Weiß nicht, ob sie Pleite macht, und eine Frau kann doch keine Firma führen.' Da habe ich gesagt: ‚Wissen Sie. Wenn Ihr Problem das ist, dass ich Pleite mache, kann ich Ihnen sagen, ich habe supergute Rückendeckung. Mein Bruder hat selber eine Firma. Ich würde niemals Konkurs gehen, weil er mir über die Durststrecke helfen würde.' [...] Dann wurde er etwas weich, und dann sagte er so von oben herab: ‚Wer ist denn Deine, wer ist denn Dein Bruder, der Dich unterstützt.' Und dann dachte ich mir, ob ich die Wohnung verlassen oder bleiben soll. Da habe ich gesagt: ‚Firma X ist mein Bruder und Firma Y.' Da meint er: ‚Ach der, der in [Straßenname] ist. Natürlich. Den kenne ich. Dann gibt's ja kein Problem.'"

Ökonomisches Handeln ist immer auch „kulturelles" Handeln in dem Sinne, als dass in der (wie in jeder) unternehmerisch relevanten Interaktionssituation „Kundenakquisition" zunächst die geltenden Deutungsschemata verhandelt werden. KEVSAN erkennt dabei, dass die Symbolik „ausgebildete, qualifizierte Fachkraft" keine Wirkung entfaltet. Sie identifiziert ein anderes Diskursfeld als situationsdefinierend und passt sich den dabei geltenden Codierregeln an. Hier wird auch deutlich, dass Fragen der Macht, verstanden als Fähigkeit, seine Deutungsmuster durchzusetzen, bei der Betrachtung der kulturellen Aspekte unternehmerischen Handelns zentral sind. Denn KEVSAN rekurriert auf Repräsentationsinstrumente, die den in der Akquisesituation über Machtasymmetrien durchgesetzten Deutungsschemata erwachsen und reproduziert und stabilisiert damit gleichzeitig den entsprechenden Diskurs: Sie entwertet ihre beruflichen Qualifikationen und Fähigkeiten und benutzt Codes, in denen sie ihre Qualitäten ausschließlich durch die gesellschaftliche Position ihres älteren Bruders bezieht. Dadurch erhält sie letztlich den Auftrag.

In einer Art Globalevaluation erklärt sie eine solche situationsabhängige Verortung zu unterschiedlichen kulturellen, da Sinn bildenden Deutungsschemata im Sinne einer „strategischen Transkulturalität" zu ihrem unternehmerischen Leitprinzip:

> „Ich sag' immer also: [...] ‚Wenn Sie wollen, dass ich 'ne Kurdin bin, dann bin ich 'ne Kurdin. Und wenn Sie sagen, ich soll 'ne Sunnitin sein, dann bin ich 'ne Sunnitin.'"

Der Ausschnitt aus der Biographieanalyse KEVSANS und die Unternehmerzitate bestätigen eine Ausgangsüberlegung zu „Transkulturalität als Praxis". Kulturelle Grenzen sind nichts naturhaft Gegebenes, sondern Konstrukte, die diskursiv vermittelt sind und durch die Handlungspraxis (re-)produziert werden. Die drei empirischen Beispiele stehen dabei für unterschiedliche Varianten der Herstellung, Reproduktion und Bearbeitung kultureller Grenzen. Damit ist aber auch Zugehörigkeit keine A-priori-Größe, die sich durch „Sein" ergibt, sondern die durch die soziale Praxis hergestellt wird – und damit prinzipiell auch veränderlich ist. Dieser Aspekt wird bei Arbeiten, die auf „kulturelle Embeddedness" verweisen und dies an vermeintlich „geteilten Normen und Werten" eines Kollektivs festmachen, häufig übergangen.

Solche Grenzziehungen beruhen häufig auf einer räumlich relationierten Symbolik, indem sie entlang einer imaginären Herkunft markiert werden. Dadurch, dass sie das Innen vom Außen trennen und damit Gemeinschaften herstellen, sind sie immer auch ein Akt der Identitätskonstruktion. Denn über symbolische Markierungen wird Differenz hergestellt, und das Ich setzt sich zum Anderen in Beziehung. Solche (Selbst-)Verortungsprozesse müssen als wesentliches Element beachtet werden, wenn kulturelle Aspekte unternehmerischen Handelns untersucht werden sollen. Unternehmer bewegen sich – wie alle handelnden Subjekte – in einem Feld, in dem permanent Identitätspositionen verhandelt werden. Wie die Beispiele KEVSANS und ULVIS zeigen, sollte die Vorstellung von einer „wesenhaften" Identität dabei aber ebenso aufgegeben werden wie die Vorstellung einer „wesenhaften" Zugehörigkeit zu einer Gemeinschaft. Vielmehr erscheint der Begriff „Verortung" adäquater als der Begriff der „Identität", da in ihm mit dem Handlungsakt (sich verorten), dem Zuschreibungseffekt (verortet werden) und dem situativen Charakter (Verortung als immer wieder neu kontextualisiertes Phänomen) drei Aspekte zusammenfließen, die für die Konstruktion von Identitätspositionen konstitutiv sind.

Der Aspekt der Verortung ist zentral, um in vermeintlich rein „ökonomischen" Interaktionssituationen die Handlungen der Akteure zu verstehen. Im Sinne einer Transkulturalität als konkreter Handlungspraxis können diese sich nämlich in mehreren imaginären Gemeinschaften verorten und haben damit prinzipiell die Fähigkeit, kontextbezogen auf unterschiedliche symbolische Deutungsschemata zu rekurrieren und sie in ihrem Handeln einzusetzen. Die Existenz der alltäglichen Kompetenz zu Transkulturalität kann bei jedem Unternehmer angenommen werden, weil in jeder ökonomischen Interaktion (meist unausgesprochen) „verhandelt" wird, welche Deutungsschemata die Situation definieren.

Auf der Ebene des einzelnen Akteurs kann die Fähigkeit zur Transkulturalität weiter ausdifferenziert werden: *Alltägliche Transkulturalität* bezeichnet das routinisierte Heranziehen von Deutungsschemata, um z. B. in Interaktionssituationen Bedeutungsgleichheit mit Interaktionspartnern herzustellen. Solche Routinen sind – in terminologischer Anlehnung an GIDDENS (1997, S. 57) – im „praktischen Bewusstsein" verankert und stehen dem Handelnden in einer reflexiven Auseinandersetzung in der Regel nicht zur Verfügung. *Strategische Transkulturalität* bezeichnet dagegen eine absichtsvolle reflexive Verortung. In wiederkehrenden Interaktionssituationen verhandelte Deutungsschemata können dem Akteur im „diskursiven Bewusstsein" zur Verfügung stehen. Das versetzt ihn in die Lage, mit Identitätscodierungen flexibel umzugehen und sich situationsabhängig und intentional auf unterschiedliche Bezugssysteme einzustellen. Strategische Transkulturalität, das Beispiel von KEVSAN hat es gezeigt, ist damit eine ökonomisch verwertbare Ressource, die Handlungsspielräume bei der Marktbearbeitung erweitert und dem Unternehmer die Teilhabe an unterschiedlichen sozialen Beziehungen ermöglicht.

Literatur

BATHELT, H., & J. GLÜCKLER (2002): Wirtschaftsgeographie: ökonomische Beziehungen in räumlicher Perspektive. Stuttgart.

BAUMAN, Z. (1995): Moderne und Ambivalenz. Frankfurt/Main.

BOECKLER, M. (1999): Entterritorialisierung, „orientalische" Unternehmer und die diakritische Praxis der Kultur. Geographische Zeitschrift, **87** (3): 178–193.

BOURDIEU, P. (1983): Ökonomisches Kapital, kulturelles Kapital, soziales Kapital. In: KRECKEL, R. [Hrsg.]: Soziale Ungleichheiten. Göttingen. = Soziale Welt, Sonderband **2**: 183–198.

BUKOW, W.-D. (1993): Leben in der multikulturellen Gesellschaft. Die Entstehung kleiner Unternehmer und die Schwierigkeiten im Umgang mit ethnischen Minderheiten. Opladen.

COLEMAN, J. S. (1988): Social Capital in the Creation of Human Capital. American Journal of Sociology, **94**: 95–120.

GIDDENS, A. (19973): Die Konstitution der Gesellschaft: Grundzüge einer Theorie der Strukturierung. Frankfurt am Main.

GLÜCKLER, J. (2001): Zur Bedeutung von Embeddedness in der Wirtschaftsgeographie. Geographische Zeitschrift, **89** (4): 211–226.

GOLDBERG, A., & F. SEN (1997): Türkische Unternehmer in Deutschland. Wirtschaftliche Aktivitäten einer Einwanderungsgesellschaft in einem komplexen Wirtschaftssystem. Leviathan, Sonderheft **17**: 63–84.

GOLDBERG, A., et al. (1999): Der türkische Lebensmitteleinzelhandel in Deutschland: Erfolgsgeschichte und Zukunftsperspektiven. Essen.

GRANOVETTER, M. (1985): Economic Action and Social Structure: The Problem of Embeddedness. The American Journal of Sociology, **91**: 481–510.

HILLMANN, F. (2002): Positionierung und Bedeutung ethnischer Arbeitsmärkte. Berlin. = Geographisches Institut der FU Berlin, Occasional Paper, **13**.

KONTOS, M. (1997): Von der Gastarbeiterin zur Unternehmerin. Biographieanalytische Überlegungen zu einem sozialen Transformationsprozess. Deutsch lernen, **22** (1): 275–290.

LIGHT, I., & C. ROSENSTEIN (1995): Expanding the Interaction Theory of Entrepreneurship. In: PORTES, A. [Ed.]: The Economic Sociology of Immigration. Essays on Networks, Ethnicity, and Entrepreneurship. New York: 166–212.

LOEFFELHOLZ, H. D. VON, GIESECK, A., & H. BUCH (1994): Ausländische Selbständige in der Bundesrepublik unter der besonderen Berücksichtigung von Entwicklungsperspektiven in den neuen Bundesländern. Berlin.

ÖZCAN, V., & W. SEIFERT (2000): Selbständigkeit von Immigranten in Deutschland – Ausgrenzung oder Weg der Integration? Soziale Welt, **51**: 289–302.

PÉCOUD, A. (2001): The cultural dimension of entrepreneurship in Berlin's Turkish economy. Revue Européenne des Migrations Internationales, **17** (2): 153–168.

PORTES, A. [Ed.] (1995): The Economic Sociology of Immigration. Essays on Networks, Ethnicity, and Entrepreneurship. New York.

PÜTZ, R. (2002): Kultur, Ethnizität und unternehmerisches Handeln. Berichte zur Deutschen Landeskunde, **76** (2).

PÜTZ, R. (2003): Unternehmer türkischer Herkunft in Deutschland. Der „Gründungsboom" aus makroanalytischer Perspektive. Geographische Rundschau, **55** (4): 26–31.

RATH, J. [Ed.] (2000): Immigrant Businesses. The Economic, Political and Social Environment. Houndmills.

RECKWITZ, A. (2000): Die Transformation der Kulturtheorien: Zur Entwicklung eines Theorieprogramms. Weilerswist.

RUDOLPH, H., & F. HILLMANN (1997): Döner contra Boulette – Döner und Boulette: Berliner türkischer Herkunft als Arbeitskräfte und Unternehmer im Nahrungsgütersektor. Leviathan, Sonderheft **17**: 85–105.

SCHIFFAUER, W. (1997): Fremde in der Stadt. Frankfurt am Main.

SEN, F. (1997): Türkische Selbständige in der Bundesrepublik. Geographische Rundschau, **49** (7/8): 413–417.

WALDINGER, R., ALDRICH, H., & R. WARD (1990): Opportunities, Group Characteristics, and Strategies. In: WALDINGER, R., ALDRICH, H., & R. WARD [Ed.]: Ethnic Entrepreneurs: Immigrant Business in Industrial Societies. Newbury Park et al.: 13–48.

WELSCH, W. (1992): Transkulturalität. Lebensformen nach der Auflösung der Kulturen. Information Philosophie, **2**: 5–20.

WERLEN, B. (1997): Sozialgeographie alltäglicher Regionalisierungen. Band 2: Globalisierung, Region und Regionalisierung. Stuttgart. = Erdkundliches Wissen, **119**.

WILPERT, C. (1998): Migration and Informal Work in the New Berlin: New Forms of Work or New Sources of Labour? Journal of Ethnic and Migration Studies, **24** (2): 269–294.

ZfT [Zentrum für Türkeistudien; Hrsg.] (1989): Türkische Unternehmensgründungen: Von der Nische zum Markt? Opladen.

ZfT [Zentrum für Türkeistudien] (2001): Die ökonomische Dimension der türkischen Selbständigen in Deutschland und in der Europäischen Union. Essen.

Manuskriptannahme: 7. Januar 2003

Dr. ROBERT PÜTZ, Johannes-Gutenberg-Universität Mainz, Geographisches Institut, 55099 Mainz
E-Mail: r.puetz@geo.uni-mainz.de

PGM Archiv

Vorderasien: Unzugängliches Arabien

Während in der zweiten Hälfte des 19. Jh. die weißen Flecken der benachbarten Erdteile immer weiter zurückgedrängt wurden, behinderte die religiöse Unduldsamkeit in Arabien die geographische Erkundung durch westliche Forschungsreisende entscheidend. Entsprechend selten finden sich in PGM Berichte und Kartierungen dieser größten Halbinsel der Erde.

Zu den bedeutenden deutschen Orientforschern des 19. Jh. zählt HEINRICH FREIHERR VON MALTZAN (1826 bis 1874), der nach Bereisungen von Nordafrika in der für Europäer seinerzeit üblichen Verkleidung Arabien als Muslim 1860 erstmals betrat: Als vorgeblicher Pilger besuchte er von Jiddah aus das heilige Mekka und überstand dieses Abenteuer mit knapper Not. Trotzdem kehrte VON MALTZAN ein Jahr nach der Eröffnung des Suezkanals und dem damit gewaltig gestiegenen Interesse an Arabien 1870–1871 in den *„allertiefsten Süden"* der auch hier im Küstenhinterland noch weitgehend unbekannten Halbinsel zurück (PGM 1872, S. 168 ff.): *„Auf unseren besten Karten waren diese Länder tabula rasa, auf anderen hatte man versucht, sie mit schlecht verstandenen, in der Eile aufgeschnappten Namen von Orten zu füllen, über deren Lage man sich durchaus keine Rechenschaft verschafft hatte, und dadurch ein Chaos geschaffen."*

Angesichts der Feindseligkeit gegen nichtmuslimische Reisende und deren merkwürdige Praktiken, wie die topographische Aufnahme, wählte der Freiherr den Schutz der britischen Kanonen von Aden, den er lediglich zu einigen Ausflügen in die Umgebung verließ. Stattdessen wählte VON MALTZAN eine Erkundungsmethode, die bei wissenschaftlicher Anwendung schon viele schlecht dokumentierte Routenberichte an geographischem Wert übertroffen hatte: *„[...] der Schwerpunkt meiner Forschungen lag nicht in meinen Reisen, sondern in einem methodisch betriebenen System der Nachfragen bei den Eingeborenen, den Einzigen, welche die mir verschlossenen Gebiete besuchen konnten."* Mit Unterstützung des Gouverneurs, der

Fig. 1 Verkleinerter Ausschnitt der vom Reisenden selbst konstruierten „Originalkarte zur Übersicht der Forschungen H. v. Maltzan's in Süd-Arabien 1870/71" (1 : 1,5 Mio.), ergänzt um ältere Forschungsergebnisse (PGM 1872, Tafel 9)

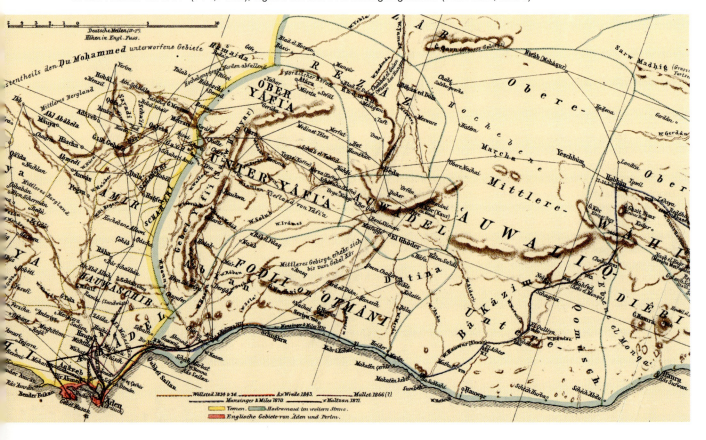

Archiv

Fig. 2 Photographie der Oase Az-Zilfi (PGM 1912 II, Tafel 14)

Fig. 3 Verkleinerte geomorphologische Kartenskizze des Nedjd von Barclay Raunkiaer (PGM 1912 II, S. 85)

durch seine Polizei alle nach Aden – seit der britischen Annexion 1839 von 500 auf über 25 000 Einwohner angewachsener Haupthafen am Zugang zum Roten Meer – kommenden Besucher aus dem Hinterland „zuführen" ließ, eröffnete der Freiherr „ein Nachfrage- oder vielmehr Ausfrage-Bureau, in dem ich während dreier Monate Tag und Abend der Arbeit widmete".

Um die Masse der so erhaltenen geographischen Informationen zu ordnen, fertigte er eine Kartenskizze an, welche unter den widersprüchlichen Entfernungsangaben der Ausgefragten „vom Sultan bis zum gemeinen Beduinen" litt und nur durch ausdauernde Vergleiche der Aussagen und beharrliches Rückfragen in den Griff zu bekommen war. „Alles Andere war nun verhältnissmässig leichte Sache. Es galt, das kartographisch niedergelegte Material durch eine möglichst treue Beschreibung der Länder, Gebirge, Ebenen, Wadis, ihrer Beschaffenheit und Produkte, ihrer Bewohner, Städte, Ortschaften, deren Sitten, politischer und religiöser Verhältnisse zu klären." Auf diese Weise gelangen von Maltzan neben der sich auch auf die Aufnahmen früherer Forscher stützenden und seinerzeit besten Karte des südlichen Jemen (Fig. 1) auch landeskundliche Skizzen der 13 Gemeinwesen eines etwa 66 000 km² großen Küstenhinterlandes zwischen dem Bab el Mandeb und dem Hafen Al-Mukalla. Dank „Pensionen" von bis zu 1 200 Maria-Theresia-Talern an die Sultane, deren Burgen, „meist vier- und fünfstockig, mit Thürmen, Zinnen, Terrassen, Schießscharten" einfache „Hütten aus Palmzweigen, Stroh, Reisern" umgaben, begannen diese den von Aden ausgehenden britischen Einfluss „weniger scheel anzusehen. Mögen sie nur auch den Reisenden ihre Länder eröffnen, damit die Erdkunde auch hier vollkommen festen Boden gewinnt."

Aber noch vier Jahrzehnte später berichtete Barclay Raunkiaer (PGM 1912, S. 84f.), der Anfang des Jahres 1912 im Auftrag der Dänischen Geographischen Gesellschaft einen Vorstoß ins Herz der Halbinsel unternahm, über den abweisenden Charakter Arabiens: Trotz Empfehlungsschreiben des türkischen Sultans und britischer Unterstützung bedurfte es 29 Tage „schwieriger und die Geduld erschöpfender Verhandlungen" mit dem zwar seit 1899 unter britischem Protektorat stehenden, aber misstrauischen Sheik Mobarek von Kuwait, bis dieser die Weiterreise gestattete. Mit einer Kaufmannskarawane von 100 Kamelen reiste der Forscher am 24. Februar schließlich nach Az-Zilfi (Fig. 2) in das Herz des Nedjd. Nachdem im benachbarten Buraydah „ein Komplott gegen mein Leben im letzten Augenblick entdeckt wurde und wo der Emir selbst mich höchst unliebsam empfing" und zu berauben versuchte, musste Raunkiaer gen Süden nach Riad ausweichen, welches er auch nur „nach abenteuerlichem Haschenspielen mit all den Gefahren, die namentlich auf dieser Strecke in Gestalt von Wüstenräubern drohen", mühsam erreichte.

Der dortige Imam Ibn Saud empfing ihn zwar freundlich, hielt den Dänen aber „mit Rücksicht auf des Volkes Fanatismus unter scharfer Bewachung". Angesichts dieser von den meisten europäischen Reisenden erfahrenen Widerstände schloss sich der zudem von Krankheit zermürbte Raunkiaer im März einer Karawane von 150 nach Bahrain heimreisenden Perlenfischern an und erreichte in dieser „außerordentlich unbehaglich und feindlich gesinnten Reisegesellschaft" mit seinen Begleitern Anfang April über Al-Hufuf wieder den Persischen Golf. Seine Reiseroute hatte er dabei nur grob durch Kompass und Marschzeit bestimmen können, „da die Anwendung von komplizierten Instrumenten infolge der Feindseligkeit der Bevölkerung unmöglich war" (Fig. 3).

Imre J. Demhardt, Darmstadt

© 2003 Justus Perthes Verlag Gotha GmbH

Megastädte:
Los Angeles – Ethnische Vielfalt und Fragmentierung

Bevölkerungswachstum und ethnische Differenzierung

Die Großregion Los Angeles ist ohne Zweifel einer der dynamischsten Verdichtungsräume der gesamten USA. Immerhin belegte das *Consolidated Metropolitan Statistical Area* (CMSA) zum Zeitpunkt der letzten Volkszählung 2000 mit 16,4 Mio. Einwohnern den zweiten Rangplatz hinter dem CMSA New York (21,2 Mio.).

Das für die Öffentlichkeit wohl faszinierendste Ergebnis dieser Volkszählung war die stark gewachsene ethnische Vielfalt: Mit einem Anteil von nur noch 46,7 % bildete die sog. weiße Bevölkerung (non-Hispanic whites) nicht mehr die Majorität der Einwohner des Staates Kaliforniern.

Seit der Reform der Einwanderungsgesetzgebung im Jahre 1965 entwickelte sich Los Angeles noch vor New York zur wichtigsten Zielregion für Einwanderer in die USA (THIEME & LAUX 1996, S. 85). Längst sind die Hispanics oder Latinos die mit Abstand bedeutendste ethnische Minorität Südkaliforniens und haben im Großraum Los Angeles die Weißen als stärkste Einzelgruppe übertroffen (vgl. ALLEN & TURNER 2002, S. 11). Ebenfalls stark expansiv ist die demographisch und sozioökonomisch heterogene Gruppe der Asiaten; in den letzten drei Jahrzehnten übertraf ihr relatives Bevölkerungswachstum in den zentralen Teilen der Region (Los Angeles und Orange Counties) sogar das der Hispanics.

Im Gegensatz zu den bisher erwähnten Gruppen nahm seit 1970 im Großraum Los Angeles die Zahl der weißen Einwohner nicht nur relativ, sondern auch absolut ständig ab. Dieser Trend wurde durch relativ niedrige Geburtenüberschüsse, vor allem aber durch massive Binnenwanderungsverluste (Suburbanisierung und Abwanderung in benachbarte Staaten) verursacht. Auch die afroamerikanische Bevölkerung von Los Angeles hatte in den letzten Jahrzehnten nur ein moderates Wachstum bis hin zur Stagnation.

Ethnische Fragmentierung und Segregation

Die ethnischen Strukturen der Megastadt Los Angeles haben viele Gesichter. Von den Schulkindern der Stadt werden mehr als 100 verschiedene Sprachen gesprochen, mehr als die Hälfte der über 5 Jahre alten Bevölkerung im Los Angeles County spricht zu Hause kein Englisch. Es gibt eine Reihe von Gemeinden mit hohem Grad an ethnischer Vielfalt (SOJA 2000, S. 294 ff.). Bei diesen Orten mit annähernd gleichen Bevölkerungsanteilen von Hispanics, Weißen, Asiaten und Schwarzen handelt es sich oft um Wohngebiete mit noch erschwinglichen Bodenpreisen für die untere Mittelschicht. (ALLEN & TURNER 2002, S. 48 f.).

Im Unterschied hierzu finden wir aber auch extreme ethnische Fragmentierung und Segregation. Tendenziell ist die ethnische Vielfalt am geringsten und die Segregation am höchsten in den besonders reichen und den besonders armen Gebieten. Ein sehr eindrucksvolles Beispiel ist das räumliche Muster der sog. weißen Bevölkerung. Während im Zentrum der Stadt Los Angeles fast keine weiße Bevölkerung mehr wohnt, ist diese Gruppe in den landschaftlich und von der Art der Bebauung bevorzugten Randgebieten konzentriert (Fig. 1).

Eine völlig andere räumliche Verteilung im Stadtraum Los Angeles weisen die Hispanics auf. Sie bilden die Bevölkerungsmehrheit im alten Stadtzentrum (Fig. 2) und dominieren mit Anteilen über 90 % in East Los Angeles sowie in den ehemaligen weißen Arbeitervierteln um das traditionelle Industrierevier der Stadt.

Ebenfalls durch sehr hohe Segregation gekennzeichnet ist das sozioökonomisch vielfältig benachteiligte Wohngebiet der schwarzen Bevölkerung in South Central Los Angeles. Durch das allmähliche Eindringen der Hispanics in dieses Gebiet und die gleichzeitige Abwanderung von Schwarzen der Mittelklasse verliert die schwarze Enklave ständig an Fläche und Einwohnern.

Die Regionen mit hohem Anteil asiatischer Bevölkerung sind zellenartig um das Zentrum von Los Angeles angeordnet, wobei asiatische Bevölkerungskonzentrationen in der Regel durch Angehörige einer spezifischen ethnischen Gruppe gebildet werden. Aufgrund wachsenden Wohlstands zeigen manche asiatische Ethnien einen ausgeprägten Hang zur Suburbanisierung, oft auf Kosten der traditionellen ethnischen Enklaven (Chinatown, Koreatown).

Insgesamt bleibt Los Angeles eine hoch segregierte Stadtregion, wobei der Grad der räumlichen Trennung tendenziell vom Zentrum zum suburbanen Rand hin abnimmt.

Literatur

ALLEN, J. P., & E. TURNER (2002): Changing Faces, Changing Places. Mapping Southern Californians. Northridge.

SOJA, E. (2000): Postmetropolis: Critical Studies of Cities and Regions. Oxford.

THIEME, G., & H. D. LAUX (1996): Los Angeles. Prototyp einer Weltstadt an der Schwelle zum 21. Jahrhundert. Geogr. Rundsch., **48** (2): 82–88.

GÜNTER THIEME & BIRGIT S. NEUER
(Universität Köln)

Fig. 1 In den landschaftlich attraktiven Gebieten mit villenartiger Bebauung, wie hier in Hancock Park am westlichen Rand der Innenstadt, dominiert nach wie vor die weiße Bevölkerung (Foto: Neuer 2001).

Fig. 2 Der Broadway, die Zentralachse der alten Downtown, ist zur Hauptgeschäftsstraße der Bevölkerung lateinamerikanischer Herkunft geworden (Foto: Thieme 1993).

VORSCHAU

PGM 3 / 2003
BODENVERBRAUCH

Günter Miehlich
Die Bekämpfung der Bodendegradation – eine weltweite Herausforderung

Hans-Rudolf Bork, Heinrich Reinhard Beckedahl, Christine Dahlke, Karl Geldmacher, Andreas Mieth & Yong Li
Die erdweite Explosion der Bodenerosionsraten im 20. Jh.: Das globale Bodenerosionsdrama – geht unsere Ernährungsgrundlage verloren?

Andreas Mieth, Hans-Rudolf Bork, Wibke Markgraf, Ingo Feeser & Klaus Dierssen
Bodenerosion – ein Schlüssel zum Verständnis der Kulturgeschichte der Osterinsel

Karl Geldmacher, Franka Woithe & Horst Rösler
Die Dokumentation von Bodendenkmalen und Archivböden im Niederlausitzer Braunkohlenrevier

Reinhard F. Hüttl & Oliver Bens
Bodenverbrauch durch Braunkohlentagebau und Entwicklungspotentiale von Bergbaufolgestandorten

Jürgen Böhner & Rüdiger Köthe
Bodenregionalisierung und Prozessmodellierung: Instrumente für den Bodenschutz

NEU Exkursion *Nordseeküste*

Mit PGM 3/03 begeben wir uns auf eine 6-teilige geographische Exkursion an die Nordseeküste. Sachkundige Führer begleiten Sie zu ausgewählten Standorten und vermitteln somit aktuelle Einblicke in die vielfältigen Aspekte des Exkursionsraumes. Unter anderem werden Probleme der Küstendynamik und des Küstenschutzes, des Natur- und Umweltschutzes, der Industrieentwicklung und des Tourismus sowie des Nationalparkwesens dargestellt.

PGM 4 / 2003
Megastädte
(Frauke Kraas, Tel.: 0221/470-7050, Fax: 0221/470-4917, E-Mail: f.kraas@uni-koeln.de)
(Martin Coy, Tel.: 07071/29-76462, Fax: 07071/29-5318, E-Mail: martin.coy@uni-tuebingen.de)

PGM 5 / 2003
Innerasien
(Detlef Busche, Tel.: 0931/888-5585, Fax: 0931/888-5544, E-Mail: busche@mail.uni-wuerzburg.de)
(Frank Lehmkuhl, Tel.: 0241/809-6064, Fax: 0241/809-2157, E-Mail: FLehmkuhl@geo.rwth-aachen.de)
(Jörg Grunert, Tel.: 06131/39-22694, Fax: 06131/39-24735, E-Mail: j.grunert@geo.uni-mainz.de)

PGM 6 / 2003
Wasser
(Karl Schneider, Tel.: 02211/470-4331, Fax: 02211/470-5124, E-Mail: karl.schneider@uni-koeln.de)
(Hans-Rudolf Bork, Tel.: 0431/880-3953, Fax: 0431/880-4083, E-Mail: hrbork@ecology.uni-kiel.de)

PGM 1 / 2004
Nordamerika
(Karl Schneider, Tel.: 02211/470-4331, Fax: 02211/470-5124, E-Mail: karl.schneider@uni-koeln.de)
(Werner Gamerith, Tel.: 06221/54-4368, Fax: 06221/54-4996, E-Mail: werner.gamerith@urz.uni-heidelberg.de)

PGM 2 / 2004
Kriege und Konflikte
(Frauke Kraas, Tel.: 0221/470-7050, Fax: 0221/470-4917, E-Mail: f.kraas@uni-koeln.de)
(Hans-Rudolf Bork, Tel.: 0431/880-3953, Fax: 0431/880-4083, E-Mail: hrbork@ecology.uni-kiel.de)